Von Robotron bis Poly-Play

RENÉ MEYER

VON ROBOTRON BIS POLY-PLAY

COMPUTER UND VIDEOSPIELE IN DER DDR

DAS NEUE BERLIN

INHALT

CHIP! CHIP! HURRA!

Wenn über Computer in der DDR geredet wird, dann meistens spöttisch. Doch Witze wie der »erste begehbare Mikrochip der Welt« werden dem Stand der Mikroelektronik im Land keinesfalls gerecht. Allein Robotron ist Ende der achtziger Jahre größer als Apple, Commodore und Atari zusammen. Und nur eines von mehreren Mikroelektronik-Kombinaten in Ostdeutschland.

Gerade in den letzten zehn Jahren der DDR, von 1980 bis 1989, entsteht eine unüberschaubare Anzahl von Produkten – Digitaluhren, Taschenrechner, Heimcomputer, PCs, Lerncomputer, eine Spielkonsole, ein Spielautomat, Drucker, Geldautomaten und vieles, vieles mehr.

Wie Computer im Osten ins Leben dringen, unterscheidet sich gar nicht so sehr vom Westen. Sie erobern hüben wie drüben Haushalte, Freizeiteinrichtungen, Schulen und Betriebe. Sie unterhalten, helfen – und frustrieren.

Als eines von sehr wenigen Ländern auf der Welt entwickelt die DDR fast jedes Einzelteil selbst, vom Prozessor bis zum Gehäuse. Man folgt Standards und muss preiswerte Lösungen suchen. Der Aufbau einer Halbleiterindustrie ist für das kleine Land wirtschaftlich irrsinnig; und doch gibt es keine Alternative. Weder darf die DDR wegen des Hightech-Embargos leistungsfähige Computer einführen, noch hat sie ausreichend Devisen, um sie zu bezahlen, noch gibt es nennenswerte Hilfe von den anderen Ländern des Ostblocks.

Letztendlich entstehen aus eigener Kraft nützliche Produkte, deren Selbstkosten aber ein Mehrfaches des Weltmarktpreises betragen. Geschaffen von Menschen mit pfiffigen Ideen, in einem Land, das sich auf allen denkbaren Kanälen dem Chip-Zeitalter zuwendet. Und vielleicht trägt die enorme Kraftanstrengung, eine Computer-Industrie aufzubauen, die alles besser machen soll, zum Ende des Staates bei.

~

Dieses Buch basiert auf unzähligen Gesprächen mit Zeitzeugen, von denen viele hier zitiert werden. Auf meterweise Literatur aus der DDR, vor allem Zeitschriften wie *Jugend+Technik* und *Funkamateur*, aber auch Tageszeitungen wie dem *Neuen Deutschland*. Auf Büchern von Zeitzeugen, die nach der Wende erschienen sind. Und letztendlich auf eigenen Erfahrungen eines von Computern begeisterten Schülers in der DDR.

Eine überaus nützliche Quelle war die umfassende Geschichte der DDR-Computer auf *Robotrontechnik.de* mit ihrer hilfsbereiten Community, ebenso die Arbeit des Fördervereins für die Technischen Sammlungen Dresden mit Autoren wie Klaus-Dieter Weise.

Vielen Dank an Rüdiger Kurth und Robert Hirschfeld für ihre zahlreichen Anmerkungen zum Manuskript. Danke an Rudolf Rausch, Thomas Braatz, Klaus Bastian, Bert Lange, Ulrich Zander, Kathrin Beyer und Ronny Weiße für die jahrelange Unterstützung rund um DDR-Rechner. Hans-Joachim Köhler (†) ermöglichte 1986 meinen ersten BASIC-Kurs – mein Start in die Welt der Computer.

EINE KURZE GESCHICHTE DER RECHENTECHNIK

Der moderne Computer hat viele Ahnen. Bereits seit rund 5.000 Jahren wird der Abakus genutzt, um mit Hilfe von Kugeln an Stäben in einem Holzrahmen zu addieren oder zu subtrahieren. Der erste Stab steht für die Einerstelle, der zweite für die Zehnerstelle und so weiter. Die Kugeln sind alle gleich; ihr Wert ergibt sich durch ihre Stellung. Um zu rechnen, verschiebt man einfach Kugeln und liest das Ergebnis ab. Nicht mal das kleine Einmaleins muss man dafür können. Das Multiplizieren und Dividieren lässt sich durch Wiederholen von Addition und Subtraktion bewerkstelligen. Der Abakus war vor allem in Asien gebräuchlich und wird heute vereinzelt noch eingesetzt, in Japan etwa als Soroban und in Russland als Stschoty, in Schulen und in kleinen Geschäften. In Europa war eher das ähnliche Rechnen auf Linien verbreitet. Hier setzt man spezielle Rechenpfennige auf ein Liniengitter, das auf einem Brett oder Tuch liegt.

Nachbau der Schickard-Rechenmaschine (1623); Exponat aus den Technischen Sammlungen Dresden

Schon im 17. Jahrhundert werden mechanische Rechenmaschinen gebaut, die das Addieren oder gar alle vier Grundrechenarten beherrschen. Sie basieren auf Zahnrädern, die wie Wählscheiben funktionieren und die mit einer Ziffernanzeige verknüpft sind. Jedes Rad steht für eine Stelle. Um die Zahl 123 anzuzeigen, wird das ganz rechte Rad auf 3 gestellt, das zweite auf 2 und das dritte auf 1.

Zum Addieren und Subtrahieren werden die Zahnräder einfach weiter gedreht. Um 123 + 456 zu rechnen, bewegt man das rechte Rad um 6 Stellen weiter, das zweite Rad um 5 Stellen und das dritte Rad um 4 Stellen. Sofort ändert sich die Anzeige auf das Ergebnis 579.

Die große Schwierigkeit ist das Umsetzen des Zehnerübertrags der Anzeige: Nach der 09 kommt die 10, nach der 19 die 20. Erstens muss das Zahnrad wieder von 9 auf 0 springen. Das ist bei einem Kreis, ähnlich einer Uhr mit Zeigern, einfach zu bewerkstelligen. Zweitens, und das ist das Knifflige, muss das Zahnrad für die nächste Stelle um einen Wert erhöht werden. Gelöst wird das durch einen besonders langen Zahn auf dem Rad an der Position der 0, der nur nach einer vollen Umdrehung das nächste Rad um eine Position bewegt. Und manchmal nicht nur ein Zahnrad: Um von der 9.999 auf 10.000 zu kommen, müssen fünf Zahnräder auf einmal bewegt werden. Und soll die Maschine auch subtrahieren können, muss der Übertrag beidseitig funktionieren, um von der 09 auf die 10 zu wechseln und wieder zurück. Das ist lange Zeit eine Herausforderung, da alle Teile von Hand gefertigt werden.

Die wohl erste mechanische Rechenmaschine wird 1623 von Wilhelm Schickard entwickelt, um astronomische Berechnungen zu vereinfachen. Sie ist verschollen, doch anhand von dreihundert Jahre später gefundenen Briefen und Zeichnungen lässt sich ihr Innenleben zumindest erahnen – was zu mehreren Nachbauten führt. Die »Rechenuhr« arbeitet mit sechs Stellen. Das Meisterstück aus Zählrädern, Rechenstäben und einer Ablesetrommel multipliziert und dividiert; allerdings umständlich. Einerseits durch das Zerlegen in Teilschritte, das sich zunutze macht, dass 123 * 46 auch als 123 * 40 plus 123 * 6 gerechnet werden kann. Andererseits mit Hilfe der einige Jahre zuvor erfundenen Rechenstäbchen von John Napier, bei denen die Einmaleins-Tafel so erweitert wird, dass sie für mehrstellige Berechnungen einsetzbar ist.

Noch heute im Original zu bestaunen ist die Rechenmaschine von Blaise Pascal. Von seiner Pascaline werden rund fünfzig Stück gebaut; eine steht im Dresdner Zwinger. Sie addiert mit siebenstelligen Zahlen, die über Wählscheiben festgelegt werden. Das Ergebnis wird als Ziffernfolge in kleinen Kästchen abgelesen. Spätere Modelle subtrahieren auch. Solche mechanischen Rechengeräte sind bis gegen 1980 im Einsatz, etwa als Taschenschieber in Haushalten, bis sie von elektronischen Taschenrechnern ersetzt werden.

Im Gegensatz zur Pascaline kann die Rechenmaschine von Gottfried Wilhelm Leibniz aus dem Jahr 1673 auch multiplizieren und dividieren: statt 3 x 5 rechnet sie 5 + 5 + 5.

Lange Zeit greift man für komplexere Aufgaben wie Logarithmen und Winkelfunktionen auf Zahlentafeln zurück. Dort lassen sich die Ergebnisse nachschlagen. Um mehrgliedrige Formeln wie (a + b) * 2 zu berechnen, entsteht die Idee eines Gerätes, das mehrere Rechenschritte hintereinander ausführt und sich dabei Zwischenergebnisse merkt. Man nennt solch ein Rechenwerk Differenzmaschine (von der mathematischen Differenzenmethode, mit der sich Funktionswerte bei gleichen Abständen durch Addition ermitteln lassen).

Ein funktionierendes Modell entwickelt 1822 der Brite Charles Babbage. Es gilt heute als erste automatische Rechenmaschine. Ein leistungsfähigerer Nachfolger bleibt unvollendet; genau wie die zweite Generation, die sogenannte Analytische Maschine. Sie hat bereits viele Eigenschaften moderner Computer: ein Rechenwerk, einen Speicher für 1.000 Zahlen mit je 50 Stellen und ein Steuerwerk.

Unterstützung erfährt Babbage durch die junge Ada Lovelace. Sie gilt als erste Person, die ein Computerprogramm schreibt und zwischen Hardware und Software unterscheidet. Hardware sind die Maschine und die Lochkarten. Software sind die Informationen, die auf den Lochkarten gespeichert sind.

Mercedes-Rechenmaschinenwerk in Zella-Mehlis

LOCHKARTEN

Die Idee, für die Eingabe und Ausgabe Karten zu verwenden, schaut sich Babbage von modernen Webstühlen ab. Dort lassen sich bereits komplizierte Muster und verschiedene Farben automatisch weben, indem das Muster durch Karten mit eingestanzten Löchern vorgegeben wird. Ein ähnliches Verfahren kommt bei Drehorgeln und Spieluhren zum Einsatz, um automatisch Melodien zu spielen.

Auch Schaffner lochen Fahrkarten an bestimmten Stellen, um Merkmale wie Geschlecht und Hautfarbe versteckt zu markieren und somit zu erkennen, ob eine Karte mehrfach genutzt wird. Das ist Inspiration für Herman Hollerith, auf Lochkarten persönliche Daten zu speichern, um sie massenhaft auszuzählen. Er entwickelt dazu ein Tabelliersystem. Ihr erster Einsatz ist das Erfassen von Krankheitsfällen der Bevölkerung, um die Wehrtauglichkeit zu ermitteln. Um seine Erfindung zu professionalisieren, gründet er 1869 die Tabulation Machine Company (aus der 1924 IBM entsteht).

Das Sprungbrett für die junge Firma ist die Revolution der amerikanischen Volkszählung 1890. Sie findet alle zehn Jahre statt; Hollerith ist bereits Assistent bei der Zählung 1880. Dort werden 50 Millionen Bewohner ermittelt, für die zahlreiche Angaben erhoben werden, wie Geburtsdatum, Geschlecht, Hautfarbe, Beruf, Ausbildung, Behinderungen, Vorstrafen. 500 Mitarbeiter benötigen für die detaillierte Auswertung bald acht Jahre.

Für die Auswertung der Volkszählung 1890 werden Herman Holleriths Tabelliermaschinen eingesetzt. Grundlage sind Lochkarten (Punch Cards) in der Größe einer Dollarnote. Sie haben 24 Spalten mit einer bestimmten Bedeutung wie dem Geschlecht. In jeder Spalte wird durch das Lochen einer Zeile eine Information gespeichert. 10 Positionen sind möglich.

Zunächst müssen die Lochkarten erstellt werden. Die Zählung selbst basiert noch auf Formularen, die 50.000 Zähler in 13 Millionen Haushalten manuell ankreuzen. Sie haben aber bereits das Format einer Lochkarte, und die Kreuze orientieren sich an den Spalten und Zeilen. Mit Hilfe eines selbst entwickelten Handlochers werden die Kreuze auf eine zweite Karte, die eigentliche Lochkarte, als Löcher kopiert. Dazu hat der Locher einen Handgriff, den man auf der ersten Karte über ein Kreuz setzt und der beim Niederdrücken auf der wenige Zentimeter entfernten Lochkarte an der gleichen Position ein Loch erzeugt. Das Verfahren basiert auf dem auch Storchschnabel genannten Pantographen, mit dem geometrische Figuren von einem Blatt auf ein anderes übertragen werden können.

Zur Auswertung legt man eine Lochkarte in eine Stiftbox. Darin befindet sich an jeder Lochposition ein Stift. Schließt man die Box, berühren die Stifte die Lochkarte. Trifft ein Stift auf ein Loch, taucht er in ein darunter liegendes Quecksilber-Näpfchen und schließt einen Kontakt. Der schaltet eine Zähluhr weiter. Gleichzeitig öffnet sich ein Sortierkasten, in den die Karte danach gelegt wird. Mit einer passenden Verdrahtung werden mehrere Eigenschaften einer Person gezählt. Zudem kann die Zählung mit Karten eines bestimmten Sortierkastens wiederholt werden, aber diesmal mit anderen Kriterien.

Das Gerät ist eine Sensation. Statt nach acht Jahren ist die Volkszählung bereits nach zwei Jahren abgeschlossen, und das mit einem Zehntel der Mitarbeiter.

Das Verfahren wird im Laufe der Jahrzehnte immer weiter verbessert. Lochkarten erhalten 80 Spalten. Sie speichern durch Verwenden mehrerer Stellen für ein Zeichen auch Buchstaben und Zahlen. Sie werden mit maschinellen Stanzern schneller gelocht. Sie werden rasend schnell eingelesen. Spätere Computer drucken Ergebnisse auf Lochkarten.

Daneben werden Lochstreifen eingesetzt. Sie sind oft mehrere hundert Meter lang und können eine viel größere Datenmenge aufnehmen, lassen sich aber nicht sortieren oder korrigieren, ohne die gesamte Rolle zu ersetzen. Lochkarten und Lochstreifen sind bis in die siebziger Jahre im Einsatz, bis sie durch Magnetbänder ersetzt werden. In der DDR laufen bis zur Wende computergesteuerte Werkzeugmaschinen mit Lochbändern; kurz CNC-Maschinen genannt (von Computerized Numerical Control).

Montage von Rechenmaschinen in Zella-Mehlis

COMPUTER

Gleichzeitig werden Tabelliermaschinen zu Computern. 1937 baut Konrad Zuse in Berlin die Z1, einen mechanischen Rechner, der auf binären Zahlen basiert. Dessen Schaltglieder verhaken sich oft, so dass die Z2 als Übergangsmodell teilweise auf Relais basiert. Die Z3 arbeitet ausschließlich mit diesen elektrischen Magnetschaltern, deren zwei Zustände das Binärsystem mit seinen zwei Zahlen 0 und 1 umsetzen. Sie gilt als erster Digitalrechner überhaupt. Alle drei Geräte werden im Zweiten Weltkrieg zerstört. Die Z4, ebenfalls ein Relaisrechner, wird zunächst von der Technischen Hochschule Zürich gemietet, so dass sie als erster kommerzieller Computer gelten kann:

»Es war sofort zu sehen, dass hier in höchst origineller und von der übrigen Welt unabhängiger Weise die Idee der Programmsteuerung entwickelt werden war und Gestalt angenommen hatte. In technologischer Hinsicht benutzte zwar das Gerät nicht die schnellen elektronischen Schaltungen der Amerikaner, aber seine logische Konstruktion wies bereits alle wesentlichen Punkte auf, die wir an unseren heutigen Maschinen kennen. Ein neues Zeitalter der Mathematik war angebrochen, und wir entschlossen uns an der

ETH Zürich, das Gerät durch Zuse herrichten zu lassen und zu mieten, und wir haben bei den Arbeiten mit dieser Maschine einige Jahre der schönsten wissenschaftlichen Tätigkeit erlebt.«

Auch in anderen Ländern arbeitet man an Computern. In Großbritannien entschlüsselt der in zehn Exemplaren gebaute Röhrenrechner Colossus ab 1943 die Funksprüche der Deutschen. In den USA wird ab 1937 in Iowa der Atanasoff-Berry-Computer gebaut und 1941 fertiggestellt, um lineare Gleichungen zu berechnen. 1943/44 baut IBM den fünf Tonnen schweren Mark I für ballistische Berechnungen der Marine.

Der bekannteste frühe amerikanische Computer ist ENIAC, der als erster rein elektronischer Universal-Rechner gilt. Er wiegt etwa 27 Tonnen, erstreckt sich über eine Fläche von 10 mal 17 Metern, arbeitet mit 17.468 schnellen Elektronenröhren und wird durch das Stecken von Kabeln programmiert. Eine Möglichkeit, Programme zum Beispiel durch Lochkarten einzuspeisen, gibt es zunächst noch nicht. Eingesetzt wird der Electronic Numerical Integrator und Computer von der US-Armee.

Die riesigen Apparaturen schrumpfen innerhalb von dreißig Jahren auf die Größe eines Schuhkartons. Doch der frühe Erfindergeist, der überall auf der Welt zu recht unterschiedlichen Geräten führt, in ihrem Aufbau, ihrem Einsatzzweck und der Möglichkeit der Programmierung, wird überschattet durch lange Gerichtsverfahren um Patente. Die Antwort, welches der erste *Computer* ist, hängt davon ab, wie man *Computer* definiert. Mechanisch oder elektronisch. Fest verdrahtet oder leicht programmierbar. Für einen bestimmten Zweck oder universell einsetzbar.

Glen Beck und Betty Snyder am ENIAC (1947)

SCIENTIFIC AMERICAN

A WEEKLY JOURNAL OF PRACTICAL INFORMATION, ART, SCIENCE, MECHANICS, CHEMISTRY, AND MANUFACTURES.

NEW YORK, AUGUST 30, 1890.

THE NEW CENSUS OF THE UNITED STATES—THE ELECTRICAL ENUMERATING MECHANISM.

Lochkarten und Tabelliermaschinen revolutionieren 1890 die amerikanische Volkszählung: Die ausgefüllten Formulare werden auf Lochkarten übertragen (rechts oben). Mit Tabelliermaschinen (links oben) werden die gelochten Eigenschaften gezählt und können in Sortierkästen gelegt werden; dadurch sind Mehrfachabfragen möglich. Zunächst muss jede Karte einzeln bewegt werden; später sind Stapel möglich. Daneben gibt es ähnliche Zählmaschinen (Mitte) mit einer Tastatur mit den Zahlen von 1 bis 20, um die Anzahl der Einwohner, der Familien und deren Mitglieder zu zählen.

AUF UND AB DER KYBERNETIK

1947 beginnt das Zeitalter des Transistors; eines zuverlässigen, preiswerten und langlebigen elektronischen Schalters. Der junge Arbeiter-und-Bauern-Staat DDR nimmt die neue Halbleitertechnik zunächst nur zögerlich an. Man hat andere Sorgen, wie den Wiederaufbau der Schwer- und der Chemieindustrie.

Die Wirtschaft im Osten Deutschlands ist nicht nur mit massiven Kriegsschäden in den Produktionsbetrieben und dem Mangel an Fachleuten konfrontiert, sondern auch mit den Reparationsleistungen an die Sowjetunion. Nach 1945 verliert die Industrie in der Sowjetischen Besatzungszone rund 3.500 Betriebe durch Demontage. Die verbleibenden Betriebe werden durch Moskau verwaltet und müssen einen Teil der Erlöse als Wiedergutmachung abführen. Die Sowjetische Besatzungszone und spätere DDR muss bis 1953 Reparationsleistungen in Höhe von 99 Milliarden Mark abführen; die Bundesrepublik hingegen nur 2 Milliarden.

Kybernetik (eine Art altes Modewort für Informatik) ist zunächst eine Spinnerei für Intellektuelle und für das Vorbild Sowjetunion eine modische Pseudowissenschaft. Nur vereinzelt forschen Pioniere an Halbleitertechnik, etwa ab 1951 in Teltow, wo zwei Jahre später die ersten Muster von Transistoren entstehen.

»Die Kybernetik ist die Wissenschaft von Steuerung und Information, gleichgültig, ob es sich um lebende Wesen oder Maschinen handelt. Ich habe diesen Begriff eingeführt, weil diese neue Wissenschaft weder der einen noch der anderen Seite zu sehr folgen soll. Für mich war es wesentlich, einen Begriff zu finden, unter dem man gleichzeitig biologische und mechanische Ideen besprechen kann.«

Norbert Wiener (1894–1964, US-amerikanischer Begründer der Kybernetik)

Die Zurückhaltung wechselt Mitte der fünfziger Jahre in eine Aufbruchsphase; von innen beflügelt durch die Veröffentlichungen von Georg Klaus, der Kybernetik mit marxistischer Denkweise verbindet; von außen beeinflusst durch technische Pionierleistungen. Verena Witte schreibt 2011 in ihrer Dissertation:

»Mit dem erfolgreichen Start des Sputnik-Satelliten hatte die Sowjetunion vor Augen geführt, welche symbolische Bedeutung wissenschaftliche Höchstleistungen im Kalten Krieg besaßen, um die Überlegenheit des sozialistischen Systems zu demonstrieren. Der damit verbundene wissenschaftliche Fortschritt wurde als Sieg des Sozialismus gefeiert und führte zu einer ideologischen Verknüpfung von wissenschaftlichem und gesellschaftlichem Fortschritt.«

1956 nehmen Pläne langsam Fahrt auf, um Halbleiter für die Mechanisierung und Automatisierung zu verwenden. So soll Teltow Nullserien seiner Transistoren der Industrie zur Erprobung zuführen; RFT soll sich in die Herstellung von Silizium und Germanium einarbeiten und Schalttechnik für Transistoren entwickeln.

In den sechziger Jahren wird immer deutlicher, dass Halbleitertechnik nicht nur für den Maschinenbau die Zukunft ist. Regierungschef Walter Ulbricht auf dem VI. Parteitag der SED im Januar 1963:

»Die Anwendung der modernen Rechentechnik in der Volkswirtschaft erfordert die beschleunigte Entwicklung elektronischer Datenverarbeitungsanlagen. Diese Anlagen müssen, sowohl für die Steuerung von Produktionsprozessen, für Berechnungen, als auch für die Mechanisierung der Planungs- und Abrechnungsarbeiten geeignet sein. Große Bedeutung erlangt die automatische Überwachung, Regelung und Steuerung der Produktionsprozesse auf allen Gebieten der industriellen Produktion in den führenden Zweigen der Volkswirtschaft.«

1964 wird im Rahmen des Perspektivplanes 1964-1970 ein umfassendes »Programm zur Entwicklung, Einführung und Durchsetzung der maschinellen Datenverarbeitung in der DDR« beschlossen. Begünstigt wird die Entwicklung durch das deklarierte *Neue Ökonomische System der Planung und Leitung*, das Betrieben mehr Mitspracherecht und Arbeitern Leistungsanreize gibt. Ergebnis sind unter anderem die Datenverarbeitungsanlage Robotron 300 und die ESER-Kooperation.

Nach einer Euphorie in den sechziger Jahren kühlt die Begeisterung für die neue Technik, die ja auch eine ideologische Perspektive hat, zunächst wieder ab. Es wird befürchtet, die Kybernetik könne im Widerspruch zu marxistischen Lehren stehen, und zur Politik der SED, in der Selbstorganisation abgelehnt wird. Zugleich kommt die Ernüchterung aus der Wirtschaft, in der sich die neu eingeführten und umständlich zu bedienenden Computer nicht als Allheilmittel erweisen.

Die Ära Ulbrichts ist geprägt durch den Leitsatz *»So wie wir heute arbeiten, werden wir morgen leben«*. 1971 übernimmt Erich Honecker die Macht, und das neue Credo ist die *Einheit von Wirtschafts- und Sozialpolitik*, die den Wohlstand der Bevölkerung in den Mittelpunkt stellt. Anfang der siebziger Jahre steht in den meisten Haushalten der DDR ein TV-Gerät. Es öffnet ein Schaufenster in den Westen mit seiner bunten Konsumwelt. Denn neben den beiden ostdeutschen TV-Programmen sind auch ARD und ZDF zu empfangen – die Sender sind bewusst so ausgerichtet, dass sie viele Gebiete in der DDR abdecken.

Die überproportionale Förderung der Halbleitertechnik wird eingestellt; der Wohnungsbau und die Produktion von Konsumgütern stehen im Vordergrund. Viele neue Haushaltsgeräte wie Staubsauger und Radios werden entworfen. Häufig dienen Westprodukte als Vorbild für neue Produkte. Das Innenleben wird nachgebaut. Für das Design entsteht 1972 das Amt für Industrielle Formgestaltung. Früchte dieser Politik sind die Pong-Spielkonsole, Schachcomputer und die Heimcomputer.

1976 kommt es zu einem weiteren Sinneswandel. Die stagnierende Mikroelektronik gefährdet den Export von Maschinen und elektrotechnischen Geräten, die immer mehr mit Prozessoren und Speicherchips ausgestattet werden. Will sich die DDR als leistungsfähiger Industriestaat und internationaler Handelspartner behaupten, ist die Mikroelektronik der Schlüssel. Das wissen nicht nur die Wirtschaftsfachleute, das haben auch längst die Politiker erkannt. Ein Meilenstein ist die 6. Tagung des Zentralkomitees der SED 1977, der ein Mikroelektronik-Plenum vorangeht. Sie stellt die »beschleunigte Entwicklung, Produktion und Anwendung der Mikroelektronik« in den Mittelpunkt des Fortschritts. In seiner Autobiografie schreibt der Wirtschaftsfunktionär Alexander Schalck-Golodkowski:

»Der technologische Rückstand der DDR musste abgebaut werden – eine schier unlösbare Aufgabe. Aber es gab keine andere Wahl. Denn auf dem Weltmarkt würde es keine Maschinen ohne moderne Elektronik mehr geben, Industrie, Medizin, ja selbst die Landwirtschaft würden auf Dauer darauf angewiesen sein. Der Export von Maschinen war ein Herzstück der DDR-Wirtschaft. Wie sollten wir ohne Mikroelektronik mithalten können?! Wir konnten ja nicht alles importieren. Entweder jetzt eine gigantische Kraftanstrengung, oder unser Ende als Industrienation wäre absehbar.«

Dieses Ziel wird mit dem Einsatz enormer Mittel verfolgt. Dennoch bleibt die DDR um mehrere Jahre hinter dem Weltniveau zurück. Vor allem sind die Produkte zu teuer, und sie lassen sich nicht in den notwendigen Mengen produzieren.

Die Hilfe aus der Sowjetunion bleibt überschaubar – im Gegenteil exportiert die kleine DDR sogar Bürocomputer in das riesige Land des großen Bruders. Der amerikanische Professor Chris Miller schreibt in seinem Buch »Der Chip-Krieg«:

»In der Kohleförderung und Stahlproduktion war die Sowjetunion mengenmäßig nicht zu schlagen. In fast allen anderen Bereichen der komplexen Fertigung wies sie jedoch einen Entwicklungsrückstand auf. Die UdSSR stach durch Quantität hervor, nicht aber durch Qualität oder Reinheit, beides Merkmale, die für die Herstellung von Chips in großen Stückzahlen entscheidend waren.«

Die Schere zwischen Entwicklungskosten und Preisen auf den Weltmärkten ist von Anfang an ein Problem in der DDR. Bereits 1964 erkennt Ernst Gallerach von Carl Zeiss Jena im *Neuen Deutschland*:

»Wir kämpfen um Welthöchststand auch bei den Kosten. Aber es ist erstaunlich, was uns ein solcher Eigenbau dieser Elemente kostet. Die Nachkalkulation eines Präzisionspotentiometers, das wir selbst bauen, zeigt Kosten von 70 DM pro Stück. Auf dem Weltmarkt werden diese für ungefähr 25 DM gehandelt. Das ist kein Wunder, wir sind eben tatsächlich nicht auf solch eine Produktion eingerichtet.«

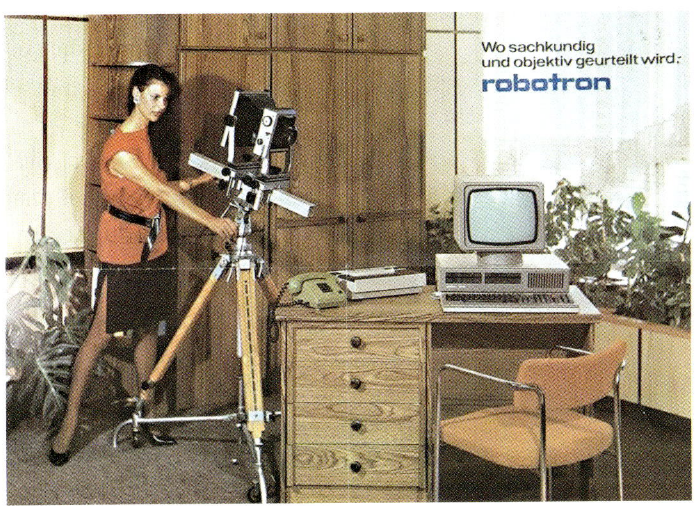

Die zu hohen Kosten können im Laufe der Jahrzehnte nicht abgebaut werden. Ob Taschenrechner, Heimcomputer, Spielkonsole oder Büro-PCs – alle Geräte kosten in ihrer Produktion erheblich mehr, als man sie auf dem Weltmarkt kaufen kann.

Das bittere Fazit von Werner Jarowinsky, fast zwanzig Jahre Vorsitzender des Ausschusses für Handel und Versorgung, im November 1989 auf der Tagung des Zentralkomitees:

»Wir haben für die Mikroelektronik ausgegeben 14 Milliarden. Jetzt sage ich Euch mal, was das kostet und was die Produkte bringen. In der Presse, in der Öffentlichkeit, in den Medien haben wir dargestellt, wie ungeheuer wichtig das ist für die ganze volkswirtschaftliche Entwicklung und was das in Zukunft noch alles bringen wird, um alle anderen Fragen lösen zu helfen, für Konsumgüter usw. Der Speicherschaltkreis 64 Kilobit, unsere Hauptproduktion gegenwärtig, 8,9 Millionen Stück Produktion, der Betriebspreis 40 Mark, der Weltmarktpreis 1 Mark. 1 Mark bis 1,50 Mark! Der Speicherschaltkreis 256 Kilobit, das ist der, der groß angekündigt in die Produktion gegangen ist, der kostet bei uns, reine Kosten, 534 Mark. Der Weltmarktpreis beträgt gegenwärtig 4 bis 5 Valutamark. 4 bis 5 Valutamark, Genossen. Die Stützung allein bei diesem Schaltkreis 517 Mark.«

Heiko Weckbrodt, der als Journalist seit vielen Jahren zur Computer-Geschichte der DDR forscht (und das Buch »Die Innovationspolitik in der DDR 1971-1989« schrieb), kommt mehr als dreißig Jahre später zu einer versöhnlicheren Einschätzung:

»Zu DDR-Zeiten hat sich der immense Entwicklungsaufwand für diesen Speicherchip nicht mehr finanziell oder volkswirtschaftlich ausgezahlt. Und da der Start einer Massenproduktion mit vernünftiger Ausbeute in einer noch zu bauenden Chipfabrik in Erfurt wohl noch Jahre gedauert hätte und der Preisverfall in der Chipindustrie anderseits groß ist, darf man zumindest leise bezweifeln, ob die erhofften Erlöse und Mehrwert-Produkte im Inland und im sozialistischen Ausland überhaupt in überschaubarer Zeit hätten realisiert werden können – selbst wenn die DDR fortbestanden hätte. Zu recht verweisen die damaligen Macher aber auf die Zwänge in der abgeschotteten DDR-Ökonomie: Es sei kein Prestigeprojekt gewesen, wie oft gesagt, sondern eine wirtschaftliche Notwendigkeit für die ostdeutschen Wirtschaft. Wenn beispielsweise die ostdeutschen Maschinenbauer wettbewerbsfähig im Westen bleiben wollten, brauchten sie moderne Computersteuerungen mit schnelleren Prozessoren und mehr Speicher. Und auch wenn DDR-PCs zu rückständig für den Westexport waren, so exportierte doch das DDR-Computerkombinat Robotron seine Rechentechnik recht erfolgreich und profitabel in die Sowjetunion und den gesamten Ostblock – die Robotroner hatten daher durchaus gesteigertes Interesse an den Megabit-Schaltkreisen. Ob die hochintegrierten Speicher in anderen DDR-Betrieben wirklich dringend gebraucht wurden, sei einmal dahingestellt. Außerdem war das Megabit-Vorhaben auch als eine Art technologisches Sprungbrett gedacht: Wer erst mal eine neue Fertigungstechnologie mit den relativ einfach geschalteten Speicherchips beherrscht, kann damit im nächsten Schritt auch bessere Prozessoren und andere komplexe Schaltkreise bauen. Aus der damals im Zentrum Mikroelektronik Dresden und in den Zulieferbetrieben akkumulierten Expertise ging der heutige Mikroelektronik-Standort Silicon Saxony hervor. Insofern führt eine Entwicklungslinie vom DDR-Megabit-

Projekt zur Ansiedlung von AMD und Siemens nach der Wende und zum heutigen Hightech-Cluster in Sachsen und Thüringen.«

DIE VIER PHASEN DER RECHENTECHNIK DER DDR

I. 1948–1960

Pioniere können ihre Ideen verwirklichen

II. 1958–1971

Aufbruch: Starke Förderung von EDV und Automatisierung

III. 1971–1983

Stagnation in Entwicklung und Anwendung der Rechentechnik

IV. 1983–1989

Euphorie: CAD / CAM / CIM

(nach Gerhard Merkel)

URKUNDE

IN ANERKENNUNG HERVORRAGENDER LEISTUNGEN BEI DER ZUSÄTZLICHEN PRODUKTION VON 10000 ARBEITSPLATZCOMPUTERN 1987 WIRD

DIESE URKUNDE VERLIEHEN

VEB Kombinat Robotron Dresden

Dresden, den

KOMBINATE IN DER DDR

Nach 1945 werden alle größeren Betriebe verstaatlicht oder mit staatlicher Beteiligung weitergeführt. 1972 kommt es zur zweiten Welle, bei der alle Betriebe mit mehr als zehn Mitarbeiten verstaatlicht werden. 1987 gibt es nur noch 2.000 private mittelständige Betriebe, zumeist Handwerker.

Die Volkseigenen Betriebe (VEB) werden zunächst in Vereinigungen (VVB) zusammengefasst und von diesen geleitet. Daraus entstehen ab Ende der sechziger Jahre Konzerne, die in der DDR Kombinate genannt werden.

So wird Robotron am 1. April 1969 mit zunächst zwölf Betrieben und 17.000 Beschäftigten gegründet. Zwanzig Jahre später ist Robotron ein riesiges Unternehmen, das 68.000 Mitarbeiter beschäftigt und 12,8 Milliarden Mark umsetzt. Neben Robotron sind eine Reihe weiterer Kombinate mit unzähligen Betrieben mit der Entwicklung von Computern, Bauteilen und Zubehör beschäftigt.

Beispielsweise werden Transistoren und Schaltkreise wie Taschenrechner-Chips im VEB Halbleiterwerk Frankfurt (Oder) gefertigt; der Prozessor U 880 sowie Taschenrechner und Kleincomputer selbst im VEB Mikroelektronik »Wilhelm Pieck« Mühlhausen. Beide Betriebe gehören zum Kombinat VEB Mikroelektronik Erfurt. Frankfurt, Mühlhausen, Erfurt. Ein Kombinat hat in der Regel einen Stammbetrieb; in diesem Fall den VEB Mikroelektronik »Karl Marx« Erfurt.

Der Generaldirektor eines Kombinats hat erhebliche Verfügungsrechte und leitet die Direktoren der einzelnen Betriebe, ist aber einem Ministerium unterstellt.

Oberster Lenker der Wirtschaft der DDR ist Günter Mittag, der in einem kleinen Zirkel um Erich Honecker viele Entscheidungen trifft. Die Computer-Betriebe sind dem Ministerium für Elektrotechnik und Elektronik zugeordnet. Es wird 1965 gegründet und bis 1982 durch Otfried Steger, ab 1982 durch Felix Meier geleitet.

Karl Nendel, seit 1967 Staatssekretär (= erster Stellvertreter des Ministers), übernimmt 1985 im Ministerium als Regierungsbeauftragter den Teilbereich Hochtechnologien mit Mikroelektronik. Gerhardt Ronneberger, Mitarbeiter des Bereichs Kommerzielle Koordinierung beim Ministerium für Außenhandel, schreibt in seiner Autobiografie:

»Das war keine Funktion, die nur auf dem Papier stand. Vielmehr erhielt er weitgehende Vollmachten, insbesondere gegenüber anderen Fachministerien und Staatsorganen, um die Wirtschaftspolitik der SED auf dem Gebiet der Mikroelektronik wirksam durchzusetzen. [...] Tatkräftig sekundiert wurde er dabei von keinen Geringeren als Mittag und Schalck. Bei Entscheidungen ersparte schon das allein lange Umwege sowie zeit- und kraftraubende Erklärungen. Im Gegensatz zu seinem Minister Meier war Karl Nendel nicht der Typ eines ›Parteiarbeiters‹ oder Staatsfunktionärs, sondern durch und durch ein fähiger Elektronikfachmann.«

Die DDR hat, wie die anderen sozialistischen Länder, eine zentralisierte Planwirtschaft. Die Staatliche Plankommission arbeitet Fünfjahrpläne aus, die auf den Forderungen von Abnehmerindustrie, Handel und Export beruhen, und die durch Jahrespläne verfeinert werden. Sie haben Gesetzeskraft; Verstöße können zu disziplinarischen Strafen führen, wie Abberufungen. Mit anderen Ländern des Ostblocks, die im Rat für gegenseitige Wirtschaftshilfe RGW zusammengeschlossen sind, gibt es zu bestimmten Warengruppen bi- und multilaterale Abkommen, die die Zusammenarbeit und Spezialisierung regeln.

Die Kombinate produzieren nicht flexibel nach Bedarf, sondern gehen langfristigen Plänen nach. Und häufig gibt es keine »realen« Preise – die werden vom Amt für Preise zentral festgelegt.

COMPUTER-KOMBINATE DER DDR

VEB Mikroelektronik Erfurt

- Generaldirektor: Heinz Wedler (1978–89)
- Produkte: Transistoren, Mikroprozessoren U 808, U 880 und U 8000, Taschenrechner, Kleincomputer KC 85/2 bis 4, KC compact, 32-Bit-Chip als Muster, Lerncomputer LC 80, Schachcomputer
- 60.000 Mitarbeiter

VEB Kombinat Robotron

- Generaldirektor: Siegfried Zugehör (1969–73), Wolfgang Sieber (1973–82), Friedrich Wokurka (1982–90)
- Produkte: R 300, ESER-Rechner, Bürocomputer wie A 5120, PC 1715, A 7100/7150, EC 1834, Bildungscomputer A 5105
- 68.000 Mitarbeiter

VEB Carl Zeiss Jena

- Generaldirektor: Wolfgang Biermann (1975–89)
- Produkte: Oprema, ZRA1, Speicherchip- und ASIC-Entwicklung, Entwicklung und Pilotproduktion des 1-Megabit-Chips, optische Systeme, technologische Spezialausrüstungen (TSA) für die Halbleiter-Industrie in Dresden
- 63.000 Mitarbeiter

VEB Keramische Werke Hermsdorf

- Generaldirektor: Waldemar Schilling (1969–76), Manfred Schneider (1977–89), Andreas Montag (1989)
- Produkte: Kondensatoren, Widerstände, Gehäuse für integrierte Schaltkreise, Speicherschaltkreise

VEB Elektronische Bauelemente Teltow

- Generaldirektor: Wolfgang Lungershausen (1978–90)
- Produkte: Transistoren, Kondensatoren, Leiterplatten, Entwicklungscomputer MC 80

VEB Werkzeugmaschinenkombinat »Fritz Heckert« Karl-Marx-Stadt

- Generaldirektor: Rudolf Winter (1970–90)
- Produkte: CNC-Steuerungen für Maschinen, Steuerungen für Industrie-Roboter

VEB Kombinat Elektro-Apparate-Werke Berlin-Treptow

- Generaldirektor: Wolfgang Böhme (–1980), Wolfgang Jacob (1980–89)
- Produkte: Computer P 8000 und GDS 6000, Maschinensteuerungen
- 30.000 Mitarbeiter

VEB Robotron-Elektronik Riesa

DAS HIGHTECH-EMBARGO UND SEINE FOLGEN

Die Welt ist in einen Ostblock und einen Westblock geteilt, an der deutsch-deutschen Grenze stoßen sie aneinander. Bereits ab 1947 schränken die USA den Handel mit der Sowjetunion ein. Der Kalte Krieg beginnt.

Eines der Instrumente des Westens ist das Verbot, Hochtechnologie in Ländern einzuführen, die unter dem Einfluss der Sowjetunion und von China stehen: vor allem Waffen, Kernforschung und Mikroelektronik, aber auch Schwerindustrie und Maschinenbau. Führende Nationen – die USA mit den meisten anderen NATO-Staaten, Japan und Australien – gründen dazu einen Ausschuss, das Coordinating Committee on Multilateral Export Controls, kurz CoCom. Es nimmt am 1. Januar 1950 seine Arbeit auf.

Grundlage ist eine umfangreiche Liste mit strategisch wichtigen Technologien und Waren. Sie wird regelmäßig aktualisiert. Ältere Technik, die der Ostblock selbst produzieren kann, wird gestrichen und unterliegt nicht mehr dem Embargo; Neues wird aufgenommen: Deswegen können 8-Bit-Computer wie der Commodore 64 ohne Probleme ausgeführt werden; 16/32-Bit-Geräte wie der Amiga aber nicht.

Das Embargo ist eine Vereinbarung ohne rechtliche Bindung. Dennoch halten sich die meisten westlichen Unternehmen daran, da sie Sanktionen befürchten.

Das Exportverbot ist sehr effektiv und erweist sich zugleich als Auftrieb und als Hemmschuh der Mikroelektronik in der DDR. Da weder Fertigungsanlagen, noch fertige Chips, noch komplette Rechner importiert werden dürfen und die anderen Länder des RGW vor dem gleichen Problem stehen, bleibt der DDR nichts anderes übrig, als selbst in die Entwicklung von Anlagen und die Produktion von Computern zu investieren. Dennoch ist sie auf Embargo-Ware angewiesen, etwa auf leistungsfähige Rechner für spezielle Aufgaben und Fertigungsanlagen für Halbleitertechnik. Finanziert werden diese Geschäfte durch die KoKo.

KOKO – KOMMERZIELLE KOORDINIERUNG

1966 entsteht unter der Leitung von Alexander Schalck-Golodkowski der Bereich Kommerzielle Koordinierung, kurz KoKo. Er soll außerhalb des Staatsplans Valuta, also harte Währung, erwirtschaften. Dazu werden zahlreiche Firmen gegründet und Aktivitäten entfaltet, darunter:

- Betrieb der Intershop-Ladengeschäfte und des Genex-Versandhandels
- Export von Kulturgütern wie Gemälde, Möbel, Porzellan und Münzen aus Museen und Privatbesitz gegen Devisen
- Verkauf von Waffen in den Nahen Osten, nach Afrika und nach Südamerika
- Freikäufe von politischen Häftlingen aus DDR-Gefängnissen an die BRD
- Vermittlung von Übernachtungen und Eintrittskarten an westdeutsche Touristen

KoKo wächst zu einem Imperium, das 3.000 Mitarbeiter beschäftigt und bis zum Ende der DDR 25 Milliarden Valutamark einnimmt. Die Einnahmen werden verwendet, um Konsumgüter wie Jeans, Schuhe, Südfrüchte sowie Rohstoffe und spezielle Maschinen zu importieren oder Auftritte westlicher Künstler zu finanzieren. Eine große Investition ist etwa 1981 der Kauf von 10.000 PKW der Marke Mazda aus Japan.

EMBARGO-GESCHÄFTE

Die KoKo-Gelder kommen in besonderem Maß auch der Mikroelektronik zugute, durch den Kauf von PCs, Fertigungstechnologien und Westliteratur. So wird das Rechenzentrum des Ministeriums für Bauwesen bereits in den sechziger Jahren mit einer IBM-Anlage ausgestattet; schon 1969 beschreibt *DER SPIEGEL*, wie »die Geheimnisse der westdeutschen Wirtschaft in Ost-Berlin auf westdeutschen Computern entschlüsselt« werden.

Benötigt ein Kombinat oder eine Forschungseinrichtung Technologie, die dem Embargo unterliegt (oder die Devisen in größerem Umfang benötigt), wird Kontakt mit dem zuständigen Ministerium aufgenommen. Es prüft und leitet bei einem positiven Bescheid das Anliegen an die KoKo weiter. Die KoKo sucht einen Lieferanten im Westen und nimmt über eine ihrer Vertreterfirmen Kontakt auf.

Den Lieferanten ist oft bekannt, dass das eigentliche Ziel die DDR ist – und sie lassen sich das höhere Risiko gut bezahlen. Und viele Glieder der Kette verdienen mit. Denn die Zustellung erfolgt nicht selten über mehrere Stationen in der ganzen Welt, mit gefälschten Lieferpapieren, bis an einen Zwischenhändler in Drittstaaten wie die Schweiz oder Österreich. Dort werden teilweise von den Artikeln Beschriftungen entfernt, um ihre Herkunft zu verschleiern. Manchmal sind Lieferungen nach Westberlin oder skandinavische Länder wie Norwegen adressiert, gehen aber auf dem Landweg über die DDR »verloren«.

In einem Fall etwa wird über einen österreichischen Mittelsmann ein Gamma-Spektrometer aus den USA bestellt, auf dem Flughafen Wien in einen Wohnwagen umgeladen und in die Tschechoslowakei gefahren. Dort wird es auf einem Waldweg nachts an die Stasi übergeben, wo es noch vor Ort von Wissenschaftlern auf seine Funktionstüchtigkeit überprüft wird. Die Belohnung für die Vermittlung: 600.000 Schilling, das Mehrfache eines Jahresverdienstes.

DIE ROLLE DER STAATSSICHERHEIT

Unter den rund 20 Abteilungen des Ministeriums für Staatssicherheit gibt es auch die sogenannte »Hauptverwaltung zur Absicherung der Volkswirtschaft«, die mit »effektivitäts- und leistungsfördernden Maßnahmen« die Wirtschaft unterstützen soll. Im Falle der Mikroelektronik heißt das: Die Stasi fördert die Entwicklung von Hochtechnologien, indem sie auf abenteuerliche Weise Unterlagen, Bauelemente und fertige Maschinen besorgt und in die DDR holt. Oft spricht sie dabei Mitarbeiter gezielt an und überredet sie gegen Bezahlung zur Spionage. Sie arbeitet dabei eng mit der KoKo zusammen, die Auslandsfirmen unterhält und Käufe finanziert.

Gleichzeitig bremst sie die Entwicklung aus: durch überzogene Sicherheitsanforderungen, durch das Behindern des so wichtigen Austausches mit Wissenschaftlern anderer Staaten; und vor allem nimmt sie Einfluss auf die Kaderpolitik: nur politisch zuverlässige Mitarbeiter sollen auf Schlüsselpositionen gelangen.

EXPORTE INS AUSLAND

Es wäre zu kurz gegriffen, die Mikroelektronik der DDR nur mit den Begriffen »veraltet« und »überteuert« zu versehen. Robotron etwa macht knapp die Hälfte seines Milliarden-Umsatzes mit Exporten in mehr als sechzig Länder. Das Kombinat unterhält Vertriebsbüros auf der ganzen Welt und präsentiert sich auf internationalen Messen und Ausstellungen; etwa der Hannover-Messe (von der sich 1986 die CeBIT abspaltet). Vor allem in die Sowjetunion und die Tschechoslowakei gehen Großrechner, Buchungsmaschinen, Personal Computer und Komplettlösungen beispielsweise für Hotels und Banken. Damit werden hohe Gewinne erzielt.

Begehrter ist freilich der Westen: Aus ökonomischer Sicht rechnet sich zwar der Export nicht, doch er spült die so begehrte harte Währung in die Kassen. Mit den Kampfpreisen für Computer kann die DDR freilich nicht mithalten. Sie exportiert vor allem Taschenrechner, Drucker und Fernseher, die auch in den Katalogen von Quelle und Neckermann angeboten werden. Unter anderen Namen: Technik aus der DDR ist besser als ihr Ruf. Ein Verkaufsschlager sind Schreibmaschinen. Allein 600.000 Schreibmaschinen werden in die Bundesrepublik geliefert, 300.000 nach Frankreich und Benelux. Im arabischen Raum ist die DDR mit erst mechanischen, später elektrischen Schreibmaschinen Marktführer. Die Erika 3004 erhält sogar 1989 von der Stiftung Warentest das Siegel »gut«.

MIKROCHIP-KLONE

Schritt für Schritt eignet sich die DDR die Fähigkeit an, eigene Mikrochips zu fertigen. Manche sind Eigenentwicklungen; vor allem werden aber westliche Schaltkreise kopiert, um mit Industriestandards kompatibel zu sein. Neben Prozessoren und Speicherchips entstehen spezielle Schaltkreise für Anwendungen wie Taschenrechner, Quarzuhren, Maschinensteuerungen oder Herzschrittmacher. Gleichzeitig werden Prozessoren aus anderen RGW-Ländern importiert, etwa der sowjetische 8086-Klon K1810WM86.

Das Kopieren von Mikrochips ist aufwendiger, als ein eigenes Design zu entwerfen. Nur für einfache integrierte Schaltkreise wie die 74er Serie von Texas Instruments genügt in den sechziger Jahren ein Prospekt mit detaillierten Angaben als Vorlage. Von Prozessoren werden Muster beschafft, die aufgeschnitten und mühsam analysiert werden. Gleichzeitig versucht die Stasi, Unterlagen zu besorgen: Schaltpläne jeder Ebene, Beschreibung der Verfahrensentwicklung, mathematische Berechnungen.

Präsentation des Megabit-Chips am 12. September 1988, mit einem ausgedruckten Schaltkreisentwurf im Maßstab 1:500; im Raum u. a. Zeiss-Generaldirektor Wolfgang Biermann (2.v.l.), Chefkonstrukteur Jens Knobloch (4.v.l.), Staatsratsvorsitzender Erich Honecker (3.v.r.) und Regierungsbeauftragter für Mikroelektronik Karl Nendel (1.v.r.)

Übergabe des Megabit-Chips 1988 von Wolfgang Biermann (Mitte) an Erich Honecker

Proletarier aller Länd

NEUES DEUTSCHLA

ORGAN DES ZENTRALKOMITEES DER SOZIALISTISCHEN EINHEITSPARTEI D

Spitzenleistung im Wettbewerb zum 40. Jahrestag der DDR:

Erfurter Mikroelektroniker übergaben Muster von 32-bit-Mikroprozessoren

Erich Honecker: Menschliche Arbeit und Initiative werden nur im Sozialismus zum Wohl des Menschen wirksam
Bedeutsame Erfahrungen von Forschern, Entwicklern und Technologen in der Diskussion vor dem XII. Parteitag

Es berichten Dieter Brückner und Jochen Mämecke

Berlin. Die ersten Funktionsmuster von 32-bit-Mikroprozessoren für Ingenieurarbeitsstationen zum automatisierten Entwurf von Schaltkreisen, anderen Erzeugnissen der Elektronik sowie des Maschinenbaus wurden am Montag in Berlin dem Generalsekretär des ZK der SED und Vorsitzenden des Staatsrates der DDR, Erich Honecker, von Werktätigen des Kombinats Mikroelektronik Erfurt übergeben.

Die Entwicklung dieser funktionsfähigen Bauelemente einschließlich der dazugehörigen Fertigungstechnologie stellt eine neue Etappe der Mikroelektronik in der DDR dar. Sie ist das Ergebnis intensiver, knapp dreijähriger schöpferischer Arbeit von über 250 Fachleuten in Forschungs- und Entwicklungskollektiven; eine wissenschaftlich-technische Spitzenleistung, die neue Voraussetzungen für die Fortführung der Einheit von Wirtschafts- und Sozialpolitik schafft und mit der zugleich ein weiteres Embargo kapitalistischer Konzerne durchbrochen wird.

Werktätige aus dem Kombinat Mikroelektronik Erfurt berichten über die Entwicklung des 32-bit-Mikroprozessors Foto: ZB-Zimmermann

Festumzug mit PC 1715 am 4. Juli 1987 zur 750-Jahr-Feier in Berlin

Da es verschiedene Prozessor-Familien gibt, steht zuweilen die Überlegung im Raum, welche Linie man verfolgt. Nachdem die DDR ab 1978 ihren ersten Mikroprozessor (also einen Prozessor auf einem kleinen Chip und nicht aus Schaltkreisen auf einer Leiterplatte) U 808 auf der Basis des Intel 8008 in Serie produziert, fällt von oben die Entscheidung, nicht den Nachfolger 8080 nachzubauen, sondern den (allerdings kompatiblen) Z80 der neu gegründeten Firma Zilog. Er wird als U 880 der Standard-Chip der DDR. Zunächst kommt er im Mikrorechner-System K 1520 zum Einsatz, wo er in zahllose Endgeräte eingebaut wird. Später ist er das Herz für die meisten Heim- und Bürocomputer der DDR. Neben dem Prozessor entstehen die Nebenbausteine für den Zeitgeber und die serielle und parallele Kommunikation.

Im Rahmen ihrer Mikroelektronik-Initiative plant die DDR im Standort Erfurt-Südost (ESO) vier neue Halbleiter-Fabriken, die nach und nach errichtet werden. 1982 beginnt der Bau von ESO I, wo 1984 die Produktion anläuft. 1988 läuft ESO II an. Mitte 1989 folgt ESO III.

Die Fabrik ist für das spektakulärste Produkt der ostdeutschen Mikroelektronik geplant: den 1-Megabit-Speicherchip U 61000. Es ist auch ein Prestigeprojekt für die DDR, die als hochentwickelte Industrie-Nation angesehen werden will, und das Kombinat Carl Zeiss Jena, das mit Technologie für die Chip-Produktion weltweit konkurrenzfähig werden will.

Grundlage ist die bereits vertraute Technik zur Produktion von 64- und 256-Kilobit-Chips nach Vorlagen von Toshiba. Da die verwendeten sowjetischen Computer der größeren Datenmengen nicht mehr Herr werden und Robotron-Rechner zu langsam sind, werden zwei Entwurfsrechner aus den USA unter Umgehung des Embargos über Drittländer in die DDR geschmuggelt.

Ein Teil der Maschinen zur Fertigung wird selbst gebaut, ein Teil wird aus dem Ausland beschafft. Die Stasi besorgt auf eigene Faust Unterlagen von Toshiba-Lizenznehmer Siemens, die aber nicht verwendet werden können, da sie nicht vollständig sind und die DDR ein eigenes Verfahren entwickelt. Ebenso werden Reinräume entwickelt, die sehr wenige störende Luftpartikel enthalten und die klimatischen Bedingungen schaffen, die für die Produktion der empfindlichen Schaltkreise nötig sind.

Am 9. August 1988 liegt ein funktionierender 1-Megabit-Chip vor. Er wird am 12. September im Politbüro Erich Honecker und Wirtschaftschef Günter Mittag präsentiert. Auf einem großen Banner wird ein Ausschnitt des Chips, der auf einem halben Quadratzentimeter mehr als eine Millionen Transistoren umfasst, in 500facher Vergrößerung demonstriert.

»Verpflichtung wurde eingelöst«, jubelt das *Neue Deutschland* am nächsten Tag auf der Titelseite über die »wissenschaftlich-technische Spitzenleistung«. Dass es sich um Muster handelt und die Serienfertigung noch weit entfernt ist, verschweigt die SED-Zeitung nicht und zitiert den Generaldirektor des VEB Carl Zeiss Jena:

»Prof. Biermann erklärte, dass bis zur Massenproduktion noch ein bis zwei Jahre Zeit benötigt werden. Es sei notwendig, dafür konzentriert weitere Investitionen vorzunehmen. Parallel dazu müsse dann an einem qualitativ höherem Technologieniveau gearbeitet werden. Bei beiden Arbeiten, der Überführung des 1-Megabit-Speicherschaltkreises in die Massenproduktion und der Vorbereitung eines neuen Technologieniveaus, werde man im Tempo nicht nachlassen.«

Insgesamt werden nur 35.000 Vorserien-Chips produziert. Dann kommt die Wende. ESO IV wird nicht mehr realisiert.

DER 32-BIT-PROZESSOR

Am 15. August 1989 hat das Chip-Land DDR seine letzte große Schlagzeile: »Erfurter Mikroelektroniker übergaben Muster von 32-bit-Prozessoren«. Kopiert wird nicht der bekannte Intel 80386 von Intel, sondern ein VAX-Chip von DEC, um deren Rechnerlinie in der DDR verfügbar zu machen. Bei der Präsentation des U 80701, drei Monate vor dem Fall der Mauer, fällt der berühmte Satz von Erich Honecker: »Den Sozialismus in seinem Lauf halten weder Ochs noch Esel auf.«

Und noch eine Anekdote ist mit dem Kopieren von DEC-Chips verbunden: Beim Abschleifen des Originals entdecken die Entwickler in Erfurt eine versteckte Botschaft im Innern, geschrieben in kyrillischen Buchstaben. Die Stasi übersetzt sie mit: *»CVAX … Wann hört ihr endlich auf zu klauen, eigene (wahrhafte) Entwürfe sind besser«*. Nach dem Chip-Designer Bob Supnik ist eigentlich gemeint: *»CVAX … Wenn es Dir wichtig ist, das Allerbeste zu stehlen.«*

Jens Knobloch mit seiner Abteilung Chip-Design in Dresden, 1985

WIE DER MEGABIT-CHIP ENTSTAND

Jens Knobloch ist der Chefkonstrukteur des Megabit-Chips im Zentrum für Forschung und Technologie Mikroelektronik Dresden.

An einem Wochenende im Januar 1986 erhielt unser Forschungs- und Entwicklungschef Dieter Landgraf-Dietz während seines Winterurlaubs eine überraschende Einladung von Zeiss-Chef Wolfgang Biermann: Mit unserem Leiter der Schaltkreis-Entwicklung, Bernd Junghans, und mir, Bereichsleiter im Schaltkreis-Entwurf, wurde er für den übernächsten Tag nach Jena beordert. Wir waren irritiert, schließlich gehörte unser Zentrum nicht zu Zeiss, sondern zum Kombinat Mikroelektronik mit seinem Stammbetrieb in Erfurt. Was also wollte Biermann von uns?

Als wir zum vereinbarten Termin in Biermanns Besprechungszimmer saßen, offenbarte er den Grund seiner Einladung: Wir sollten fortan erstens unter der Regie von Zeiss arbeiten. Zweitens sollten wir unter Biermanns Ägide das »Programm Höchstintegration« entwickeln. Dieses Programm, so erläuterte Biermann seinen Plan, bestand im Kern aus drei Punkten: Schnellstmöglich sollte der von uns entwickelte 256-Kilobit-Speicher in Serie gehen. Zum anderen sah Biermanns Konzept die Pilotfertigung eines 1-MB-Speicherchips vor – und zwar bis 1989. Und spätestens bis 1993 sollte ein 4-Megabit-Chip entwickelt werden.

Nach dem Termin wurden wir gemeinsam mit Kollegen von Zeiss in das Zeiss-Gästehaus unterhalb des verschneiten Jenzig-Berges einquartiert. Während der Klausur in diesem für DDR-Verhältnisse höchst komfortablen Gebäude sollten wir, so verlangte es Biermann, sein Programm mit Inhalten füllen. Tage- und nächtelang diskutierten wir.

Der »General«, wie sich Biermann gern nennen ließ, wollte, dass wir minutiös aufschreiben, wie die Schritte bis zur Produktion von Mustern des 1-Megabit-Chips aussehen. Regelmäßig rückte er zum Rapport an. Gern warf er unsere Pläne über den Haufen und forderte, sie in kürzester Zeit – mitunter in einer Nachtschicht – zu überarbeiten.

Neunzig 1-Megabit-Chips auf einer 125 mm großen Silizium-Scheibe (Wafer)

Nach zwei Wochen im goldenen Käfig legten wir einen detaillierten »Netzplan« vor. Er enthielt alle Aktivitäten und Entwicklungsschritte, die in einem Zeitraum von vier Jahren erledigt werden mussten. Für den Prototypen des 1-Megabit-Chips formulierten wir ein konkretes Fertigstellungsdatum: Ein Muster sollte zum vierzigsten Jahrestag der DDR, am 7. Oktober 1989, vorliegen. Bis September 1990 war der Entwicklungsabschluss geplant. Wenig später sollte der Chip in Serie gehen.

Projektleiter für den U 61000 genannten Chip wurde Bernd Junghans, mein Kollege Michael Raab wurde Cheftechnologe, ich Chefkonstrukteur. Dieter Landgraf-Dietz war für die nächste Entwicklungsstufe, den 4-Megabit-Chip, zuständig.

Der Speicher war nicht das erste Projekt, das ich leitete. Schon zwei Jahre nachdem ich 1973 in das Dresdener Forschungsinstitut eingetreten war, wurde ich Projektleiter für den 1-Kilobit-Speicher U 253, der tausendmal kleiner als der Megabit-Speicher war. 1977 hatten wir die Serienreife für den U 253 erreicht.

Als Chefkonstrukteur des Megabit-Chips war ich Hauptabteilungsleiter von siebzig Entwerfern. Außer für den Schaltungs- und Layout-Entwurf zeichnete ich für die gesamte Erzeugnis-Entwicklung des Chips verantwortlich und koordinierte so die Zusammenarbeit mit mehreren Gewerken: Rechner-Unterstützung (das beinhaltete Hard- und Software), Entwurf, Maskenherstellung, Messtechnik und Gehäuse-Entwicklung. Die Entwicklung der Technologie und die Entwicklung eines Reinraums waren die beiden anderen Säulen des Projekts. Alles in allem waren in unserem Forschungszentrum 200 bis 250 Entwickler am Projekt beteiligt.

»Außenpolitisch« stimmte ich die Eigenschaften des U 61000 mit dem geplanten Hauptanwender, dem Kombinat Robotron, und weiteren Anwendern in der Sektion »Schaltungsintegration« des Ministeriums für Elektrotechnik und Elektronik ab. Auf der Forschungsseite koordinierte ich die Zusammenarbeit mit den Technischen Universitäten in Dresden und Karl-Marx-Stadt, der Technischen Hochschule Ilmenau sowie dem Karl-Weierstraß-Institut für Mathematik der Akademie der Wissenschaften der DDR in Berlin.

Für die Schaltungs- und Technologie-Simulation sowie für einen Layout-Entwurf des Chips benötigten wir spezielle Rechner. Erste Entwürfe fertigten wir mit sowjetischen Computern an. Die reichten bei den Datenmengen, die für den 1-Megabit-Chip nötig waren, allerdings nicht aus. Auch die Rechner, die das Kombinat Robotron herstellte, waren für unsere Zwecke zu langsam. Sie hatten freilich eine andere Aufgabe, dienten sie doch in erster Linie dazu, Maschinen zu steuern. Unser Netzplan sah deshalb die Beschaffung von Entwurfsrechnern im Westen vor.

Zwei solcher Geräte wurden unter Umgehung des Embargos aus den USA beschafft – über die Details der Beschaffung war ich nicht informiert. Soweit ich weiß, gelangten die Rechner über Finnland und Polen in die DDR. Um die Bezugsquelle zu schützen, mussten wir im Forschungszentrum alle Typ-Bezeichnungen auf der Hard- und in der Software tilgen. Die Händler im Westen verdienten sich durch den illegalen Export eine goldene Nase; sie kassierten ein Mehrfaches des Marktpreises.

Schweizer Zeitung: DDR schaffte in Mikroelektronik Anschluß an die Weltspitze

Zürich (ADN). Der Schweizer „Tagesanzeiger“ hebt in einem umfangreichen Beitrag die Leistungen der DDR in der Mikroelektronik hervor und schreibt: „Die Überraschung war perfekt, als das Dresdner Elektronikkombinat Robotron zur letzten Leipziger Frühjahrsmesse einen IBM-kompatiblen 32-Bit-Computer vorstellte und damit bewies, daß die DDR in diesem Bereich den Anschluß an die Weltspitze geschafft hatte.“ Kaum hatten sich die westlichen Fachleute von dieser Überraschung erholt, habe das Kombinat Carl Zeiss Jena im Herbst für den „zweiten Paukenschlag des Jahres“ gesorgt, indem Generaldirektor Wolfgang Biermann dem Staats- und Parteichef Erich Honecker zum 39. Geburtstag der DDR ein Muster des ersten 1-Megabit-Chips der DDR überreichte, das Honecker zwei Wochen später nach Moskau mitnahm, wo er das „technologische Wunderwerk“ Michail Gorbatschow geschenkt habe.

Weiter schreibt die in Zürich erscheinende führende Zeitung des Landes: „Spätestens seit dem 32-Bit-Computer und dem 1-Megabit-Chip lächeln die westlichen Experten nicht mehr über die ehrgeizigen Ziele der regierenden Sozialistischen Einheitspartei Deutschlands (SED), die sich am letzten Parteitag vor drei Jahren entschlossen hat, zur Weltspitze der Chip-Revolution aufzuschließen. Seither gilt die Förderung der ‚Schlüsseltechnologien‘ als ökonomische Hauptaufgabe. Und es sieht so aus, als ob der Arbeiter-und-Bauern-Staat seinen ‚Wettlauf mit der Zeit‘ tatsächlich gewinnen könnte.“

Mit dem 1-Megabit-Chip sei der DDR in der Halbleitertechnologie ein echter Durchbruch gelungen. „Und damit das so bleibt, versucht die DDR seit Mitte der achtziger Jahre, mit einem systematischen Bildungsprogramm die wissenschaftlichen Ressourcen des Landes optimal auszuschöpfen. Sie hat ein Fördersystem für Computerfreaks und -talente entwickelt, das dem seit Jahren erfolgreichen Modell für die Suche und Förderung von künftigen Spitzensportlern gleicht.“

Die Megabit-Chips der ersten Generation wurden mit einer Redundanz ausgestattet: Wurden im Tester auf der Scheibe schadhafte Zellen aufgespürt, wurden sie ausgespart und stattdessen andere Zellen angeschlossen. Der international übliche Weg war, im Tester mit einem Laserstrahl Leitbahnen – sogenannte Fuses – durchzubrennen, um eine andere Zelle zu aktivieren. Doch wir hatten keine Lasertechnik.

Wir mussten deshalb die Redundanz-Programmierung mit der bei Zeiss zur Verfügung stehenden Technik erzeugen. Die zu trennende Fuse wurde mit Elektronenstrahl-Lithografie bearbeitet. Dieses Verfahren war deutlich aufwändiger als das international übliche. Unter anderem, weil zusätzlich ein kompletter fotolithographischer Prozess erforderlich wurde. Deshalb wanderte die Scheibe nach dem Aufspüren schadhafter Zellen erneut in die Produktion und danach ein weiteres Mal in den Tester. Der positive Effekt dieses Umweges war, dass wir die Redundanz-Programmierung aus eigener Kraft realisieren konnten.

Für die fotolithographischen Prozesse waren hochauflösende Fotolacke nötig, mit denen wir die Mikrometer-Strukturen auf das Silizium aufbringen konnten. Auf unsere Anfrage bei ORWO in Wolfen kam als Gegenfrage: »Wie viel Tonnen denn?« – »Nur zehn Kilo pro Jahr«, lautete unsere Antwort. Die Verantwortlichen bei ORWO winkten ab. Solch kleine Menge zu produzieren, war für den Betrieb vollkommen unwirtschaftlich. Doch nur ORWO konnte den Lack herstellen, was dann auch geschah – ohne jede ökonomische Grundlage.

Dieses Dilemma war uns aus eigener Erfahrung bekannt. Fragten Betriebe bei uns wegen dringend benötigter Chips an, wollten wir wissen, wie viele Schaltkreise gebraucht wurden. Wir bekamen dann oft als Rückmeldung: Tausend. Tausend Chips passten auf eine Silizium-Scheibe – dafür lohnte sich eine Produktion üblicherweise nicht. Wir lieferten die Chips trotzdem, denn eine Alternative gab es nicht.

Etwa 1987 oder 1988 meldete sich die Stasi bei uns. Ihre Mitarbeiter hatten Unterlagen aus dem Westen beschafft, die ich auf ihre Verwendbarkeit für die Pilotfertigung des 1-Megabit-Chips hin prüfen sollte. Wir trafen uns in der für Vertrauliche Verschlusssachen eingerichteten Abteilung unseres Instituts. In einem abhörsicheren Raum durfte ich mir die Unterlagen ansehen; sie zu kopieren oder gar mitzunehmen war auf keinen Fall möglich. Es war für mich nicht ersichtlich, woher die Unterlagen stammten. Alle Informationen diesbezüglich waren zuvor getilgt worden. Ich vermutete, dass sie von Toshiba kamen.

Es handelte sich um Pläne für Masken, mit denen es möglich gewesen wäre, den Schaltungsentwurf für einen Chip auf eine Silizium-Scheibe zu projizieren – wenn die Unterlagen vollständig gewesen wären. Das war freilich, wie ich den überraschten HVA-Mitarbeitern klarmachen musste, nicht der Fall. Teile der technischen Dokumentation fehlten. Zudem machte ich den Herren klar, dass wir nicht den international üblichen, sondern einen eigenen Weg zur Herstellung von Prototypen gehen. Die Unterlagen passten also gar nicht zu unserem Konzept, das auf den Ausrüstungen von Zeiss basierte.

Die HVA-Mitarbeiter waren enttäuscht. Sie hielten mich für überheblich. Da hatten sie unter großen Schwierigkeiten und Gefahren Unterlagen beschafft – und nun erfuhren sie von mir, dass sie für unsere Zwecke nicht zu gebrauchen waren.

In unserem Netzplan hatten wir Bedarf für einen Mikrometer-Reinraum für das Forschungszentrum angemeldet. 1988 wurden die ersten Muster in dem Reinraum hergestellt. Der war zu diesem Zeitpunkt allerdings längst nicht fertig – die Entwicklung des Chips und die Fertigstellung des Spezialraumes mussten parallel vonstattengehen. Für alle Beteiligten eine enorme Herausforderung.

Im Rahmen der Frühjahrsmesse 1988 versprach Wolfgang Biermann der Parteispitze, den Chip bereits im Herbst fertigzustellen, ein Jahr früher als geplant. Von da an arbeiteten wir unter Hochdruck. Arbeitsschritte, die üblicherweise drei Monate dauerten, wurden in zwei Monaten bewältigt. Am 9. August 1988 fielen wir uns im Forschungszentrum in die Arme: Die Messgeräte zeigten positive Ergebnisse an – unser Chip funktionierte bitfehlerfrei. Und das tatsächlich ein Jahr früher, als es der Netzplan vorgesehen hatte.

Wenig später, am 12. September 1988, hatten wir gemeinsam mit Biermann einen Termin im Politbüro. Einem kleinen Kreis von Funktionären präsentierten wir in Berlin unsere Prototypen. Außer fünf funktionsfähigen Mustern des U 61000 brachten wir als Schaustück einen Chip in einem blauen Glasprisma mit.

Ich stellte den »inneren Plan« des Chips vor, das Layout im Maßstab 500:1. Das Innenleben des im Original 12,8 Millimeter langen Chips war auf einer sechseinhalb Meter langen Papierbahn dargestellt.

»Auf einen solchen Chip«, erläuterte ich, »passt der Text von rund sechzig DIN A4-Seiten mit jeweils etwa vierzig Zeilen zu sechzig Zeichen.« Meine Zuhörer machten große Augen, vermutlich begriff keiner so recht, worum es ging ...

Etwa siebzig Prozent der Anlagen für die Pilotfertigung des Megabit-Chips bekamen wir durch Umgehung des Embargos aus dem Westen. Den Rest – also etwa dreißig Prozent – bewerkstelligten wir mit eigener Ausrüstung.

Das Wissen für die Entwicklung und den Bau der Prototypen hatten wir bei vorausgegangenen Speicher-Entwicklungen gesammelt. Es stammte außerdem aus unseren Forschungen zur Entwurfstechnologie sowie aus Veröffentlichungen in internationalen Fachzeitschriften und von unseren Forschungspartnern.

Bis 1990 produzierten wir über 13.000 Muster des Chips. Die Ausbeute an funktionierenden Schaltkreisen betrug am Ende rund zehn Prozent, was international der Standardwert einer Pilotproduktion war.

Für die Pilotproduktion wurden Keramik-Gehäuse auf dem internationalen Markt gekauft. Sie stammten – so vermute ich – von der japanischen Firma Kyocera. Unsere Entwicklung zielte auf ein Plastikgehäuse ab, das wir in der DDR selbst herstellen konnten, weshalb wir die Chipbreite in einem Neuentwurf von 5,1 auf 4,4 Millimeter reduzierten.

Das Mooresche Gesetz der Mikroelektronik besagt, dass sich der so genannte Integrationsgrad, die Anzahl der Transistoren auf einem Chip, alle anderthalb bis zwei Jahren verdoppelt.

Als wir in der DDR dreizehn Jahre nach dem 1-Kilobit-Chip den 1-Megabit-Chip mit der tausendfachen Kapazität entwickelt hatten, waren wir schneller, als es das Mooresche Gesetz voraussagte, hatten wir doch den Integrationsgrad bereits alle fünfzehn Monate verdoppelt.

Durch die forcierte Förderung der Mikroelektronik nach dem Plenum 1977 war es der DDR gelungen, den Abstand zur Weltspitze zu verringern. Der 1-Kilobit-Speicher kam im Vergleich mit dem internationalen Niveau fünf Jahre, der Megabit-Speicher nur noch drei Jahre später. Wir waren also auf einem guten Weg, den Rückstand aufzuholen.

Die Überführung des Megabit-Projekts von Dresden nach Erfurt war für 1990, spätestens 1991 vorgesehen. In Erfurt hätte ein deutlich größerer Reinraum gebaut werden müssen. Außerdem wäre ein Vielfaches der Anlagen nötig gewesen, die wir in der Pilotfertigung benutzt hatten. Die immensen Investitionen, die nötig gewesen wären, hätten unter den damaligen Bedingungen nicht aufgebracht werden können. Ein solches Projekt – das ist auch heute üblich – kann nur in internationaler Kooperation realisiert werden. Ein Land allein ist damit vollkommen überfordert.

Doch eine Folge unserer Arbeit an dem Speicher-Chip war, dass sich – wegen des starken Potentials an Fachkräften – nach 1989 in der Region um Dresden ein europaweit einzigartiges Cluster für die Mikroelektronik entwickelte – das so genannte Silicon Saxony, so lautete die Überschrift eines Artikels im Time

Magazine vom 27. April 1998. Siemens – heute Infineon – investierte in ein neues Werk. Kurz darauf kam AMD, ein US-amerikanischer Chiphersteller. Silicon Saxony wuchs auch dadurch, dass sich im Laufe der Jahre aus unserem Dresdner Forschungszentrum viele mittelständische Betriebe ausgründeten. Heute ist Silicon Saxony ein Cluster mit etwa 500 Betrieben, das bis Leipzig, Freiberg und Chemnitz reicht.

DIE ERSTEN DDR-COMPUTER

OPREMA

1954/55 entsteht bei Carl Zeiss Jena der erste Computer der DDR: die Optik-Rechen-Maschine Oprema. Sie übernimmt Berechnungen für die Entwicklung von optischer Systeme. Manche Optiken bestehen aus zehn und mehr Linsen. Sie erfordern aufwendige Rechenarbeiten, für die ein Mensch Jahre benötigt. Das *Neue Deutschland* beschreibt den Nutzen:

»Ein sehr geübter optischer Rechner braucht für die Durchrechnung eines windschiefen Strahles an einer gekrümmten Fläche bei guter Disposition mindestens eine Viertelstunde. Wenn er also etwa ein Dutzend Strahlen aus je zwölf verschiedenen Richtungen durch 20 Flächen hindurch berechnen will, so ergibt das 12 x 12 x 12 gleich 2.880 Flächen; für jede Fläche eine Viertelstunde, das ergibt 720 Stunden. Da der Optikrechner täglich sechs Stunden rechnet, würde er für dieses Rechenprogramm 120 Tage benötigen. Die Oprema erledigt dieses Rechenprogramm in nur 16 Stunden, wobei die Maschine unermüdlich, ohne Pause arbeiten kann.«

Die optische Rechenmaschine Oprema mit Bedienpult (1955)

Die Väter des Rechners: Wilhelm Kämmerer, Herbert Kortum und Fritz Straube. Die Amerikaner hatten bei ihrem Abzug aus Jena im Juli 1945 Zeiss-Technik und -Fachleute in den Westen mitgenommen, darunter auch Kämmerer, der, nach Jena zurückgekehrt, im Oktober 1946 mit seinen beiden Kollegen von der sowjetischen Besatzungsmacht im Rahmen der Wiedergutmachung verpflichtet wird, in der Sowjetunion zu arbeiten, wo sie erste Ideen für die Rechenmaschine entwickeln. Alle drei kehren erst 1953 nach Jena zurück.

Siebeneinhalb Monate dauert der Bau, der am 30. Dezember 1954 vollendet ist. Mehrere Monate lang wird die Anlage Stück für Stück überprüft und in Betrieb genommen. Nicht nur deswegen sieht man auf der Leipziger Frühjahrsmesse nur Fotos: Das Ungetüm nimmt eine Fläche von 55 Quadratmetern ein. Eine Million Lötstellen, 90.000 Dioden in Form von Selen-Gleichrichtern und 500 Kilometer Kabel sind verarbeitet. Es ist noch kein elektronischer Computer; die Bits basieren auf 16.626 Relais, elektrischen Magnetschaltern. Für die Addition zweier achtstelliger Zahlen benötigt sie dreißig Millisekunden. Das ist für heutige Verhältnisse sehr langsam; aber damals eine Sensation. Die Oprema erledigt nicht nur die Arbeit von 120 Menschen, sondern führt auch zu einer deutlich höheren Produktionsausbeute.

Programme werden als Stecktafeln abgelegt. Sechs Tafeln mit je fünfzig Befehlen und damit 300 Befehle sind möglich. Außerdem können 28 Konstanten als Stecktafeln vorbereitet werden. Die gesamte Speicherkapazität der Oprema beträgt rund 3 Kilobyte; das ist etwas mehr als eine A4 Seite Text. Die Ausgabe erfolgt über eine elektrische Schreibmaschine. An einen Bildschirm ist noch nicht zu denken.

Die Oprema ist eine Zwillingsmaschine. Sie besteht aus zwei identischen Computern, die mit dem gleichen Rechenprogramm parallel zueinander laufen und die Ergebnisse gegenseitig kontrollieren. So sollen Rechenfehler erkannt werden. Nach einer Weile zeigt sich, dass die Kontrolle nicht nötig ist. Beide Geräte laufen fehlerfrei. Es werden nur diese beiden Opremas gebaut. Sie existieren nicht mehr. Dieses Schicksal ereilt viele frühe Computer.

D1 BIS D4 AUS DRESDEN

Nikolaus Joachim Lehmann arbeitet an der Technischen Hochschule Dresden, fasziniert von der ENIAC, ab 1950 an einem eigenen Röhrencomputer: D1. Röhren haben einen großen Vorteil: Sie sind viel schneller als Relais. Mit seinen rund 760 Elektronenröhren kann die sechs Meter lange Anlage 100 bis 200 Rechenoperationen pro Sekunde ausführen. Auch beim Speicher ist D1 fortschrittlich. Es kommt eine Magnettrommel zum Einsatz, ein Vorläufer der Festplatte. Daten von außen werden über Lochbänder eingespeist; die Ausgabe übernimmt eine Schreibmaschine. Nur zwei Exemplare werden gebaut; eines für die TU Dresden, eines für das Funkwerk Dresden, von denen nur noch einzelne Teile erhalten sind.

1959 wird der Nachfolger D2 fertiggestellt, ein Einzelstück. Er ist zehnmal so schnell und schafft rund 1.000 Operationen pro Sekunde.

Der ebenfalls auf Röhren basierende D3 wird nie fertiggestellt.

Man konzentriert sich auf den D4a – a für abgerüstet. Er basiert auf Transistoren, elektrischen Schaltern, die keine mechanischen Teile mehr haben. Sie sind sehr viel kleiner, langlebiger und preiswerter als Relais und Elektronenröhren. Mit 220 Transistoren und 1.900 Dioden schafft der D4 2.000 Operationen pro Sekunde. Neben Lochstreifen lassen sich Eingaben über eine Tastatur vornehmen. Für die Ausgabe sorgt ein Typenrad-Streifendrucker; auch ein Fernschreiber lässt sich anschließen.

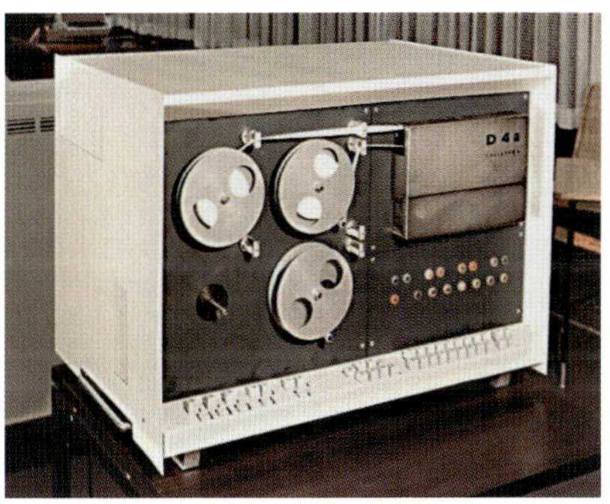

Der Cellatron D4a, Vorbild für das Serienmodell 8205

Durch seine winzigen Abmessungen von nur 57 x 42 x 45 Zentimetern, inklusive Trommelspeicher und Lochstreifen-Anlage, ist das Gerät ein Wunderwerk. Man könnte es als ersten Personalcomputer der DDR bezeichnen. Bis 1964 entstehen sechs Exemplare. Für die geplante Serienanfertigung und den Dauerbetrieb sind noch Anpassungen nötig; ab 1969 geht die nunmehr Cellatron 8205 genannte Maschine im VEB Büromaschinenwerke Zella-Mehlis in Produktion. Insgesamt werden rund 3.000 Stück gefertigt.

Das *Neue Deutschland* beschreibt:

»Derartige Geräte sind unerlässlich für die Rationalisierung und Automatisierung von Aufgaben der Planung, Verwaltung, Technik und Wissenschaft. Sie eignen sich auch zur Steuerung von Produktionsprozessen und als Zubringer für größere Rechen- bzw. Buchungsanlagen.«

Endmontage des Cellatron 8205 in Zella-Mehlis

KLEINRECHNER SER 2

Auf der Leipziger Herbstmesse 1961 stellt die DDR ihren ersten auf Transistoren basierenden Kleinrechner vor, den Cellatron SER 2. Der »Serielle Einadress-Rechner« wird von ELREMA Karl-Marx-Stadt entwickelt und in Zella-Mehlis in Serie produziert.

Das Ensemble besteht aus einem Schreibtisch mit Bedientastatur, Lochbandabtaster und Lampenfeld, wiegt 100 Kilogramm und verbraucht 250 Watt – weniger als ein Spiele-PC von heute. Ein- und Ausgaben erfolgen über eine angepasste elektro-mechanische Schreibmaschine SE5.

Im ersten Modell, das man später SER 2a nennt, werkeln 650 Transistoren und 1500 Dioden. Es versteht 11 Befehle, die per Lochband eingelesen oder per Hand eingegeben werden, hat 63 zehnstellige Speicherplätze für Daten und 189 Speicherplätze für Befehle.

Der SER 2b, der im Frühjahr 1964 vorgestellt wird, verfügt über 126 Speicherplätze für zehnstellige Zahlen und 378 Speicherplätze für Befehle.

Im Laufe der Jahre erscheinen vier Modelle, SER 2a bis 2d. Sie verkaufen sich rund 1.000 mal.

Einsatzgebiete sind zum Beispiel in der Wirtschaft Lohnrechnung, Tilgungspläne, Durchschnittspreise und Fakturierung und in der Technik Berechnungen von Koordinaten und Linsensystemen sowie in Statik und Astronomie. Die Zeitschrift *Neue Technik im Büro* schreibt:

»Dieser neue Kleinrechner ist besonders dafür geeignet, die vielen, häufig wiederkehrenden und umfangreichen Rechenarbeiten, die in jedem Büro anfallen, weitestgehend zu automatisieren und damit eine Beschleunigung und Verbesserung der Arbeit zu bewirken. Auf Grund seines einfachen Aufbaues und seiner leichten Bedienbarkeit wird sich dieses Gerät schnell sowohl in der Verwaltung als auch in den Konstruktionsbüros einführen und ein unentbehrlicher Helfer in der Verbesserung der Arbeit sein. In der heutigen Zeit wird oft über die Lösung mathematischer und wirtschaftlicher Probleme mittels elektronischer Rechner gesprochen, aber in der Mehrzahl der Fälle handelt es sich dabei um Rechenanlagen, die durch ihre Dimensionen und den Preis den Begriff einer Büromaschine weit überschreiten. Der Einsatz solcher Anlagen bedingt dann eine Zentralisierung der Rechenarbeiten oder die Erfordernis, komplizierte wissenschaftlich-technische Aufgaben mit extrem kurzen Rechenzeiten durchführen zu müssen. Dafür ist der Cellatron SER 2 nicht bestimmt. Sein Aufgabengebiet liegt in erster Linie dort, wo es gilt, innerhalb der Büroarbeit mathematische Probleme schnell und sicher zu lösen.«

Cellatron SER 2b im (2024 aufgelösten) Museum für historische Bürotechnik Naunhof

Der SER-Spezialist Andreas Richter ordnet den heute weitgehend vergessenen Rechner ein:

»In heutigem Licht gesehen, könnte man den SER 2 in der Leistungsfähigkeit eines guten programmierbaren Taschenrechners einordnen. Damit hatte man erstmals erfolgreich ein System entwickelt, bei dem die internen Abläufe einer mechanischen Tischrechenmaschine elektronisch nachgebildet und damit programmierbar wurden.«

BEFEHLSLISTE DES SER 2

- Addition
- Subtraktion
- Multiplikation
- Division
- Eingabe
- Ausgabe
- unbedingter Sprung
- bedingter Sprung
- Leertaste
- Tabulator
- Wagenrücklauf

ZEISS-RECHEN-AUTOMAT ZRA1

Als Nachfolger der Oprema plant und baut Jena ab 1955 den Zeiss-Rechen-Automat ZRA1. Da Relais zu langsam, Transistoren in der DDR aber noch nicht in genügender Zahl und ausreichender Leistung verfügbar sind, arbeitet der ZRA mit magnetischen Ferritkernen und Halbleiter-Germanium-Dioden als Gleichrichtern. Die schnellen, aber unzuverlässigen Röhren spielen nur eine untergeordnete Rolle als Treiber für die Schaltimpulse zur Erregung der Magnetkerne. Die Entscheidung für Ferritkerne als Logik-Bausteine ist ungewöhnlich und einmalig. Herbert Kortum, einer der Schöpfer, erklärt im *Neuen Deutschland*:

»Es handelt sich hierbei um ein Material, das zwei entgegengesetzte Magnetisierungszustände mit großer Stabilität zu halten imstande ist. Dieses Material wird unter Beimischung geeigneter Stoffe keramisch zu kleinen Ringen mit einem Durchmesser von etwa fünf Millimeter verarbeitet und mit feinen Drahtspulen bewickelt, die zur Magnetisierung des Ringes und zur Abtastung seines jeweiligen Magnetisierungszustandes bzw. zur Abgabe eines Schaltimpulses dienen. Aus solchen Ferritkernen und aus Germanium-Dioden als Gleichrichter ist das logische Netzwerk des ZRA 1 aufgebaut. Diese Bauelemente haben nicht nur den Vorzug, sehr klein und bei rationeller Fertigung auch billig zu sein, sondern haben vor allem den Vorzug einer praktisch unbegrenzten Lebensdauer, da sie weder einer Abnutzung noch einer zeitlichen Veränderung unterworfen sind.«

Die Anlage nimmt einen Raum von 6 x 8 Metern ein. Sie besteht aus drei Schränken: dem eigentlichen Rechner, einem Lochkartengerät, einem Drucker. Dazu kommt ein Bedienpult. Daten und Befehle werden auf Lochkarten binär gestanzt und nicht mehr, wie bei der Oprema, fest verdrahtet. Damit kann programmiert werden, ohne dass die Maschine stillsteht. Später lässt sich mit Algol eine höhere Programmiersprache nutzen.

Die Rechengeschwindigkeit beträgt 150-180 Operationen pro Sekunde. Auch wenn der ZRA mit rund 30 Kilobyte zehn Mal soviel speichern kann wie die Oprema, ist er für große Datenmengen wie ökonomische Berechnungen nicht gut geeignet.

Der ZRA wird 1960 auf der Leipziger Frühjahrsmesse präsentiert; zum Jahresende beginnt die Fertigung von 31 weiteren Geräten: 7 gehen in Betriebe, 10 in Hochschulen, 15 an Institute. Damit ist der ZRA der erste digitale Computer in der DDR, der in Serie entsteht.

Als Unterstützung bildet sich die »Benützergemeinschaft Zeiss-Rechenautomat 1«, die Schulungsunterlagen erstellt und Programmierkurse gibt.

Zu einem geplanten Nachfolger kommt es nicht. Die DDR setzt später auf die Robotron 100 aus Karl-Marx-Stadt, die mit Transistoren arbeitet. Das einzige erhaltene Exemplar vom ZRA ist in den Technischen Sammlungen Dresden ausgestellt.

Am ZRA1; rechts: Johannes Krötenheerdt, Gründer des Rechenzentrum der Uni Halle

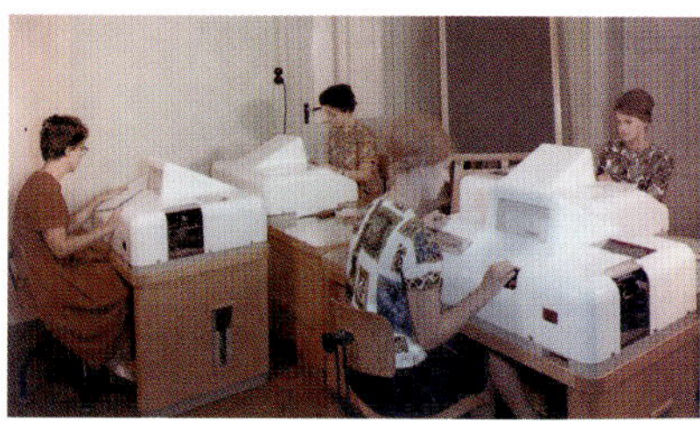

ZRA1 – Lochkartenlocher- und Lochkartenprüferraum der Uni Halle

ZRA1: Rechenschrank, Ausgabegerät, Kommandopult, Eingabegerät (Exponat in den Technischen Sammlungen Dresden)

Neben eigenen Entwicklungen führt die DDR einzelne Computer ein, zunächst in sehr kleiner Anzahl. So erhält 1969 die Technische Hochschule Leipzig (die heutige HTWK) als ersten Computer einen Ural-14 aus der Sowjetunion. Er ist aus der zweiten Generation der Ural-Rechner, die nicht mehr auf Röhren und Kernspeichern basiert, sondern bereits auf Halbleitern. Dennoch ist er mit seinen Kühlschrank-großen Einzelteilen so gewaltig und hat besondere Anforderungen an Strom und Reinheit, dass man dafür einen Flachbau errichtet. Eine Anleitung gibt es nicht. Daher reist eine Delegation der Hochschule nach Perm zur Schulung.

In den späten siebziger Jahren steht in der TH Leipzig wiederum ein Großrechner aus der Sowjetunion. Der EC 1022. Er ist mit 512 Kilobyte Hauptspeicher ausgestattet und mit acht Wechselplatten mit je 7,25 Megabyte. Der Historiker Martin Schmitt:

»Die von der DDR importierten Computer stammten aus der ganzen Welt – nicht nur aus dem Ostblock. Das CoCom-Embargo sollte dies eigentlich verhindern. Daher handelte es sich bei den Rechnern meist nicht um die leistungsstärksten Modelle. Für die DDR waren sie trotzdem wichtig, beispielsweise um eigene Software zu testen oder um die Zeit zu überbrücken, bis vermehrt eigene Computer produziert werden konnten.«

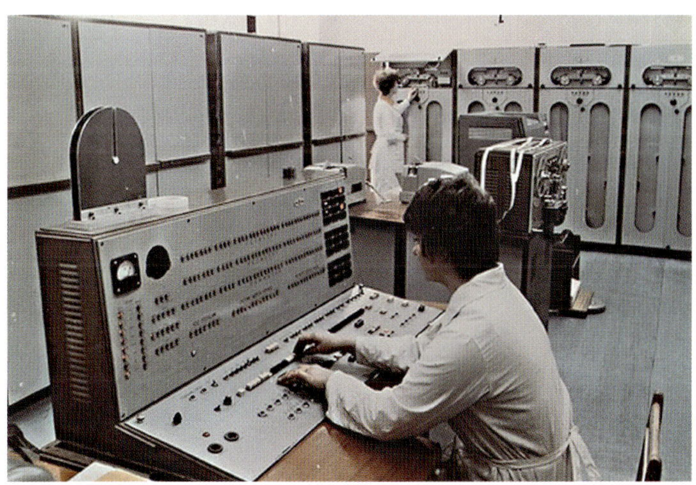

Großrechner Minsk-22, in der zweiten Hälfte der sechziger Jahre unter anderem in der Hochschule für Verkehrswesen Dresden und in der TH Magdeburg im Einsatz

Aufschluss, welcher Betrieb und welche Einrichtung in der DDR Rechner aus Ost und West importieren, gibt seine (im Internet veröffentlichte) Tabelle »Computeranschaffung in der DDR«. Daraus ein kleiner Auszug:

- 1959 Ural-1 (UdSSR)
  Akademie der Wissenschaften Berlin
- 1962 Bull Gamma 3 ET (Frankreich)
  Staatliche Plankommission Berlin
- 1963 Ural-1 (UdSSR)
  Institut für Angewandte Mathematik Berlin
- 1964 Bull Gamma 10 (Frankreich)
  VEB Maschinelles Rechnen Berlin
- 1965 Minsk-22 (UdSSR)
  Ministerium für Nationale Verteidigung Berlin
- 1965 ZAM-2 (Polen)
  VVB Stahl- und Walzwerk Hennigsdorf
- 1965 NCR 315 (USA)
  VEB Elrema Karl-Marx-Stadt
- 1965 Odra 1003 (Polen)
  Institut für Verfahrenstechnik Leipzig
- 1965 Bull Gamma 10 (Frankreich)
  Ministerium für Staatssicherheit Berlin
- 1965 Elliott 503 (Großbritannien)
  Institut für Datenverarbeitung Dresden

ROBOTRON 300

Der (oder die) Robotron 300 ist die erste Rechenanlage der DDR in Serienproduktion. Als Vorbild dient die IBM 1401. Der Name ist zunächst ein Arbeitstitel, »abgeleitet von der Vorstellung, 300 Lochkarten pro Minute zu lesen und zu stanzen sowie 300 Zeilen pro Minute zu drucken«.

Das erste lauffähige Muster wird 1966 nach Moskau geflogen, wo es auf der Messe Interorgtechnika ihre Weltpremiere erlebt. Der Vater des Systems ist Rolf Kutschbach:

»Es wurde beschlossen, auf dieser Messe eines der zwei Entwicklungsmuster des Robotron 300 auszustellen, die Arbeiten konnten somit zu Hause weitergehen. Der Landtransport der Anlage über eine so große Distanz wurde wegen des Straßenzustandes als zu riskant abgelehnt. Deshalb wurde ein sowjetisches Großraumflugzeug gechartert, für das extra eine Landeerlaubnis in Dresden eingeholt werden musste. Wenige Tage nach Beginn der Aufstellung in Moskau lief die Anlage. Die Resonanz auf der Interorgtechnika war unerwartet hoch, denn fast jeden Tag kamen neue und hochrangige Gäste. Rekrutierten sich diese zunächst aus Vertretern des Rates des Bezirkes, so folgten bald Minister, Botschafter usw. Mehrere sowjetische Werkdirektoren wollten die Anlage sofort vom Stand weg kaufen. Schließlich besuchten die Regierungschefs Walter Ulbricht und Leonid Breschnew den Stand. Ein Wermutstropfen trübte jedoch unsere Euphorie, denn Ulbricht erklärte bei seinem Besuch, dass eine so moderne Technik in der DDR bleiben müsse. Unserer Vorstellung, mit der Anlage auf dem sowjetischen Markt Fuß zu fassen, wurde damit ein Riegel vorgeschoben.«

Dennoch sei die Anlage, so jubelt das *Neue Deutschland*, die beste Visitenkarte, die die DDR bei ihrem bedeutendsten Kunden für Büromaschinen abgibt:

»Der in dieser integrierten Datenverarbeitungsanlage der DDR investierte Schöpfergeist von Wissenschaftlern, Ingenieuren und Technikern spricht für unsere Leistungsfähigkeit auf diesem Gebiet. Robotron 300 kann im Komplex betriebliche, volkswirtschaftliche und wissenschaftliche Informationen erfassen und dank seiner hohen Speicherfähigkeit von 10.000 oder 40.000 Zeichen und der hohen Rechengeschwindigkeit optimieren. Die Programmierung erfolgt durch kurze Befehle mit hohem Informationsgehalt.

Sechs Zeilen (je Zeile 156 Zeichen) können pro Sekunde ein- bzw. ausgegeben werden. Die aus zahlreichen aufeinander abgestimmten Einzelgeräten bestehende Anlage (Baukastensystem) kann sich den verschiedensten Gebieten anpassen. Sie ist deshalb für den Einsatz in Betrieben und ganzen Wirtschaftszweigen der DDR sehr geeignet.«

Konzipiert wird der R 300 bei ELREMA Karl-Marx-Stadt. Die Fertigung erfolgt bei RAFENA Radeberg. Mehr als 20 Betriebe aus der ganzen Republik sind an dem Projekt beteiligt; mit Ferritkernspeichern aus Dresden, Ferritkernen aus Hermsdorf, Magnetbandgeräten aus Jena, Paralleldruckern aus Sömmerda und Magnetbändern aus Wolfen. Zwischen 1968 und 1971 werden rund 350 Exemplare gebaut. Die ersten Anlagen brauchen drei Monate; später schafft man 130 Stück in einem Jahr.

Die 6.000 Kilogramm schwere Anlage nimmt je nach Ausstattung 150 bis 220 Quadratmeter ein. Daher bekommt man sie typischerweise mitsamt eines eigenen Gebäudes, eines einstöckigen Neubaus. Neben der Halle für den Rechner gibt es Räume für die Datenerfassung, Stromversorgung, Klimaanlage und anderes. So benötigen etwa die Magnetbandgeräte eine staubfreie Umgebung.

Robotron 300, Exponat in den Technischen Sammlungen Dresden

Die Anlage besteht aus folgenden Bestandteilen:

- Zentraleinheit aus sechs Schränken mit Transistoren und einem 40.000 Zeichen großen Ferritkernspeicher als Hauptspeicher und einer fest verdrahteten Gleichkomma-Arithmetik für Berechnungen hoher Genauigkeit. Heute wäre das die Hauptplatine mit Prozessor. Getaktet wird sie mit 100 kHz; ein Zehntel der Kleincomputer 20 Jahre später.
- Bedientisch zum Steuern der Anlage.
- Maschinentisch mit Kontrollschreibmaschine, Leser und Stanzer für Lochbänder zum Eingeben von Programmen und Ausgeben von Ergebnissen. Eher für kleinere Datenmengen wie kurze Programme.
- Lese-Stanz-Einheit für Lochkarten.
- Paralleldrucker zum Ausgeben von Ergebnissen. Bildschirme sind noch unüblich.
- Magnetbandspeicher zum Speichern großer Datenmengen. Bis zu acht Speichergeräte können angeschlossen werden. Ein Band ist 750 Meter lang und speichert 22 Zeichen pro Millimeter. Die Technik ist vergleichbar mit den Tonbändern bei Heimcomputern.
- Zusatzspeicher wie Magnettrommelspeicher als Vorläufer der Festplatte mit 100.000 Zeichen Kapazität und Ferritkernspeicher als Vorläufer des RAM mit 10.000 Zeichen flüchtigem Speicher.

Die 3 Millionen Mark teure Maschine wird rund um die Uhr im 3-Schicht-Betrieb unterhalten. Rechenzeit kann gemietet werden. Will eine Einrichtung etwa eine aufwendige Energie-Abrechnung vornehmen, gibt sie Lochkarten oder Magnetbänder ab und erhält am nächsten Tag das Ergebnis, auf Lochkarten, Papierausdruck oder Magnetband.

Programmiert wird sie unter anderem mit MOPS, dem eigens entwickelten Maschinenorientiertem Programmiersystem, und der Sprache Algol.

WIE DER NAME ROBOTRON ENTSTEHT

1957 wird der VEB Elektronische Rechenmaschinen Karl-Marx-Stadt gegründet; kurz ELREMA. Der erste »Wissenschaftliche Industriebetrieb« der DDR, der nicht nur Muster, sondern auch Kleinserien produziert.

Um einen Markennamen für die zu vertreibenden Produkte zu finden, gibt es einen Wettbewerb unter den Mitarbeitern. Als Sieger-Entwurf setzt sich das Logo von Heinrich Gerschler, Helmut Hadlich und Achim Peine durch: das Wort *Robotron* in einem Wimpel, dazu ein kreisendes Elektron. Das Wort erinnert sowohl an Roboter wie an Elektronik; aber die genaue Motivation ist nicht überliefert. Die Marke wird 1957 beim Amt für Erfindungs- und Patentwesen der DDR angemeldet 1958 in das Warenzeichenregister. Neben zwei weiteren Favoriten: *Calcutron* und *Memotron* – die aber nicht genutzt werden.

Das erste Produkt unter dem Label Robotron ist R 12, ein Zusatzgerät für eine schnelle Multiplikation, das an bis zu drei Buchungsmaschinen gekoppelt wird, die entweder gar nicht oder nur sehr langsam mechanisch multiplizieren.

Die Zusammenarbeit beim Bau des Robotron 300 führt am 1. April 1969 zur Gründung des Kombinats Robotron. Der Stammbetrieb ist in Radeberg und wird später nach Dresden verlegt. Der Name Robotron, der wie kein anderer als Markenzeichen der Rechentechnik der DDR steht, wird also zuerst für Geräte und erst später für einen Herstellerverbund verwendet. Im Laufe der Jahre wird das Logo mehrfach geändert. Der Wimpel fällt weg; und das Wort wird später kleingeschrieben: robotron.

Postkarte vom Robotron-Schulungszentrum: Gebäude, Wohnheim, Praktika, Hörsaal

Schulungszentrum, Zentralvertrieb und Kundendienst von Robotron in Leipzig

COMPUTER-SCHULUNGEN FÜR DIE GANZE REPUBLIK

Als Robotron 1970 in Leipzig ein zentrales Schulungszentrum errichtet, ist Reinhard Schilling Mitarbeiter der ersten Stunde.

1960 schloss ich ein Studium an der TH Dresden als Diplom-Gewerbelehrer für Elektrotechnik ab. Es war thematisch breit aufgestellt: Grundlagen, elektrische Maschinen, Hochspannungstechnik, Hochfrequenztechnik und Pädagogik. Danach wurde ich als Fachkundelehrer für die Ausbildung v-on Funkmechanikern im VEB RAFENA-Werke in Radeberg eingestellt. Ab 1966 wurde der VEB Fernsehgerätewerk Staßfurt alleiniger Hersteller von Fernsehgeräten. Der VEB RAFENA-Werke Radeberg musste sich der Elektronischen Datenverarbeitung (EDV) zuwenden. Die Begeisterung dafür war gering. Meine Ausbildung für Fernsehtechnik war damit unpassend. So wie mir erging es sehr vielen Betriebsangehörigen.

Aus diesem Anfang entwickelte sich der ständig wachsende VEB Kombinat Robotron. Dessen Leitung wurde nach Dresden verlegt. In Radeberg wurde zunächst der Robotron 300 produziert. Der praktische Nutzen seiner Einführung in Industrie und Handel rechtfertigte nicht den damit verbundenen Aufwand der Betriebe. Das führte zu der Witzelei »EDV: Einarbeiten, Durchhalten, Vergessen«.

Um die Ausbildung des in der DDR dringend benötigten Fachpersonals rationell zu gestalten, wurde dem VEB Robotron Anlagenbau 1969/70 in seinem großen Neubau in der Leipziger Gerberstraße (2013 abgerissen) ein Schulungszentrum angegliedert. Dessen Leitung wollten die überwiegend als Ingenieur ausgebildeten Lehrkräfte für zeitgemäße Unterrichtsmethoden mit Tageslichtprojektor (Polylux) und speziell angepasstem Projektions- und Ausgabematerial (Folien und Arbeitsblätter) qualifizieren und die dafür benötigte Organisation aufbauen.

In diesem Unterrichtsstil erfahren, erschien ich nach meinem Wohnortwechsel geeignet, die Ausstattung der Unterrichtsräume und die Qualifikation der Lehrkräfte zu gestalten.

Die Schulung der Lehrgangsteilnehmer aus der Wirtschaft wurde von den Fachabteilungen durchgeführt. Das Kursangebot war entsprechend in Hardware und Software gegliedert. Diese Begriffe waren zunächst verpönt. Man sprach von Rechnern und Anwenderunterlagen. Ab 1970 wurde der R 300 vom Großrechner R 21 abgelöst. Im Rahmen internationaler Zusammenarbeit (RGW) produzierte Robotron danach ESER-Geräte. Der Schwerpunkt der Schulung lag bei den Großrechnern.

Kleinrechner wurden belächelt. Gleiches galt für die Schulung zu Büromaschinen. Deren Produktionsstätten in Chemnitz, Sömmerda und Zella-Mehlis unterstanden Robotron.

Wegen des immensen Aufwandes hielt ich Großrechner für die »Digitalisierung« bei der Mehrzahl der Betriebe für ungeeignet. Der Chef der Ausbildung zum Kleinrechner D4a / C 8205 schlug mir 1972 vor, meine Vorstellungen zu modernem Unterricht am Beispiel des Maschinensprache-Lehrgangs für den D4a zu demonstrieren. Daher habe ich für den Lehrgang die Folien für den Polylux und das Ausgabematerial für die Lehrgangsteilnehmer entworfen und fertigen lassen und den Lehrgang damit selbst durchgeführt. Er fand bei Lehrgangsteilnehmern und Lehrkräften des Bereiches Beifall. Danach wurden die Kleinrechner-Lehrgänge diesem Vorbild folgend umgestaltet. Ich wurde Mitarbeiter bei der Abteilung Kleinrechner. Ab 1976 entwickelte ich die Lehrgänge für die moderneren Kleinrechneranlagen daro 1840, daro 1820 und daro 1750. Ab 1980 wurde die Schulung für den Robotron R 4000 nach Leipzig verlagert. Ich war wieder mit von der Partie. Aus dem System ging der Prozessrechner PRS 4000 hervor. Prozessrechentechnik erfordert viele Messglieder und Stellmotoren. Die Datenverdichtung übernahm das System Ursadat 5000. Da ich mich seit 1976 für Mikroprozessorsysteme interessierte, bereitete mir die Entwicklung der Lehrgänge für die bei Ursadat 5000 eingesetzten U-880-Schaltkreise keine Schwierigkeiten.

1985, ein Jahr vor Tschernobyl, war nahe Kursk der Aufbau eines Stahlwerkes mit Steuerung durch Robotron-Prozessrechner geplant. Mit einem Kollegen führte ich dort und später in Leipzig entsprechende Lehrgänge durch. Es war sehr interessant und aufschlussreich.

DER ESER-STANDARD

Anfang der sechziger Jahre sind die Computersysteme selbst innerhalb eines Herstellers nicht kompatibel. Programme und Zubehör können nicht untereinander ausgetauscht werden. Das ändert sich mit dem IBM System/360. Es ersetzt alle fünf bisherigen Produktlinien des Marktführers durch ein miteinander kompatibles System, von klein bis groß, von langsam bis schnell. Kunden können aus sechs Prozessor-Modellen auswählen. Auch das Zubehör wie Magnetspeicher, Bildschirme und Lochkartenleser ist untereinander austauschbar.

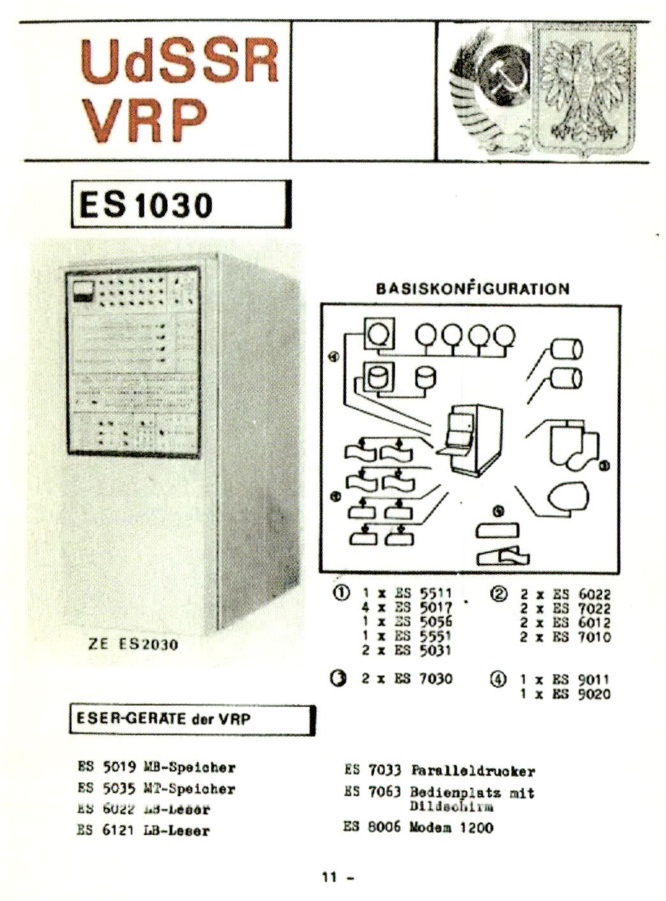

UdSSR
VRP

ES 1030

ZE ES2030

BASISKONFIGURATION

① 1 x ES 5511
4 x ES 5017
1 x ES 5056
1 x ES 5551
2 x ES 5031

② 2 x ES 6022
2 x ES 7022
2 x ES 6012
2 x ES 7010

③ 2 x ES 7030

④ 1 x ES 9011
1 x ES 9020

ESER-GERATE der VRP

ES 5019 MB-Speicher
ES 5035 MT-Speicher
ES 6022 LB-Leser
ES 6121 LB-Leser
ES 7033 Paralleldrucker
ES 7063 Bedienplatz mit Bildschirm
ES 8006 Modem 1200

11 -

ESER-Prospekt

1968 beschließen sechs Länder des Ostblocks, bei der Entwicklung von Computern zusammenzuarbeiten: die Sowjetunion, die DDR, Polen, die Tschechoslowakei, Ungarn und Bulgarien. Später kommen Rumänien und Kuba dazu. Das ESER – Einheitliches System Elektronischer Rechentechnik basiert zunächst auf dem System/360. Später werden System/370 und System/390 nachgebaut.

Während alle Teilnehmer Computer fertigen, wird für das Zubehör eine Arbeitsteilung vereinbart. So soll sich die DDR etwa auf Magnetbandtechnik konzentrieren, Bulgarien auf Festplatten. In der Praxis ist die DDR gezwungen, diese Abmachung zu umgehen, weil Zubehör von den anderen ESER-Ländern oft nicht in ausreichender Güte und Menge geliefert werden kann.

Innerhalb des ESER-Standards erhalten alle Geräte eine einheitliche internationale Bezeichnung, die mit EC beginnt, vom russischen EC ЭВМ. Einheitliches System elektronischer Rechenmaschinen. (Weil das russische C wie S ausgesprochen wird, система für System, ist die Abkürzung »EC« streng genommen als »ES« auszusprechen – was allerdings unüblich ist).

Der Nachfolger der R 300, der Großrechner R 21, wird als erstes ESER-Vorhaben der DDR gestartet, erfüllt jedoch nicht alle Spezifikationen. Daher wird es als Übergangsprojekt gesehen. Es werden 1971/72 siebzig Geräte gefertigt. Die 3 Millionen teure Anlage kann neben Schreibmaschinen als Eingabegerät mit einem Bildschirmterminal betrieben werden; einer Tastatur und einem Monitor, der 64x16 Zeichen darstellt. Er kann auch mit einem Lichtstift angesteuert werden.

Bereits ab 1973 steht der Robotron 40 alias EC 1040 als echter ESER-Rechner im Fokus. Er wird in einer Serie von 380 Exemplaren produziert, die in 18 Länder verkauft werden, darunter nach Indien und Kuba. Die 32 Bit breite Zentraleinheit EC 2640, gefertigt in Karl-Marx-Stadt, schafft 380.000 Operationen pro Sekunde. Neben Lochkarten werden Daten auf Bandlaufwerken und Wechselplatten gespeichert. Der Arbeitsspeicher beträgt mindestens 256 Kilobyte. Robotron entwickelt dafür eine Reihe von Programmen, Module genannt:

- ABSATZ Absatzlenkung
- AIDOS Recherchesystem
- BASTEI Bank Technikinformationen
- DBS/R Datenbanksystem

- GRUMI Grundmittelrechnung
- INVEST Investitionsrechnung
- KOKO Kontokorrentrechnung
- KOLDA Datenbank Kosten und Leistungen
- KOMPASS Komplexe Betriebsplanung
- KORAST Kostenrechnung
- MAWI Materialwirtschaft
- PAAK Planung/Abrechnung Arbeitskräfte
- PLUS Planung/Steuerung Produktion
- SAWI Datenbank für formatierte Dateien
- TEVO Technische Vorbereitung Produktion

Nachfolger ab 1979 sind der EC 1055, 1056 und 1057, die auf dem IBM System/370 basieren. Von den drei Anlagen werden zusammen ungefähr 1.000 Stück gefertigt. Der EC 1057, ab 1987 gebaut, ist der letzte Großrechner und der schnellste in der DDR entwickelte Computer. Eingesetzt wird er unter anderem von der Deutschen Reichsbahn für Platzreservierungen und Frachtabrechnungen des Güterverkehrs sowie als Buchungsrechner bei der Sparkasse.

In den späten achtziger Jahren umfasst der ESER-Standard auch IBM-kompatible PCs wie den EC 1834.

Prüffeld der Zentraleinheit EC 2640 bei Robotron Dresden-Gruna, 1976

Rechenzentrum der TH Leipzig; im Hintergrund Zentraleinheit Robotron EC 2640

FRÜHE PROGRAMMIERSPRACHEN

- 1957 Fortran
- 1958 Algol
- 1959 Lisp
- 1960 Cobol
- 1964 PL/1
- 1964 BASIC
- 1971 Pascal
- 1972 C

SYSTEM DER KLEINRECHNER

Parallel zu ESER für Großrechner wird 1974 das System der Kleinrechner SKR vereinbart. Es wird auf Russisch CM ЭВМ abgekürzt; und die Bezeichnungen für alle Geräte beginnen mit CM – und wie bei EC müsste man CM eigentlich als »SM« aussprechen.

(Begriffe wie »Großrechner« und »Kleinrechner« beziehungsweise »Mainframe« und »Minicomputer« kommen auf, als aus saalgroßen Computern schrankgroße werden. Sie sind nicht genau definiert. Neben der Größe spielen die Leistung und Marketing-Gründe mit hinein.)

Auch SKR ist kompatibel zu westlichen Computern:

- die 8-Bit-Familie K 1510 mit dem Prozessor U 808 passt zum Intel 8008
- die 8-Bit-Familie K 1520 mit dem Prozessor U 880 passt zum Zilog Z 80
- die 16-Bit-Computer K 1620 und K 1630 passen zur PDP-11 von DEC
- der erste 32-Bit-Computer der DDR K 1840 passt zur VAX 11/780 von DEC

Zum SKR gehören weiterhin Büro-Computer wie der A 5120, PC 1715 und A 7100/7150.

Als Export-Modell erhalten die Geräte eine SKR-Kennung. So ist der PC 1715 in anderen RGW-Ländern als CM 1904 bekannt.

K 1840 von Robotron, 32-Bit-System nach DEC-Vorbild, Exponat im ZCOM Hoyerswerda

AUSGEWÄHLTE SOFTWARE-LÖSUNGEN VON ROBOTRON FÜR DEN PC 1715

- Materialabrechnung
- Grundmittelbuchhaltung in der Landwirtschaft
- Datenerfassung zur Produktionsabrechnung in Brauereien
- Planungs- und Abrechnungsprozesse in staatlichen Forstwirtschaftsbetrieben
- Auftragsbearbeitung in der KFZ-Instandsetzung
- Tagfertige Abrechnung einer Filiale der Zentralbank der UdSSR
- Rationelle Fakturierung in arabischer Schrift

- Statistische Abrechnung der Gemüselieferungen aus den gesamtsowjetischen Fonds (UdSSR)
- Exportfakturierung
- Rationalisierung der Verwaltungsarbeit in der Automobilindustrie der UdSSR
- Kontrolle der Warenbewegung in Centrum-Warenhäusern
- Auftragsabwicklung im Samen- und Blumengroßhandel der DDR
- Rechnergestützter Arbeitsplatz für Augenoptiker

PROGRAMMIEREN FÜR D4A UND ROBOTRON 300

Als Student ist Dieter Jungmann in den sechziger Jahren unter den Ersten, die mit Computern arbeiten. Später geht er in die Lehre und die Forschung.

1963 begann ich, Hochfrequenztechnik an der Ingenieurschule für Maschinenbau und Elektrotechnik Dresden zu studieren; daraus wurde im zweiten Jahr Elektronische Rechentechnik.

Die Ausstattung bestand aus einem Kabinett mit mechanischen Tischrechnern, einem programmgesteuerten Modellrechenautomaten auf Relaisbasis, einem Analogrechner des Institutes für Datenverarbeitung (IDV) und dem digitalen Kleinrechner SER 2a, einer der ersten Möglichkeiten überhaupt, an einen Computer zu gelangen.

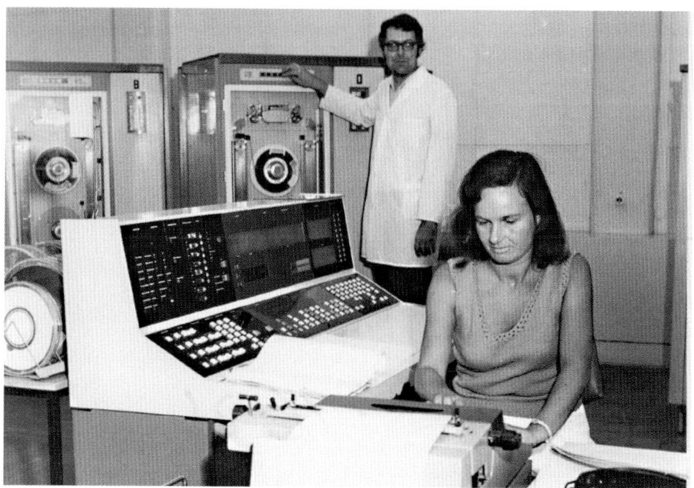

Robotron 300 im Rechenzentrum der Ingenieurhochschule Dresden

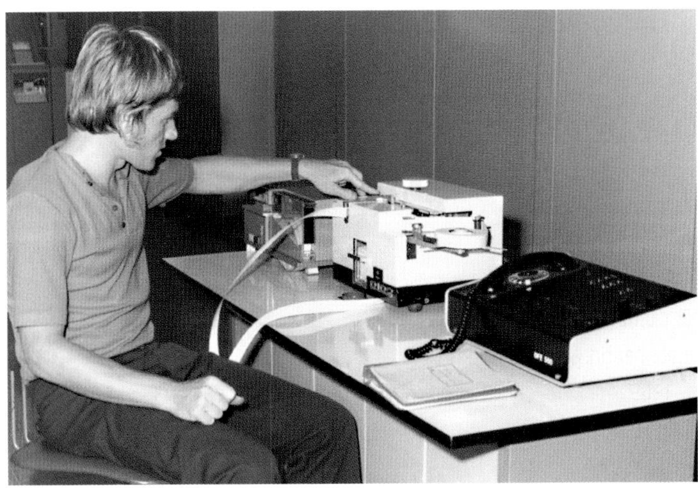

Datenfernübertragung DFE 550 (schwarz) mit Lochstreifenleser und -stanzer für den Robotron 300 an der TU Dresden

Wie auch heute noch, bestand Programmieren aus der Planung der Datenstruktur, dem Entwerfen eines Programmablaufplans, auch Flussdiagramm genannt, und schließlich dem Schreiben des Codes: für die Kleinrechner in der Maschinensprache und für den R 300 in einer symbolischen Programmiersprache von Assembler, genannt MOPS – Maschinenorientierte Programmiersprache.

Allerdings konnte man sich noch nicht an einen Schreibtisch mit Bildschirm und Tastatur setzen. Das Programm wurde mit einem Datenerfassungsgerät auf ein Lochband oder auf Lochkarten gestanzt, die vom Computer eingelesen wurden. Nur kleinere Korrekturen wurden über die Tastatur des Bedienpults vorgenommen – Monitore, wie wir sie heute kennen, gab es noch nicht.

Erste ingenieurmäßige Arbeiten waren die Rekonstruktion eines Analogrechners zum Modellregelkreis für die Simulation technischer Systeme sowie die Entwicklung eines Spezialrechners für die Simulation von Projektabläufen mit CPM (Critical Path Method) bzw. der Methode des kritischen Weges. Den meldete ich mit zwei weiteren Kommilitonen zu einem Wirtschaftspatent an.

Mein Fachrichtungsleiter überzeugte mich, an der Ingenieurschule als Laboringenieur für Elektronische Rechentechnik zu bleiben. Durch Wartungs- und Programmierarbeiten für einen vom Institut für Datenverarbeitung geschenkten D4a war mir die Gelegenheit gegeben, tiefer in die Materie einzudringen. Wenig später kam die industrielle Version Cellatron 8205 hinzu. Die intensive Beschäftigung mit Methoden der Simulation führte bald dazu, den 8205Z als Basis für die

CPM-Simulation, aber auch für die Simulation des wesentlich leistungsschwächeren SER 2 einzusetzen, um Programme des SER 2 auf dem 8205Z abzuarbeiten.

Basierend auf meinen ersten Simulationserfahrungen wurden am Rechenzentrum eine Folge von Simulatoren für Kleinrechner realisiert. Die Nachbildung anderer Rechner ermöglichte es, ältere Computerarchitekturen als virtuelle Maschinen identisch zu implementieren, um Anwendungsprogramme auf neuen leistungsfähigeren Computern weiter zu nutzen. Zur Gewährleistung einer modernen Ausbildung wurden auch Assembler, Compiler und Simulatoren für Computer neuer Rechnergeneration auf Computern älterer Generationen implementiert und für Praktika in der Lehre eingesetzt.

1969 wurde das Rechenzentrum der Ingenieurschule primär für die Ausbildung gegründet. Zunächst war ich Leiter des Einsatzstabes und später stellvertretender Leiter des Rechenzentrums und Leiter des Softwarebereichs. Die Mitarbeiter waren bis auf Ausnahmen Absolventen: Am Anfang von der Ingenieurschule für Maschinenbau und Elektrotechnik, später von der Ingenieurhochschule. Ein großer Vorteil war, dass bereits 1966 mit der Ausbildung von Programmieringenieuren begonnen wurde. In der BRD und an der TU Dresden wurde erst 1970 mit der Informatiklehre begonnen. Bedingt durch fehlende finanzielle Mittel bekamen wir 1970 zunächst nur ausgesonderte Computer des Kombinats Robotron: einen R 300 mit der Seriennummer 1, der später an das Technische Museum Dresden übergeben wurde, und einen Prozessrechner PR 2100, der ebenfalls in das Museum kam.

Das war zu einer Zeit, als in der Wirtschaft bereits IBM/360-kompatible Mainframes und Prozessrechner DDP 516 bzw. die Robotron-Variante R 4000 im Einsatz waren.

Mit viel Kreativität und Engagement wurde in einem erheblichen Umfang maschinenorientierte Software (damals Systemunterlagen genannt) für neue Computergenerationen entwickelt.

Eines der Software-Pakete, das bei uns entwickelt wurde, war ein Compiler für die Sprache PL/1 für den Robotron 300, kompatibel zum Sprachumfang des IBM/OS. Die Übersetzung des Compilers in Maschinencode dauerte 24 Stunden. Es kam oft vor, dass der Rechner abstürzte und neu begonnen werden musste. So wurden Änderungen weitestgehend im Maschinencode ausgeführt, um Rechen- und Entwicklungszeit zu sparen. Als schließlich das erste minimale PL/1-Programm generiert war, stellten wir fest, dass für die Übersetzung des generierten Assembler-Programms eine Stunde Rechenzeit erforderlich war.

In sechs Monaten wurde ein neuer Assembler entwickelt, der nur ein Drittel der Befehle aufwies und dafür dreimal schneller war. Damit war die Durchführung von PL/1-Praktika auf dem R 300 gesichert.

Es war für Lehre und Forschung in der DDR eine Herausforderung, für die Lehre international fortgeschrittene Rechnerarchitekturen und Programmiersysteme auf veralteten Klein- und Prozessrechnern sowie Datenverarbeitungsanlagen umzusetzen. Doch dadurch war es im begrenzten Umfang möglich, den oft beklagten zeitlichen Abstand von 8–10 Jahren zu verkürzen.

1983 wurde ich zum Direktor für Forschung des Zentrum für Forschung und Technik im VEB Robotron berufen. Dort war ich unter anderem verantwortlich für die Ausarbeitung eines langfristigen Forschungsprogramms auf der Grundlage des japanischen Projekts Fifth Generation Computer Systems. Es sollte eine neue Generation an Rechnern schaffen, die auf den Parallelbetrieb von Prozessoren und Logikprogrammierung setzt.

In den achtziger Jahren entstand auf der Grundlage der Simulation von Computern und der Entwicklung systemorientierter Software die Herausbildung des Lehrgebietes Rechnerarchitektur. Im Jahr 1984 wurde ich als Dozent und 1986 als Professor für Rechnerarchitektur berufen.

RECHENZENTRUM IM KOMBINAT SCHWARZE PUMPE IN HOYERSWERDA

- 18. Dezember 1959:
  Inbetriebnahme der ersten Lochkartenstation
- Juli 1960:
  Erweiterung der Maschinenkapazität auf 8 Tabelliermaschinen, 10 Sortiermaschinen, 3 Rechner vom Typ ASM 18, 2 Lochkarten-Duplizierer von Bull, 50 Magnetlocher und -prüfer
- Februar 1965:
  Bildung der Abteilung Datenverarbeitung mit 4 Mitarbeitern
- Oktober 1965:
  Einsatz des ersten Kleinrechners Cellatron SER 2b
- Februar 1967:
  Erweiterung der Abteilung Datenverarbeitung auf 60 Mitarbeiter und Start der Vorbereitung für die Elektronische Datenverarbeitungsanlage R 300
- 19. Dezember 1969:
  Einweihung des Rechenzentrums in Hoyerswerda/Kühnicht und Inbetriebnahme der R 300
- 1975:
  Start der Vorbereitung der EC 1040
- 7. Oktober 1979:
  Inbetriebnahme der EC 1040
- ab 1981:
  Betreuung des Prozessleitsystems in Schwarze Pumpe
- ab 1985:
  Einsatz der PC-Technik und Offline-Kopplung mit dem EC 1040

(zusammengestellt von Gerhard Walter)

DAS COMPUTERSPIELZEUG PIKO DAT

1968 erscheint in der Bundesrepublik der Spielcomputer Logikus von Kosmos. Das Gerät soll vor allem Kinder mit den Grundlagen der Programmierung vertraut werden. Dabei hat es mit einem Computer auf den ersten Blick nicht viel gemein. Es gibt keine elektronischen Teile. Ein Taster und zehn Schiebeschalter sind für die Eingabe zuständig. Sie sind mit dem Programmfeld verbunden. Auf das werden oben Drahtbrücken für einfache Logikschaltungen gesteckt. Auf der Unterseite sind fünfzig Umschalter, von denen jeweils fünf durch einen der zehn Wechselschalter erreicht werden. Die Ausgabe übernehmen zehn Glühlampen.

Bereits ein Jahr später bringt die DDR das ähnliche Gerät PIKO dat auf den Markt, und damit ihr erstes Computerspielzeug. Hersteller ist der VEB PIKO Sonneberg, der eher für seine Modelleisenbahnen bekannt ist; die Abkürzung steht für Pionier Konstruktion. Mitgeholfen hat die Ideenschmiede Institut für Spielzeug, die ebenfalls in Sonneberg angesiedelt ist. 69,50 Mark kostet der Lerncomputer.

Die Anmutung ist mit 10 Schiebern, 13 Glühlampen und einer Programmiertafel zum Aufstecken von Drahtbrücken fast identisch zum Logikus; aber es gibt zusätzlich einen Zeitgeber. Papierstreifen erklären mit Text oder Symbolen die Aussage jeder Lampe. Auch die Schalter lassen sich mit einem Streifen beschriften.

Als Anwendungen bieten sich Quizspiele und Berechnungen an. 29 Schaltvorlagen werden mitgeliefert; eigene kann man sich erarbeiten. Petra Humann gelingt es gar, 1977 als Schülerin der 9. Klasse ihre Modelleisenbahn mit ihrem PIKO dat zu steuern – und präsentiert es als Exponat bei der Schul-MMM.

Vereinzelt kommt der PIKO dat auch in Betrieben zum Einsatz. So nutzt die Mikrobiologie Mühlhausen das Gerät, um Darmbakterien zu bestimmen. Dazu wird getestet, ob die Bakterien positiv oder negativ auf bis zu zehn Testmaterialien reagieren. Diese Ergebnisse steckt man in den Lerncomputer ein und erhält als Ergebnis einen von 13 Bakterienstämmen.

Eine einfachere Variante eines Lerncomputers als Selbstbauprojekt stellt das Magazin *Practic* 1971 vor: das Lerngerät 70. Die Idee es, auf den Kasten gelochte Fragekarten mit drei Antwortmöglichkeiten zu legen. Damit man das System nicht auswendig lernt, bereitet man ein Antwortfeld mit vielen Kontakten A, B oder C vor, die so verdrahtet werden, dass immer eine andere Antwort richtig ist. Vorgeschlagen wird, dass Arbeitsgemeinschaften der Klassen 5-7 das Gerät bauen und es in Klassen 4-7 zum Einsatz kommt, etwa mit Vokabelkarten.

1986 beschreibt das Magazin ein ähnliches Projekt, einen »Spielcomputer« für Kleinkinder, auf dessen Frontplatte allerlei Schalter verschiedener Größe angebracht sind. Sie lassen LEDs und Glühlampen leuchten, verursachen Knattergeräusche und lösen eine Hupe aus. Außerdem können die Lautstärke und die Blinkfrequenz reguliert werden.

Lern- und Übungscomputer entstehen auch im Eigenbau. So fertigt die Elektro-AG einer Frankfurter Oberschule mit Hilfe des Halbleiterwerks den Lehrcomputer Digital 73.

1978 stellt der VEB Polytronic Saalfeld einen Elektronik-Baukasten vor, der Teile wie Kondensatoren, Transistoren, Widerstände, Taster und eine Glühlampe enthält und Schaltungsvorschläge mitliefert.

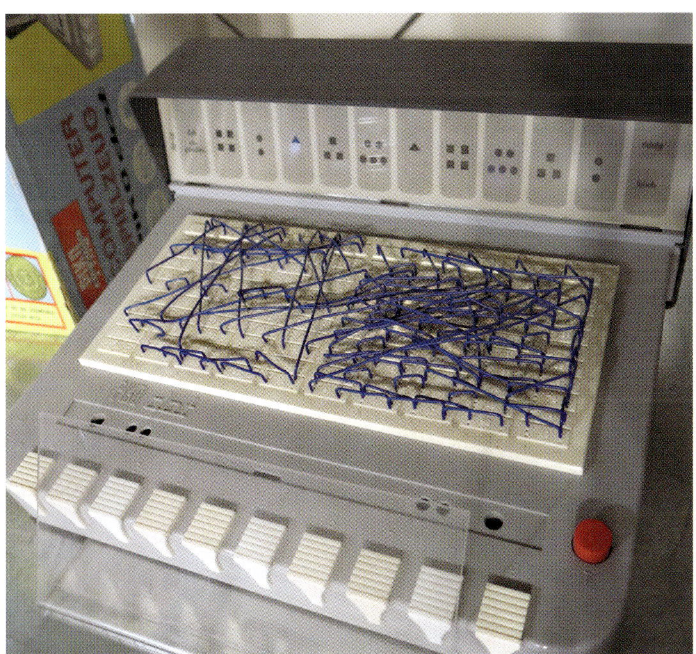

PIKO dat, Exponat in den Technischen Sammlungen Dresden

GELEITWORT IM HANDBUCH DES PIKO DAT

In einer Zeit, in der Flugzeuge mit Überschallgeschwindigkeit die Kontinente überqueren, in der sich Wissenschaft und Technik immer stürmischer entwickeln, rüstet sich der Mensch zum Griff nach den Sternen.

Noch nie stand den Menschen eine solche Fülle von Erkenntnissen, Wissen und Erfahrungen zur Verführung wie in unserer Zeit.

Um die ständig komplizierter werdenden Aufgaben in Wissenschaft und Technik zu lösen, muss auch der Mensch neue Hilfsmittel schaffen, Hilfsmittel, die es ihm ermöglichen, seine Gedanken von den Routinearbeiten zu entlasten, um sie voll in den Dienst der schöpferischen Weiterentwicklung zu stellen.

Ein solches Hilfsmittel ist der COMPUTER.

Aber auch der Computer kommt nicht ohne den Menschen aus. Er kann komplizierte Rechnungen in unvergleichbar kürzeren Zeitspannen ausführen als der Mensch, er kann Daten speichern, komplizierte Maschinen steuern, er kann sogar konstruieren, aber er kann es nur, wenn der Mensch ihn beherrscht, wenn er ihm vorher die Fähigkeit dazu eingibt, oder mit anderen Worten, wenn er ihn programmiert.

Es werden deshalb in der Zukunft immer mehr Fachleute benötigt, die in der Lage sind, mit solchen Geräten zu arbeiten und sie sinnvoll einzusetzen. Der Zeitpunkt rückt näher, wo die Beherrschung der Grundlagen der Computertechnik zur Allgemeinbildung gehört.

Aus diesem Grunde hat der VEB PIKO mit dem Computerspielzeug PIKO dat ein Gerät geschafften, das neben der Vermittlung von Wissen im Spiel auch zum logischen Denken anregt und die Möglichkeit bietet, eigene Ideen in die Praxis umzusetzen und die wichtigen Grundlagen der Computertechnik zu beherrschen.

Sonneberg, im Juli 1969 – Ihr VEB PIKO

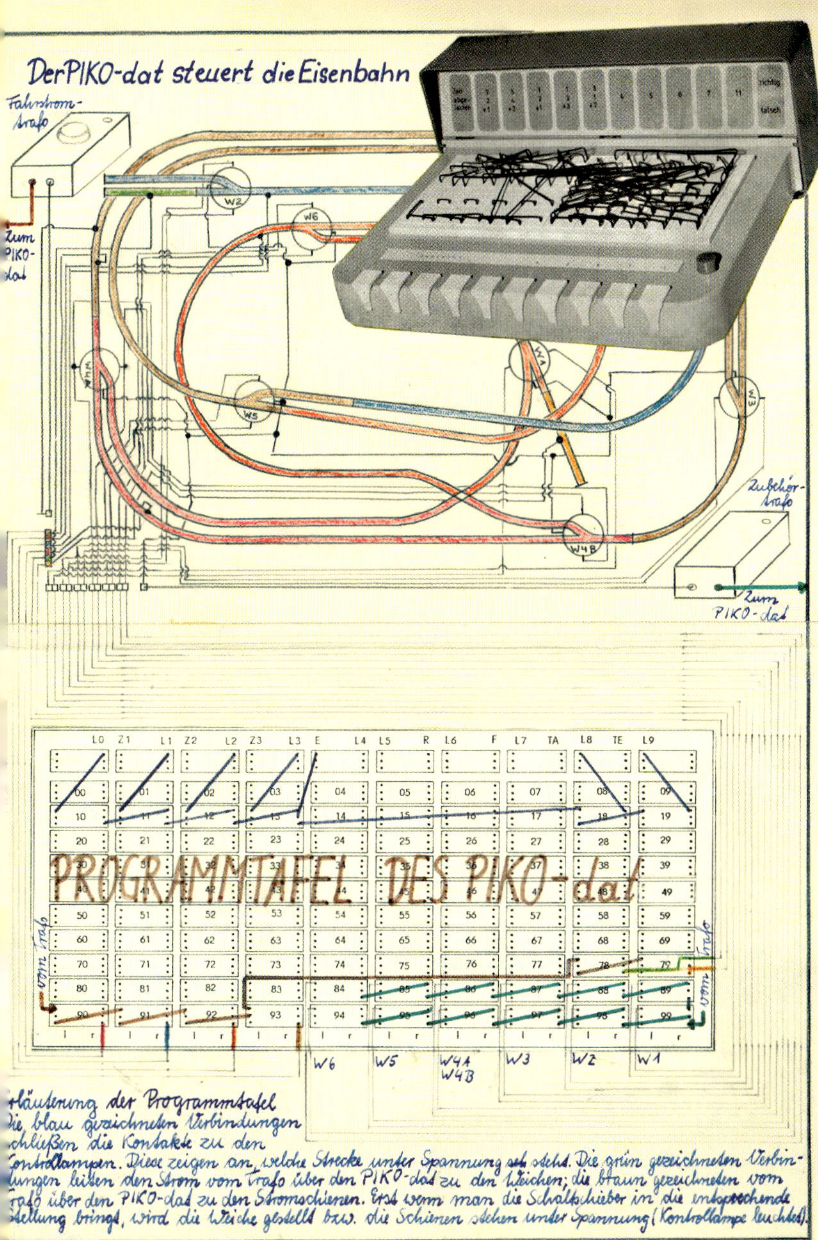
DerPIKO-dat steuert die Eisenbahn
Fahrstrom-trafo
Zum PIKO-dat
Zubehör-trafo
Zum PIKO-dat
W1
W2
W3
W4A
W4B
W5
W6
PROGRAMMTAFEL DES PIKO-dat
vom Trafo
vom Trafo
rläuterung der Programmtafel
ie blau gezeichneten Verbindungen
chließen die Kontakte zu den
ontrollampen. Diese zeigen an, welche Strecke unter Spannung steht. Die grün gezeichneten Verbin-
dungen leiten den Strom vom Trafo über den PIKO-dat zu den Weichen; die braun gezeichneten vom
rafo über den PIKO-dat zu den Stromschienen. Erst wenn man die Schaltschieber in die entsprechende
tellung bringt, wird die Weiche gestellt bzw. die Schienen stehen unter Spannung (Kontrollampe leuchtet).

TISCHRECHNER

Die persönlichen »Computer« am Arbeitsplatz sind in den sechziger Jahren meistens Tischrechner. Mit der Größe einer Schreibmaschine kann man sie transportieren; sie benötigen aber einen Stromanschluss. Sie lösen die mechanischen Rechenmaschinen ab und werden wiederum in den siebziger Jahren durch die kleineren Taschenrechner ersetzt.

Elka 6521 mit abgenommenem Gehäuse

Als erstes Gerät dieser neuen Gattung gilt Anita von 1961; hergestellt von der britischen Bell Punch Company (die 1878 zunächst Ticket-Handstempel und später Ticket-Automaten für Busse entwickelt). Er basiert auf Kaltkathoden-Schaltröhren: Transistoren sind noch teuer und störanfällig. Als Anzeige dienen sogenannte Nixie-Röhren nach dem Prinzip der Glimmlampe.

Nachahmer setzen in den Folgejahren auf Transistoren. Etwa der erste Tischrechner aus Bulgarien, 1965 auf der Moskauer Messe Inforga vorgestellt: Елка 6521. Pardon: Elka 6521. Das *Neue Deutschland* schwärmt:

»Die Fachleute der sozialistischen Länder sind von dem schnellen Fortschritt der Elektronik Bulgariens überrascht. Besonders bemerkenswert ist die transistorierte Tischrechenmaschine Elka. Das sehr elegante Gerät beherrscht nicht nur vier Grundrechnungsarten spielend, sondern auch das Potenzieren und Radizieren. Es setzt außerdem — im Gegensatz zu den elektrisch-mechanischen Geräten — automatisch die Kommata. Das Ergebnis der Rechnung liegt praktisch zeitlos vor, denn hier geht es um Millisekunden. Kein anderes sozialistisches Land konnte bisher eine derartige Leistung bei diesem Rechnertyp vorweisen.«

In der DDR baut das Büromaschinenwerk Sömmerda unter dem Markennamen Soemtron eine Reihe von Tischrechnern. Deren mechanische Vorläufer werden dort bereits seit Jahrzehnten gefertigt. Das erfolgreichste Modell ist der Elektronische Tischrechner ETR 220. Von ihm werden zwischen 1966 und 1977 mehr als 150.000 Geräte gebaut – in dieser Zeit das Haupterzeugnis des Werks mit seinen 9.000 Beschäftigten.

Er beherrscht nur, wie viele Tischrechner dieser Zeit, Plus, Minus, Mal und Durch, wenngleich bis zu 15 Stellen. Im Innern des 13 Kilogramm schweren Geräts werkeln Germanium-Transistoren. Die Anzeige basiert auf Nixie-Röhren.

Elektronischer Tischrechenautomat Soemtron 220

Für den Vorzeigerechner wird das ganze Werk umgekrempelt und auf ein modernes Fließband-System umgestellt, das im November 1967 in Betrieb geht. Als Vorbild dient das Uhrenkombinat Ruhla, das bereits erfolgreich automatisiert produziert.

Der letzte Tischrechner aus Sömmerda, der TR 20, wird ab 1986 gefertigt. Er arbeitet mit dem Einchip-Mikrorechner U 881 und hat einen Thermo-Streifendrucker eingebaut.

Parallel zu Sömmerda baut Robotron in Zella-Mehlis ab 1980 ebenfalls Tischrechner. Der K 1001 ist mit einem U 808 ausgerüstet, dem ersten Mikroprozessor der DDR. Er kann wissenschaftliche Aufgaben lösen und ist frei programmierbar. In einen Schacht können zum Beispiel ein Mathematik- oder ein Statistikmodul gesteckt werden. Allerdings lassen sich Befehlsschritte nicht dauerhaft speichern. Beim nächsten Einschalten muss ein Programm noch einmal eingegeben werden. Dieses Problem löst der K 1002 durch ein Magnetstreifen-Laufwerk. Der K 1003 wiederum ist zusätzlich mit einem Thermo-Streifendrucker ausgerüstet.

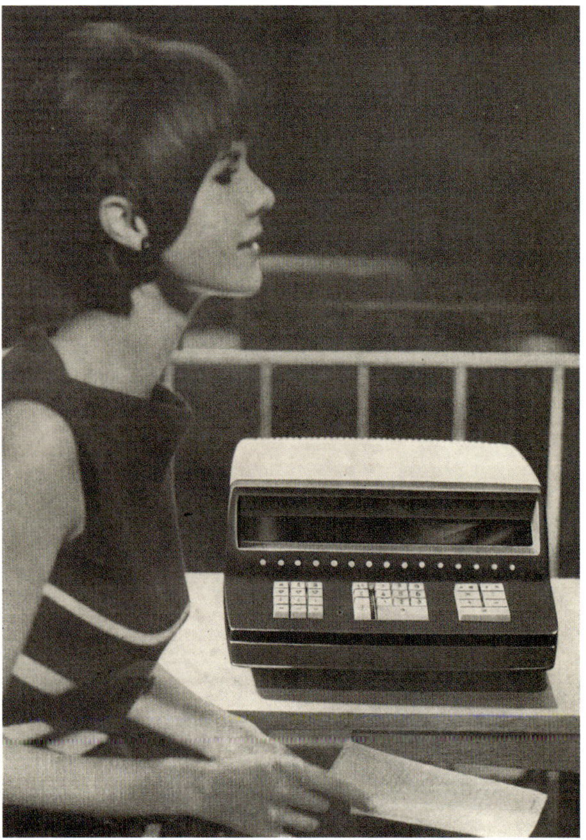

Soemtrom 220, Werbefoto

TASCHENRECHNER

Der kommerzielle Handel mit Taschenrechnern beginnt 1969 durch Firmen wie Sanyo, Sharp und Canon. Als erster preiswerter Taschenrechner gilt der Casio Mini von 1972. Von ihm werden in fünf Jahren 10 Millionen Stück verkauft. Während 1974 noch kein Taschenrechner unter 100 Mark zu haben ist, gibt es 1975 bereits Angebote für 20 DM für die vier Grundrechenarten. Allein im ersten Halbjahr 1975 werden 2,8 Millionen Taschenrechner in die Bundesrepublik eingeführt. Allmählich werden sie auch im Schulunterricht eingesetzt. Sie sind auch ein beliebtes Mitbringsel in den Osten.

In der DDR ist der Begriff vertraut, wenngleich zunächst für ein anderes Produkt: Seit den fünfziger Jahren gibt es das populäre Buch »Taschenrechner FIX« von Curt Schade. Es enthält Zahlentabellen, um mehrstellig Multiplikationen und Divisionen ohne technische Hilfsmittel zu bewältigen. Auch die Quadratzahlen bis 999 sind aufgelistet.

Ab 1973 produziert die DDR eigene Taschenrechner. Es gibt vor allem drei Gerätereihen.

Der erste Taschenrechner heißt Minirex 73. Er wird entwickelt im VEB Funkwerk Erfurt und in Serie gefertigt im VEB Röhrenwerk Mühlhausen. Er ist noch sehr klobig: 14 cm lang, 8 cm breit, 3,2 cm hoch, 350 Gramm. »Nicht länger als ein Kugelschreiber«, schreibt das *Neue Deutschland* in einer knappen Meldung. Die heute typischen grauen Leuchtkristallanzeigen gibt es noch nicht. Die Ziffern werden durch acht rote LEDs dargestellt.

Damalige Taschenrechner sind Stromfresser und haben einen Netzteilanschluss als Alternative zu Batterien. Beim Minirex wird das pfiffig über eine Dockingstation gelöst. In ihr wird der Rechner nicht nur aufgeladen, sondern kann auch darin dauerhaft mit Netzanschluss betrieben werden. Dadurch nimmt das Gerät allerdings noch mehr Platz ein und hat die Anmutung eines Tischrechners.

Das Gerät beherrscht nur die vier Grundrechenarten und erwartet die ungewöhnliche umgekehrte polnische Notation. Bei ihr steht der Operator nicht zwischen den Zahlen, sondern dahinter: Statt 2+3 gibt man 2 3 + ein, statt 16-5 drückt man 16 5 -. Weil man damit zwei Zahlen hintereinander eingibt, braucht es eine Trenntaste, damit der Taschenrechner weiß, wann eine Zahl endet und die nächste beginnt.

Die zweite Serie von DDR-Taschenrechnern heißt Konkret. Sie wird ab 1975 produziert. In den auffällig bunten Gehäusen ist das Netzteil bereits eingebaut. Sie sind daher noch etwas klobiger als die Minirex-Modelle. Die Modelle 100, 200 und 400 ähneln in ihrem Leistungsumfang der Vorserie. Mehr kann der Konkret 600. Er ist der erste wissenschaftliche Rechner der DDR und damit beliebt im beruflichen Umfeld. Mit Preisen ab 900 Mark ist die Serie für Privathaushalte aber zu teuer.

Der MR 201 im schwarzen Gehäuse ähnelt technisch den bisherigen Modellen, ist aber kleiner als der Minirex und mit seinem schwarzen Gehäuse etwas eleganter als die Konkret-Modelle. Er ist der letzte Taschenrechner der DDR mit roten LEDs.

Denn noch im gleichen Jahr, 1979, geht Mühlhausen zu den stromsparenden Flüssigkristallanzeigen über. Der MR 410 beherrscht nur die Grundfunktionen mit Wurzel und Zahlenspeicher. Er ist dafür mit 228 Mark für DDR-Verhältnisse preiswert. MR 411 und MR 412 bieten zusätzlich eine Zeitanzeige mit Wecker.

Das Spitzenmodell der DDR ist der Minirechner MR 610. Er wird seit März 1980 in Mühlhausen produziert und ist mit wissenschaftlich-technischen Funktionen ausgestattet. Zunächst kostet er 730 Mark. Ein programmierbarer Taschenrechner wird angekündigt, kommt jedoch nicht auf den Markt. Seine Aufgaben sollen Heimcomputer übernehmen.

In den Taschenrechnern der DDR werden Prozessoren unterschiedlicher Hersteller eingesetzt, teilweise sogar innerhalb einer Geräteserie. In den ersten Minirex-Modellen gibt ein importierter TMS 0105 NC von Texas Instruments den Takt an. Als der DDR-Nachbau U 820 in Serienproduktion geht, ist er auch in Taschenrechnern im Einsatz; genau wie sein leicht verbesserter Nachfolger 821. In anderen Modellen kommt der sowjetische Prozessor K145IK zum Zug, der im Heimatland in Elektronika-Taschenrechnern arbeitet. Später werden weiterentwickelte Prozessoren aus der DDR verwendet; wie der U 825 mit Uhr- und Stopp-Funktion und der U 826 mit wissenschaftlich-technischen Funktionen. Gefertigt werden die Chips vom VEB Halbleiterwerk Frankfurt (Oder).

GARANTIE
URKUNDE

Wir
garantieren einwandfreie
Beschaffenheit und
Funktion für den

Elektronischen Taschenrechner

VEB Mikroelektronik
„Wilhelm Pieck" Mühlhausen
im VEB Kombinat Mikroelektronik

Verzeichnis
der Vertragswerkstätten
für Taschenrechner
(Stand Januar 1984)

(1) – Reparatur der Typen:
minirex 75, Konkret 100, Konkret 200,
Konkret 400, Konkret 600,
MR 201, MR 410, MR 411, MR 4110, MR 412,
MR 511, MR 609, MR 610

(2) – Reparatur der Typen:
MR 201, MR 410, MR 411, MR 4110, MR 412,
MR 511, MR 609, MR 610

Rep.-Gruppe

Berlin, Hauptstadt der DDR

Fa. Kurt Lerch
1160 Berlin-Oberschöneweide (1)
Edisonstraße 53 Tel. 6 35 10 25

Fa. Horst Staron
1058 Berlin (2)
Wörther Straße 25 Tel. 4 48 34 50

Fa. Horst Brederlow
1034 Berlin (2)
Grünberger Straße 13
Tel. 5 88 60 63

Bildung wird in der DDR zentral gesteuert. Alle Schulen verwenden einen einheitlichen Lehrplan und einheitliche Schulbücher. Und ein einheitliches System: 10 Jahre Polytechnische Oberschule (POS). Wer eine der begehrten Zulassungen zum Abitur erhält, wechselt ab Klasse 9 für vier Jahre auf die Erweiterte Oberschule (EOS). Nach einer Reform 1981 beginnt die EOS erst mit Klasse 11, was das DDR-Gegenstück zum Gymnasium auf zwei Schuljahre reduziert.

1978 stellt Margot Honecker, Ministerin für Volksbildung, bei ihrem Referat auf dem VIII. Pädagogischen Kongress die Weichen für einen Einsatz von Taschenrechnern in der Schule:

»Es ist bekannt, dass auch außerhalb der Schule darüber diskutiert wird, ob es möglich und zweckmäßig ist, elektronische Taschenrechner im Unterricht der Oberschule einzusetzen. Natürlich müssen wir dies prüfen, vor allem unter der Sicht, ab welcher Klassenstufe, zu welchen Stoffgebieten und mit welchem Ziel sich die Nutzung dieser Rechner als sinnvoll erweist oder wo ihr Einsatz nicht richtig Ist. Immer wird der Taschenrechner nur ein Hilfsmittel sein. Soweit er Anwendung finden kann, darf er den Erwerb des grundlegenden mathematischen Wissens und das dazugehörige Training der Rechenfertigkeiten nicht ersetzen. Und schließlich müssen wir auch unsere ökonomischen Möglichkeiten berücksichtigen.«

Diese Aufgaben übernimmt die Akademie der Pädagogischen Wissenschaften; eine Forschungseinrichtung, die direkt dem Volksbildungsministerium unterstellt ist. Sie bildet eine Arbeitsgruppe zur theoretischen und praktischen Untersuchung. Unter anderem wird von 1979 bis 1983 der Einsatz des Taschenrechners MR 410 in 21 Versuchsklassen getestet. Später kommen zwei Klassen mit dem MR 609 und 610 hinzu. Das nicht sehr überraschende Fazit: Mit dem elektronischen Helfer rechnen Schüler schneller und machen dabei weniger Fehler. Dadurch kann der eigentliche Stoff intensiver behandelt werden; nicht nur Mathematik, sondern auch Fächer wie Physik und Chemie.

Ab dem Schuljahr 1984/85 werden daher Taschenrechner in der Abiturstufe 11 eingeführt. Ein Jahr später die Klasse 7. Man entscheidet sich für den wissenschaftlich-technischen Taschenrechner MR 609, der für den

Einsatz im Unterricht als identisches Modell Schulrechner SR1 in großer Anzahl produziert wird. Zugleich werden die Schulbücher an den Einsatz des Taschenrechners angepasst.

Den Schulstart fasst das *Neue Deutschland* zusammen:

»Der Verkauf der Schulrechner im Einzelhandel beginnt für die Schüler der zukünftigen Klasse 7 ab Mai 1985, um allen Elternhäusern die Möglichkeit zu geben, den Kauf bereits vor Ferienbeginn zu tätigen. Gegen Vorlage eines in der Schule ausgegebenen Bestellscheines kann der Schulrechner zu einem Preis von 123 Mark in Fachverkaufsstellen für Rundfunk und Fernsehen käuflich erworben werden. Eine verstärkte Umhüllung sichert den Schulrechner gegen Beschädigung beim Transport in den Schultaschen. Für die Fälle, dass der Kauf des eigenen Schulrechners nicht erfolgen kann oder der eigene Schulrechner durch Reparatur längere Zeit ausfällt, kann der Direktor der Schule in Absprache mit dem Fachlehrer Ausleihexemplare ausgeben. Zu diesem Zweck werden die Schulen mit einer bestimmten Anzahl zentral finanzierter Ausleihexemplare ausgestattet.«

Dass die Einführung schrittweise vorgenommen wird, hat auch praktische Gründe: Es gibt zu wenig Schulrechner, um alle Klassen auf einmal auszustatten. Das führt zu der kuriosen Situation, dass die Klassen 8 bis 10 weiterhin mit dem Rechenschieber arbeiten müssen. Im Jahr darauf sind es bereits zwei Klassenstufen: die neue 7. und die alte, die in die 8. wechselt. 1987 kann Mühlhausen die Produktion stark erhöhen – bis zum August werden 430.000 Schulrechner produziert, 190.000 mehr als im Vorjahr. Dadurch kann nicht nur die 9., sondern auch die 10. Klasse mit Taschenrechnern versorgt werden. Somit werden in der DDR erst mit dem Schuljahr 1987/88 ab Klasse 7. durchgängig Taschenrechner eingesetzt.

Im Januar 1988 wird das einmillionste Modell an die Schülerin Michaela Geppert (die heute Winter heißt) der POS Johannes R. Becher (die heute nicht mehr existiert) in Mühlhausen übergeben:

»Die feierliche Übergabe erfolgte im Herstellerbetrieb hier im Ort, im Vorfeld einer Tagung, vor den Betriebsdirektoren und Parteifunktionären. Die Presse war auch da, um zu berichten. Ich trug Pionierkleidung, also die weiße Bluse und das rote Halstuch. Meine Eltern durften nicht mit; nur meine Mathelehrerin war dabei. Es war ein einzigartiges Erlebnis. Ich war ja gerade zwölf Jahre alt und sehr aufgeregt, gleichzeitig glücklich, dankbar und stolz. Zumal die Taschenrechner in meiner Heimatstadt gebaut wurden. Von der Euphorie rund um die Fertigung und den Nutzen der Mikroelektronik bekamen auch wir Schüler etwas mit – hatte doch der alte Rechenschieber ausgedient.

Ausgewählt wurde ich wohl, weil ich eine gute Schülerin und unsere Familie besonders geeignet war: Ich ging in die 7. Klasse, in der Taschenrechner eingeführt wurden. Meine Mutter war Lehrerin, mein Vater arbeitete bei ZeKiWa – Zeitzer Kinderwagen. Da ich noch zwei Brüder habe, einen jüngeren und einen älteren, galten wir als kinderreiche Familie. Die Entscheidung für mich wurde wohl recht schnell gefällt. Sie wollten uns mit dem Taschenrechner, den wir sonst hätten bezahlen müssen, auch unterstützen. Den habe ich natürlich immer noch; und ich erzähle immer wieder gern davon.«

Der SR1 wird der meistverbreitete Taschenrechner in der DDR. Auch in Nachbarländer wird er, neben anderen Modellen, verkauft. In der Bundesrepublik wird er als MBO MR 609 vertrieben, in der ČSSR als Tesla MR 609.

Noch heute ist der SR1 in vielen Haushalten zu finden – oft genug mit den ersten Knopfzellen. Doch für den Unterricht sind auch andere Taschenrechner ausdrücklich erlaubt, sofern es sich nicht um programmierbare Geräte handelt. Viele Schüler benutzen Mitbringsel aus dem Westen.

Taschenrechner konkret 100, MR 610 und MR 201

MIKRORECHNER-BAUSÄTZE

Die Möglichkeit, sich für wenig Geld einen eigenen Computer ins Haus zu holen, sorgt weltweit für eine Aufbruchsstimmung. 1975 erscheinen die ersten bezahlbaren Heimcomputer wie der Altair 8800 und der IMSAI 8080. In der Grundausstattung kann man nicht viel damit anstellen; die Geräte bestehen aus LEDs als Anzeige und aus Kippschaltern für mühsame Programmierung im Maschinencode. Sie werden häufig als Bausatz verkauft und müssen erst zusammengesetzt werden. Doch beide Computer sind kompatibel zueinander und erweiterbar. Das ist die Geburtsstunde des ersten Heimcomputer-Standards, für den zahlreiche, oftmals frisch gegründete Unternehmen Zubehör anbieten. Ebenfalls 1975 wird Microsoft gegründet. Das erste Produkt ist die Umsetzung der Programmiersprache BASIC für den Altair. Sie macht nicht nur den störrischen Bastelcomputer für Einsteiger zugänglich. BASIC wird die übergreifende Sprache für alle Heimcomputer.

Ein Altair 680 (1976) im ersten Computergeschäft der Welt, The Computer Store in Los Angeles

Ab 1977 gibt es betriebsbereite Heimcomputer mit Gehäuse und Tastatur zu kaufen. Zunächst den Apple II, den TRS-80 von Radio Shack und den Commodore PET, der einen Bildschirm und ein Kassettenlaufwerk gleich eingebaut hat.

Parallel dazu werden Bausätze angeboten, bei denen Zeitschriften eine wichtige Rolle für die Verbreitung spielen. In Westdeutschland beliebt ist etwa der Junior-Computer der Zeitschrift *Elektor*. In der DDR setzen sich vor allem der Z 1013 von Robotron Riesa, der Amateurcomputer AC 1 vom *Funkamateur* und der TINY der *Jugend+Technik* durch.

Daneben entstehen in der DDR in kleiner Auflage eine Reihe von Nachbauten des ZX Spectrum. Dieser arbeitet mit einem Z80-Prozessor, der als DDR-Klon U 880 in Serie gefertigt wird. Etwa der Grafik-Display-Computer GDC der TH Ilmenau, der HCX vom Schwermaschinenkombinat Magdeburg, der Spectral aus Erfurt und der KuB64k von der Akademie der Wissenschaften.

MIKRORECHNER-BAUSATZ Z 1013

1985 ist das Jahr des Heimcomputers in der DDR. Neben dem KC 85/2 aus Mühlhausen und dem KC 85/1 aus Dresden beginnt der VEB Robotron-Elektronik Riesa mit der Produktion des Mikrorechner-Bausatzes Z 1013.

Der Computer ist nur für Bastler: Geliefert werden eine Leiterplatte und eine Folientastatur. Um damit arbeiten zu können, muss die Tastatur an die Leiterplatte gelötet werden; und es wird ein Netzteil benötigt. Und natürlich ein Fernseher.

Ein Z 1013 auf dem KC-Treffen in Garitz, 2018

Doch das ist bereits weitaus mehr, als von anderen Bausätzen wie AC 1 und JU+TE-Computer geboten wird, bei denen man sich alle Bauteile besorgen und die Leiterplatte selbst bestücken muß. Und der Preis ist verlockend: Ab 690 Mark kostet das Gerät, soviel wie ein Mono-Kassettenrekorder. Preiswerter kommt man in der DDR schwerlich an einen (fast) fertigen Computer.

Die Zeitschrift *rfe* schreibt: »Der Mikrorechnerbausatz ist sowohl zum Erlernen der Programmiergrundlagen als auch auf Grund seines offenen mechanischen Aufbaus, der den Zugriff zu den Bauelementen erlaubt, zum Kennenlernen der Schaltungstechnik als auch als Steuerrechner für verschiedenste Anwendungen geeignet.«

Der Z 1013 muss vorbestellt und persönlich im Robotron-Ladengeschäft in Erfurt, Juri-Gagarin-Ring 25, abgeholt werden. Die Wartezeit beträgt bis zu einem Jahr. (Auch RFT-Filialen wollen den Bausatz vertreiben, blitzen aber bei Robotron ab.)

Bis zum Ende der DDR werden 25.000 Bausätze verkauft. Das macht ihn zu einem der am weitesten verbreiteten Heimcomputer im Osten – zumal es die komfortableren KCs nicht für private Anwender zu kaufen gibt. Und jedes Exemplar sieht anders aus: Da nur die nackte Platine geliefert wird, braucht es ein Gehäuse. Die gibt es nicht zu kaufen, und so fertigen viele Bastler eine eigene Umhüllung, oft aus Holz, Spanplatten und ähnlichen Materialien.

Das größere Problem ist die Tastatur. Die mitgelieferte ist eine flache Folie, auf der die Buchstaben alphabetisch aufgedruckt sind: A, B, C ... Die letzten drei Buchstaben sowie alle Ziffern sind auf der Zweitbelegung. Vernünftiges Arbeiten ist damit kaum möglich. Tastaturen gibt es aber nicht zu kaufen. Daraus entstehen die unterschiedlichsten Lösungen. Manche verwenden Einbautastaturen, die als Zubehör zum Beispiel für elektrische Schreibmaschinen angeboten werden; andere bauen ein Keyboard aus Tastern für Eisenbahn-Steuerungen. Rainer Brosig stellt dazu eine passende Software bereit, die als Brosig-Monitor bekannt wird.

Der Z 1013 arbeitet mit dem U 880. Zunächst wird der für den Hobbybereich gedachte Computer mit sogenannten ungetypten Bauelementen bestückt, die zwar funktionstüchtig sind, aber in einigen Parametern vom Soll-Wert abweichen. Das führt jedoch zu vielen Ausfällen und Reklamationen. Es gibt vier Modelle; Modell 12 ist für industrielle Kunden vorgesehen und mit schnellem SRAM-Speicher ausgestattet.

Jahr	Modell	Takt	Arbeitsspeicher	Preis
1985	Z 1013.01	1 MHz	16 Kilobyte	690 Mark
?	Z 1013.12	1 MHz	1 Kilobyte	?
1987	Z 1013.16	2 MHz	16 Kilobyte	965 Mark
1988	Z 1013.64	2 MHz	64 Kilobyte	590 Mark

Für den Z 1013 gibt es unter anderem Tiny BASIC und das umfangreichere BASIC des KC. Ist kein EPROM mit der Sprache aufgesteckt, muss sie zunächst von Kassette geladen werden. Der Bildschirm umfasst 32x32 Zeichen, wobei neben Buchstaben und Zahlen allerlei grafische Symbole wie Schachfiguren mitgegeben werden. Dadurch lassen sich Spiele entwickeln, deren Grafik sich allein aus diesen Zeichen bildet.

Um den Z 1013 entwickelt sich eine rege Fan-Gemeinschaft. Es werden Vereine gegründet; es gibt Tagungen; es entstehen einige tausend Programme und viele Hardware-Erweiterungen. Zeitschriften wie *Jugend+Technik*, *Funkamateur* und vor allem *Practic* veröffentlichen Programme und Bastelanleitungen, etwa für eine Maus oder einen Zeitgeber-Baustein.

Computerklubadressen:

Z 1013-USER erhalten für Soft-Hard-Info-Austausch die Adressen der territorial nächstgelegenen Computerklubs, wenn sie eine freigemachte Antwortpostkarte mit Rückanschrift und Kreisangabe ihres Wohnortes an den Kulturbund der DDR, Computerklub Dresden-Land, Dresdnerstr. 42/53–55, Radeberg, 8142, schicken.

AMATEURCOMPUTER AC 1

Der Amateurcomputer 1 oder kurz AC 1 wird ab Ende 1983 als Bausatz in der Zeitschrift *Funkamateur* vorgestellt. Eine Gruppe um Initiator Frank Heyder entwickelt das Gerät auf der Basis des U 880. Ziel ist es, Bastlern einen relativ einfach nachzubauenden Heimcomputer anzubieten, der allein auf Teilen basiert, die man in der DDR erwerben kann.

Interessenten müssen geduldig sein, denn es dauert mehr als ein Jahr, bis die Artikelreihe im *Funkamateur* beendet ist – ein Katalog mit Anleitungen, Entwürfen für Leiterplatten, Material-Listen und Software zum Abtippen.

Ein großes Problem ist zunächst das Besorgen der Leiterplatte. Theoretisch kann man sie selbst herstellen, indem man auf einer nackten Platte in Handarbeit selbst die Bahnen zeichnet und ätzt. Praktisch ist diese Arbeit sehr aufwendig, und Fehler sind schwer aufzuspüren. Daher ist man für eine bereits vorbereitete Leiterplatte dankbar – in die man dann dennoch Löcher zum Aufnehmen der Bauelemente bohren muss. Es dauert eine Weile, bis man mit dem VEB Elektrophysikalische Werke Neuruppin einen Partner findet, der eine Serie von 3.000 Platten produziert. Sie werden über den Konsum-Elektronik-Versand Wermsdorf (den einzigen seiner Art) für 21 Mark verkauft. Später gibt es weitere Anbieter kleinerer Mengen. Insgesamt kann man von rund 5.000 verkauften Leiterplatten ausgehen; die einzige Kenngröße, um die Verbreitung dieses Computers einzuschätzen.

FUNKAMATEUR

Praktische Elektronik für alle

Zeitschrift der Gesellschaft für Sport und Technik

Heftpreis 1,30 M · ISSN 0016–2833

- Funkamateure bauten Amateurcomputer
- Digitale Funkuhr für Datum und Uhrzeit
- IS A 302 als elektronischer Schlüssel
- 2-m-FM-Funksprechgerät mit 600 kHz ZF

12/83

Die Grundausstattung des Rechners: 4 Kilobyte Programmspeicher, 2 Kilobyte Arbeitsspeicher, 16 Zeilen mit je 64 Zeichen. Später werden Erweiterungen um 16 und 64 Kilobyte, Vollgrafik und ein Disketten-Controller vorgestellt. Nach BASIC entstehen weitere Programmiersprachen; und vor allem das Betriebssystem CP/M ist ein großer Schritt nach vorn für den kleinen Rechner, da mit einem Schlag Abertausende von Programmen nutzbar sind. Die verbreiten sich mit Hilfe des 1988 gegründeten ACC, des Amateurcomputerclub Berlin. Er verschickt unter anderem 1.000 Muster-Kassetten mit Software durch die Republik.

Auch wenn das Gerät universell nutzbar ist, richtet es sich vor allem an Amateurfunker. Es gibt Software zum Führen von Logbüchern bei Wettbewerben, zum Morsen, für Telegrafie, zum Funk-Fernschreiben und zum Berechnen von Entfernungen beim Funken.

JU+TE-COMPUTER

Ein ähnliches Selbstbau-Projekt wie den AC 1 stellt die Zeitschrift *Jugend+Technik* im Juli 1987 vor: den JU+TE-Computer. Er basiert allerdings nicht auf dem verbreiteten U 880, sondern arbeitet mit dem Einchip-Mikrorechner UB 8830; einem Nachbau des Zilog Z8. Der Chip hat bereits eine einfache Version der Programmiersprache BASIC integriert. Sie heißt Tiny BASIC; und deswegen wird der gesamte Computer häufig auch als TINY bezeichnet.

Über mehrere Jahre begleitet das Magazin das Werden und Wachsen des Computers, unter der Federführung seines Vaters Helmut Hoyer. Separat dazu erscheint, Ende 1989, eine Broschüre. Sie enthält neben einer technischen Beschreibung allerlei Programme, vor allem Spiele, zum Abtippen. Allerdings liefert die Anzeige nur 64 × 64 Pixel beziehungsweise 8 Zeilen mit je 13 Zeichen, in Schwarz-Weiß. Sie lässt sich später auf Vollgrafik und Farbe aufrüsten, genau wie der Speicher von zunächst 2 Kilobyte erweitert werden kann.

In der November-Ausgabe 1989 der *Jugend+Technik* gibt es einen Hinweis auf die Auflage:

»Die Nachfragen, was unsere Leiterplatten zum JU+TE-Computer angeht, reißen nicht ab. Seit Anfang 1988 bis heute haben wir weit über 2000 Leiterplattensätze versandt bzw. vermittelt. Dabei hatten wir Unterstützung vom Industriepartner über Arbeitsgemeinschaften bis zu Amateuren.

Seit geraumer Zeit erledigt es die Firma Gerlich aus Neubrandenburg, die zahlreichen Leiterplattenwünsche abzudecken.«

Ein JU+TE-Computer auf dem Vintage Computing Festival Berlin, 2017

VON DER FAHNE IN DEN COMPUTER-URLAUB

Während seines Grundwehrdienstes baut sich Matthias Haustein aus Prösen in der Niederlausitz Schritt für Schritt seinen ersten Rechner zusammen.

Ich hatte mit zwölf oder dreizehn Jahren angefangen, Lichtorgeln, Verstärker und ähnliches aufzubauen und war während meiner Lehrzeit in einer Elektronik-AG aktiv. Ein Mikrorechner war lange Zeit ein unerfüllter Traum, aber zumindest waren Literatur und Zeitschriften zu dem Thema verfügbar.

1988 befand ich mich mitten im anderthalbjährigen Grundwehrdienst, als mich eine Nachricht von meinem Vater erreichte. Ein Kollege von ihm hätte vor vielen Monaten einen Mikrorechnerbausatz bestellt, den er nun nicht mehr bräuchte und ob ich ihn haben möchte. Schon beim Lesen habe ich innerlich Freudensprünge gemacht. Denn andere Rechner wie die Kleincomputer waren für mich nicht zu bekommen und andererseits auch unerschwinglich. Der Z 1013(.16) würde 965 Mark kosten. Ich habe keine Sekunde gezögert und sofort das Geld zusammengekratzt.

Irgendwann habe ich Urlaub von der »Fahne« bekommen und konnte erstmals den Z 1013 bestaunen und mich näher damit beschäftigen. Leider ging es nach wenigen Tagen wieder ab »zur Truppe«. Allerdings hatte ich dort genug Zeit, um mir Gedanken über den Gehäusebau, den Trafo, die Selbstbau-Busplatine und ähnliches zu machen. Die wenige Zeit zu Hause wurde dann immer am Z 1013 gewerkelt. Und irgendwann war der Rechner einsatzbereit. Zwischendurch schickte die Westverwandtschaft sogar eine Ersatztastatur von Commodore; und von Robotron Riesa bekam ich die dazugehörige Ansteuerung zum Prozessor U 880. Damit war der Z 1013 sehr komfortabel zu bedienen.

1989 kamen Module hinzu, die ich mir am Pirnaischen Platz in Dresden in der Fachfiliale RFT-Funkamateur gekauft habe. Die 16 Kilobyte RAM kosteten zwischen 300 und 400 Mark, wenn ich mich recht entsinne; und das Stromversorgungsmodul war auch nicht gerade ein Schnäppchen. Das tat finanziell ganz schön weh. Schaltkreise und sonstige Sachen für Erweiterungen, etwa die Feingrafik nach der Zeitschrift Practic, hatte ich mir meist in Wermsdorf bei Oschatz gekauft, was bei Wind und Wetter eine über 50 Kilometer lange Anreise mit dem Moped bedeutete. Natürlich immer mit Einkaufsliste, um nichts zu vergessen. Wenn dann wenige Tage später etwas in Rauch aufging, war das ganz schön ärgerlich.

Bis dahin wurde der Z 1013 zum Kennenlernen der Rechentechnik, zum Spielen und zum leichten Programmieren in BASIC benutzt. Ich habe einiges an Programmen getestet und verändert, die in den verschiedenen Zeitschriften veröffentlicht worden. Ende 1989 bin ich ins Studium gestartet; und dort wurde der Rechner als Arbeitsmittel zum Verfassen von Schriftstücken interessant. Durch die Wende hatte ich das Glück, 1990 sehr preisgünstig einen aufgemotzten Z 1013.64 mit Centronics-Drucker-Schnittstelle, RAM-Floppy und Brosig-Tastatur sowie einen 9-Nadel-Drucker zu bekommen. Mit diesem habe ich dann einige Jahre lang meine Schreibarbeiten für das Studium erledigt und dabei dauernd gebetet, dass die Magnetkassetten nicht kaputt gehen, auf denen die Sachen gespeichert waren.«

MIT DEM KLEINCOMPUTER INS NEUE JAHRTAUSEND

Mehr als zwanzig Jahre nach der Wende stößt Matthias Haustein in seinem Betrieb auf KCs aus DDR-Zeiten.

Als ich Anfang 2011 als leidenschaftlicher Hobby-Elektroniker das erste Mal in das Prüflabor meines neuen Arbeitgebers kam, traute ich meinen Augen kaum. Da standen doch tatsächlich zwei KC 87 und waren immer noch für die laufende Materialprüfung in Betrieb.

Mit ihnen wurde die Wärmeleitfähigkeit an keramischen Bauteilen in Anlehnung an TGL 32153 bzw. der nun vergleichbaren DIN ermittelt. Im Intro der Software wurde das Datum 10.10.1989 angezeigt – das System wurde also bereits 22 Jahre lang genutzt. Und in Zeiten von Festplatten in Gigabyte-Größe wurde das Programm immer noch von Magnetband-Kassette geladen.

Nach einigen Wochen kam der Werkstoffprüfer auf mich zu und erzählte mir von immer größer werdenden Problemen mit dem Laden von Kassette. Die Lesefehler häuften sich, so daß es morgens immer länger dauerte, bis das System in Betrieb war. Ob ich ihm helfen könnte?

Einer der beiden Prüfrechner

Mir kam die Idee, die Software zukünftig aus einem ROM-Modul zu starten. Der Kollege sagte mir daraufhin, daß er zu den Rechnern sogar noch irgendwo Module und Schaltkreise hat. Wie sich herausstellte, lagen in der gesuchten Pappkiste ROM-Module und russische EPROMs mit 2 Kilobyte Kapazität. Da hatte also scheinbar schon um 1989/90 jemand den Plan, das so umzurüsten. Nur war daraus nie etwas geworden.

Nach einigen Versuchen klappte endlich das Sichern des BASIC-Programms von der ORWO-Magnetkassette auf einen normalen PC (mit der Software KCLOAD). Weiterbearbeitet wurde dann alles im Emulator JKCEMU zu einer BIN-Datei. Mit hilfreicher Unterstützung durch Hobby-Kollegen aus dem Robotrontechnik-Forum konnte ich eine Startsequenz ergänzen, die den BASIC-Speicherabzug aus den ROM-Modulen in den RAM-Speicher des KC 87 umladen und das Programm starten sollte. Das Ganze wurde auf 7 EPROMs gebrannt.

Nachdem eines der Module repariert werden mußte, funktionierte das Laden vom ROM einwandfrei. Der Kollege war begeistert. Er brauchte ab sofort nur noch den Rechner einschalten und konnte mit Eingabe des Programmnamens sofort loslegen. Das lästige und langwierige Laden von Kassette war Geschichte.

Soweit mir bekannt ist, war das Prüfsystem mit den KC 87 im Jahr 2017 immer noch in Betrieb. Ob es das heute noch ist, kann ich leider nicht sagen. Aber 28 Jahre sind schon ein beachtlicher Zeitraum für einen 8-Bit-Prozessor und ein BASIC-Programm.

LERNCOMPUTER

Neben Kleincomputern und Taschenrechnern entsteht eine eigentümliche Zwischenform, der Lerncomputer. Er soll praktisch den Umgang mit Computern schulen, vor allem die Programmierung auf Maschinenebene. Meistens wird der DDR-Hausprozessor verwendet, der U 880. Lerncomputer unterscheiden sich von typischen Heimcomputern durch das Fehlen eines Bildschirms und einer alphanumerischen Tastatur. Als Anzeige gibt es eine Gruppe von LEDs, für die Eingabe nur einen Ziffernblock. Damit lassen sich Anweisungen im Hexadezimal-Code eingeben. Etwa C3 00 20, um zur Speicheradresse 2000 zu springen.

Eine Spielerei sind die Geräte nicht. Einerseits ist das Programmieren auf der Ebene des Maschinencodes besonders anspruchsvoll und zeigt, wie Computer tatsächlich arbeiten. Andererseits bieten sie Schnittstellen nach außen, können etwa andere Geräte wie Modelleisenbahnen steuern.

Die Lerncomputer sind ein wenig aus der Not heraus geboren, dass zu wenig Kleincomputer zur Verfügung stehen und diese sehr teuer sind. Lerncomputer sind erheblich preiswerter und lindern Versorgungsengpässe. Neben vielen Einzelstücken, die an Hochschulen, Oberschulen, Betrieben und in Arbeitsgemeinschaften entstehen, verbreiten sich vor allem zwei Modelle.

LC 80

Der LC 80 ist ab Sommer 1984 erhältlich, für 720 Mark. Er ist damit der erste Heimcomputer der DDR. Hergestellt wird er in Erfurt. Das originelle Gerät besteht aus einer Leiterplatte, auf der ein Taschenrechner-Gehäuse als Tastatur und eine sechsstellige Segmentanzeige für Ausgaben angebracht sind. Neben den Ziffern 0 bis 9 gibt es Tasten für die Buchstaben A bis F. Damit lassen sich Hexadezimalzahlen (die 16 Stellen haben) direkt eingeben. 1 Kilobyte Arbeitsspeicher steht zur Verfügung. Im ROM ist ein einfaches Betriebssystem eingebaut; es bietet Funktionen zum Ansteuern der Anzeige und des Lautsprechers. Programme werden auf Kassette abgespeichert oder von einem EPROM geladen. Das Ganze steckt in einer zuklappbaren Mappe aus Kunstleder als »Gehäuse«. Für den LC 80 entstehen allerlei Erweiterungen. In der Berufsschule im Halbleiterwerk Frankfurt/Oder etwa eine Steuereinheit, um das Gerät an einen Fernseher anzuschließen, und ein Logik-Analysator, der die Teilschritte des Computers sichtbar macht.

LC 80

POLY-COMPUTER 880

Der Poly-Computer 880 vom VEB Polytechnik Karl-Marx-Stadt ist ein ähnliches Gerät, nur etwas komfortabler. Es ist massiver und wird in einem Koffer geliefert. Die Anzeige hat acht Stellen; dazu gibt es Leuchtdioden zur Anzeige der Zustände von Adressbus, Datenbus und Steuerbus sowie Tasten, um Steuerbefehle auszulösen. Auch im POLY-880, wie er sich in seinem Display selbst nennt, stecken ein U 880 und 1 Kilobyte RAM; und er kann ebenfalls externe Geräte wie einen Plotter steuern. Er erscheint ebenfalls 1984, zu einem Preis von 3.449 Mark.

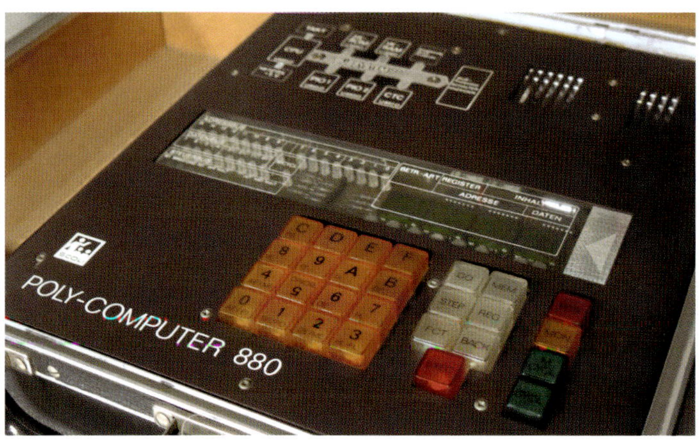

Poly-Computer 880

KLEINCOMPUTER

Eigentlich ist Konkurrenz in der DDR nicht vorgesehen. Aber irgendwie geschieht es, dass bei Robotron Dresden und bei Mikroelektronik Mühlhausen gleichzeitig an einem sehr ähnlichen Produkt getüftelt wird: einem Heimcomputer auf der Basis der Prozessors U 880. Denn neben dem Z 9001 von Robotron arbeitet Mühlhausen am HC 900.

Beide Kollektive tauschen sich sogar aus, verwenden etwa das gleiche BASIC und das gleiche Format zum Speichern von Programmen und Daten auf Kassette. Beide Geräte können durch Steckmodule um Speicher und Software ergänzt werden. Beiden Geräten fehlt ein Soundchip, wie er etwa beim Commodore 64 eingebaut ist; statt harmonischer Melodien gibt es nur einen Piepser. Und es gibt keinen Grafikchip, der schnell Bilder erstellen und bewegen kann.

Daneben gibt es eine Reihe von Unterschieden, schon optisch.

Der HC 900 von Mühlhausen hat eine abgesetzte Tastatur und bietet Vollgrafik. Jeder Pixel kann angesprochen werden, um Zeichnungen und Grafiken darzustellen.

Der Z 9001 hat eine eingebaute Tastatur mit schmalen, harten Tasten. Schnelles Schreiben ist kaum möglich. Er beherrscht nur Blockgrafik; es lassen sich nur 8x8 Pixel große Symbole darstellen, und die im Modell Z 9001.10 auch nur Schwarz-Weiß.

Beide Computer erscheinen Ende 1984. Da beide Betriebe ihre Computer nur in kleinen Stückzahlen produzieren können und sie relativ teuer sind, werden die Rechner nicht an Privatpersonen verkauft, sondern nur an öffentliche Einrichtungen und Betriebe. Aus Berlin angeordnet wird ein Namenswechsel vom Heimcomputer zum Kleincomputer: Aus dem Z 9001 wird der KC 85/1. Aus dem HC 900 wird der KC 85/2.

Beide Modelle werden im Laufe der Jahre verbessert. Vor allem wird bei den Nachfolgern KC 87 aus Dresden und KC 85/3 aus Mühlhausen das BASIC nicht mehr von Kassette geladen, sondern ist fest eingebaut. Das ist nicht nur erheblich komfortabler, sondern erhöht auch den freien Arbeitsspeicher deutlich, den die 10 Kilobyte große Sprache nun nicht mehr belegt.

Besonders für die Mühlhausen-Computer erscheinen zahlreiche Steckmodule und Programme auf Tonbandkassette. Als Bildschirm werden in vielen Einrichtungen Kofferfernseher der Marke Junost verwendet. Gespeichert wird in der Regel auf Kassettenrekordern von Geracord. Da eine Kassette viele Programme enthalten kann, hilft der Zähler des Rekorders, um die Bandposition jedes Programms zu ermitteln (und auf einem Zettel zu notieren).

1988 bringt Mühlhausen den KC 85/4 auf den Markt, leicht erkennbar durch sein hellgraues Gehäuse. Er ist durch eine höhere Taktfrequenz schneller und hat mehr Speicher (64 Kilobyte), spricht aber den Bildschirm auf eine andere Weise an und ist dadurch nicht mehr völlig kompatibel zu seinen Vorgängern. Viele Spiele müssen angepasst werden.

Die Mühlhäuser KCs können durch Aufsätze erweitert werden. Der Bustreiber bietet Platz für vier weitere Steckmodule. 1989 erscheint ein zweiteiliger Diskettenaufsatz; zum einen das Basisgerät, das im Prinzip ein eigenständiger Computer ist (der mit der CP/M-Variante MicroDOS betrieben werden kann), und der Aufsatz mit dem Diskettenlaufwerk selbst, von denen bis zu vier verwendet werden können. Damit ist ein beeindruckender Turm von fünf und mehr Geräten möglich.

Mühlhausen und Dresden bieten eigene Software für ihren Kleincomputer an, teilweise auf Steckmodulen, vor allem aber auf Kassetten. Darunter auch Spiele-Sammlungen für je 38 Mark. Da Mühlhausen nicht genug Spiele selbst entwickeln kann, werden Hobby-Entwickler angesprochen und ihre Programme lizenziert. André Weißflog ist Schüler der 9. Klasse, als er einen Anruf erhält. Ob er nicht einige seiner Spiele mit einem Standard-Vorspann versehen und an den neuen KC 85/4 anpassen könne? 8.000 Mark erhält er dafür – soviel wie ein Jahresgehalt.

André Weißflog (2023) vor seinem KC-Spiel »Jungle« aus dem Jahr 1989

Doch die offiziellen Kassetten sind nur wenig verbreitet, da man Programme unter der Hand kopiert. Die meisten Spiele sind ohnehin Hobbyentwicklungen. Sie verteilen sich auf Veranstaltungen und werden mit der Post an Tauschpartner verschickt. Zeitschriften und Bücher veröffentlichen BASIC-Programme zum Abtippen; doch die sind meistens kurz und bieten eher einen Lerneffekt als Unterhaltung.

Eine Ausnahme ist WordPro. Die Textverarbeitung, entwickelt von dem Berliner Vater-und-Sohn-Duo Klaus und Stefan Schlenzig, erscheint zunächst in einem Buch – zum Abtippen. Sie arbeitet mit Buchstaben halber Breite und kommt somit auf die für eine A4-Seite nötigen 80 Zeichen pro Zeile. Sie ist damit wesentlich komfortabler als das weit verbreitete TEXOR von Horst Völz, das Mühlhausen in einer Modul-Version für 758 Mark anbietet.

Die Kleincomputer sind in Schulen, Hochschulen und Arbeitsgemeinschaften, aber auch in Betrieben vertreten, da sie erheblich preiswerter als Bürocomputer sind. Viele Anwender in der DDR sammeln mit ihnen ihre ersten Erfahrungen. Die Kleincomputer aus Mühlhausen sind dabei beliebter als ihre Brüder aus Dresden, weil sie eine bessere Tastatur haben und leistungsfähiger sind. Noch heute erscheinen Programme und neue Module.

Das KC-Team:
Wolfgang Abe,
Georg Heß, ?,
Detlef Poppe,
Heinz Thähle,
Wolfgang Dennstedt, ?,
Bernd Schanda,
Werner Domschke;

nicht im Bild:
Uwe Bückner

DIE VÄTER DES KLEINCOMPUTERS

Dr. Werner Domschke und Werner Dennstedt sind die Väter des HC 900 und seiner Nachfolger KC 85/2 bis 85/4.

Wie kamen Sie nach Mühlhausen?

Domschke: Ich habe mit Werner Dennstedt in Dresden studiert. Während ich an der Uni als Assistent blieb, ist er irgendwann in Mühlhausen gelandet. Eines Tages rief er mich an und meinte, hier in Mühlhausen würde die Zukunft entwickelt. Ob ich nicht mitmachen wolle. So sind wir, meine Familie und ich, nach Mühlhausen gezogen. Zunächst war ich Entwicklungsingenieur beim VEB Mikroelektronik »Wilhelm Pieck« Mühlhausen. Nach einer Reihe von Fremdmuster-Analysen und Voruntersuchungen wurde mir mit Beginn der Entwicklung des HC 900 die Leitung der Abteilung Geräteentwicklung angeboten. Ich war also als Abteilungsleiter verantwortlich für die Entwicklung und Produktionseinführung. Ich habe auch das Videointerface (den PAL- Coder) und das Betriebssystem CAOS entwickelt. Die Hardware (Elektronik) stammt im Wesentlichen aus der Feder meines Freundes Werner Dennstedt, der Teamleiter für das Projekt war.

Wie kam es, dass Mühlhausen und Dresden gleichzeitig an Kleincomputern arbeiteten?

Dennstedt: Beide hatten sicher die Notwendigkeit erkannt, wussten aber zunächst nichts voneinander.

Domschke: Die Zeit war reif für die Entwicklung eines Heimcomputers in der DDR. Der Prozessor U 880 mit seinen Systembausteinen und die Speicherschaltkreise waren verfügbar. Dann kam aus Berlin die Order, dass jeder Betrieb neben den Industriegütern auch Konsumgüter zu produzieren hat, um die Versorgungslage der Bevölkerung zu verbessern (so benutze ich noch eine Luftpumpe mit Fußbedienung, die damals im Kraftwerk Vetschau produziert wurde). Was lag also näher bei Mikroelektronik und Robotron, als einen Heimcomputer zu entwickeln?

Sah man sich als Konkurrenten, oder kam es zur Zusammenarbeit mit Robotron?

Dennstedt: Am Anfang »weder noch«, später wurden die Weiterentwicklungen so abgestimmt, dass man sich möglichst ergänzt hat.

Domschke: Das Wort Konkurrenz gab es damals nicht – allerdings Wettbewerb. Das hat uns beide beflügelt. Der Wettbewerb begann ja schon beim Konzept. So legten wir für uns fest, dass wir eine Vollgrafik entwickeln werden. Wir haben sehr viel miteinander gesprochen und vereinbarten, das gleiche Kassetteninterface und denselben BASIC-Interpreter zu verwenden. Mühlhausen sollte den PAL-Coder und Dresden den SECAM-Coder entwickeln und die Ergebnisse dem anderen zur Nutzung mit überlassen. Damit und mit den technischen Unterschieden der beiden Konzepte überzeugten wir unsere Vorgesetzten in den Kombinaten Robotron und Mikroelektronik, zwei »kompatible« Computer mit unterschiedlichen Leistungsparametern auf den Markt zu bringen.

Dennstedt: Einen Computer mit SECAM-Coder hat es dann allerdings nie gegeben.

Warum wurde ein eigenes Computersystem entwickelt, das zu keinem westlichen Modell kompatibel ist?

Dennstedt: Von den Leistungsparametern her haben wir uns am ZX 81 / ZX Spectrum orientiert, aber ein eigenes Hardwarekonzept entwickelt und besonders auf Modularität und Ausbaufähigkeit geachtet.

Domschke: Vor Beginn der offiziellen Entwicklung führten wir eine Reihe von Fremdmuster-Analysen durch, beispielsweise ZX 80, ZX 81, Schneider CPC, Commodore 64 und andere sowie einige Spielekonsolen. Gleichzeitig standen die »großen Brüder« der Heimcomputer, die Bürocomputer, auf dem Prüfstand. Der Abgleich unserer Wünsche hinsichtlich technischer Parameter und Software-Verfügbarkeit und der Realität der Verfügbarkeit von Bauelementen machte deutlich, dass wir keinen der von uns untersuchten Computer nachbauen konnten. Wir hatten nicht die erforderlichen Bauelemente. Unsere Vision deutete dann eher in die Richtung eines kleinen Bruders des in Sömmerda gefertigten Bürocomputers. Da wurde auch die Idee des modularen Ausbaus geboren.

Dennstedt: Wir haben dann später erreicht, dass unser System mit dem Floppy-Disk-Aufsatz mit dem modifizierten Betriebssystem und der Software des PC 1715 aus Sömmerda arbeiten konnte.

Wie kam es vom HC zum KC, vom geplanten privaten Computer zum letztendlichen Hilfsmittel in Schulen, Kabinetten und Betrieben?

Dennstedt: In der Produktnomenklatur des VEB Mikroelektronik war die 900-Baureihe für programmierbare Rechner vorgesehen. Daher zunächst HC 900.

Domschke: Unter dem Namen wurden die ersten zwei Exemplare 1984 auf der Leipziger Frühjahrsmesse ausgestellt und Erich Honecker vorgestellt. Diese Delegation stellte als Resümee der Messe fest, dass die wenigen wertvollen Bauelemente (insbesondere Prozessoren und Speicher) besser für die Bildung als für Spiele verwendet werden sollten. Im gleichen Atemzug musste der Heimcomputer (HC) aus dem Namen verschwinden. So wurde von Berlin bestimmt, dass aus dem Z 9001 der KC 85/1 und aus dem HC 900 der KC 85/2 wird. Mit dieser Angleichung der Namen wurde gleichzeitig die Konkurrenz nach außen hin »beerdigt«.

Dennstedt: Vom Ansatz her haben wir schon den Einsatz in Einrichtungen geplant, da uns klar war, dass der Computer für ein reines Konsumgut zu teuer sein würde.

KC 85/3 aus Mühlhausen, nachgestelltes Ensemble der damaligen Computer-Kabinette

Wie lange dauerte die Entwicklung, vom Prototypen bis zur Massenproduktion?

Dennstedt: Von Juli 1982 bis April 1983 führten wir intern eine Studie »Videocomputer und -spiele« durch, nach deren Abschluss die Entwicklung des Kleincomputers begann. Ab Oktober 1984 startete die Serienproduktion.

Wie groß war das Team?

Domschke: Insgesamt arbeiteten rund 40 Mitarbeiter an der Entwicklung: Sekretärin, technische Zeichner, Mechanik-Konstrukteure, Leiterplattenentwicklung, Konstrukteure der Plastik-Spritzgussformen, Softwareentwickler, Prüfingenieure, Ingenieure für die Produktionsvorbereitung und -einführung und weitere.

Gab es ein Vorbild für das BASIC und das Betriebssystem?

Domschke: Der BASIC-Interpreter wurde in einer Veröffentlichung einer Zeitschrift gefunden und an die aktuelle Anwendung angepasst und geringfügig weiterentwickelt. Das Betriebssystem CAOS war meine eigene Entwicklung, wobei die Namensfindung das »Schwierigste« dabei war.

Wie versuchte Mühlhausen, kontinuierlich Software bereitzustellen?

Domschke: Im eigenen Haus wurde eine Gruppe Anwendersoftware gegründet, um die Entwicklung voranzutreiben. Weiterhin wurden Aufrufe an Anwender, Computerkabinette, Station Junge Techniker usw. gestartet, um Software zu entwickeln. Dann gab es einige Kooperationen, wie z. B. mit dem Uhrenwerk in Ruhla, wo ein junger kreativer Mann den FORTH-Interpreter geschrieben hat. Ganz besonders möchte ich die Verbindung zu Prof. Horst Völz der Akademie der Wissenschaft hervorheben, der uns umfangreich unterstützt hat.

Unter anderem kamen das Textverarbeitungssystem TEXOR und die Lehrprogramme Approximation und Integration von ihm.

Dennstedt: Ja, wir versuchten, Kooperationspartner an Hoch- und Fachschulen, Forschungsinstituten und größeren Industriebetriebe. Da das aber nicht ausreichte, wurde eine komplett neue Entwicklungsgruppe für Softwareentwicklung in Mühlhausen aufgebaut.

Wie war Software urheberrechtlich geregelt? Es heißt ja immer wieder, in der DDR sei Software nicht geschützt, dennoch wurde Software gegen teilweise hohe Summen vertrieben?

Domschke: Soweit ist weiß, gab es wirklich keinen Rechtsschutz für Software. Darauf war das Patentrecht noch nicht eingerichtet. Natürlich hat man sich geärgert, wenn Kopien angefertigt wurden. Unsere Firma hat dann Software auf ROM-Modulen verkauft (z. B. Assembler, TEXOR, FORTH). Das hatte den Vorteil, dass die Software sofort nach dem Einschalten verfügbar war – und nicht so einfach kopiert werden konnte.

Dennstedt: Zur Hardware wurde eine ausführliche Patentrecherche durchgeführt.

Das Konzept des Aufsatzes mit Bus Driver und Diskettenlaufwerk ist einzigartig. Welche Überlegungen führten dazu?

Dennstedt: Sowohl unsere begrenzten Entwicklungskapazitäten als auch die sich ständig wandelnden Entwicklungsrichtungen in der Videocomputertechnik führten zu der Überlegung, kein abgeschlossenes System, sondern eine offene, ausbaufähige Struktur zu entwickeln.

Domschke: Mit der modularen Bauweise hatte man auch die Möglichkeit, seinen Computer nach seinen Bedürfnissen anzupassen. Mit der Speicherbank-Umschaltung war man damit auch nicht auf den Adressraum von 64 Kilobyte eingeschränkt. Wir hatten so auch ein 1-Megabyte-RAM-Modul – realisiert mit den ersten 1-Megabit- Schaltkreisen der DDR.

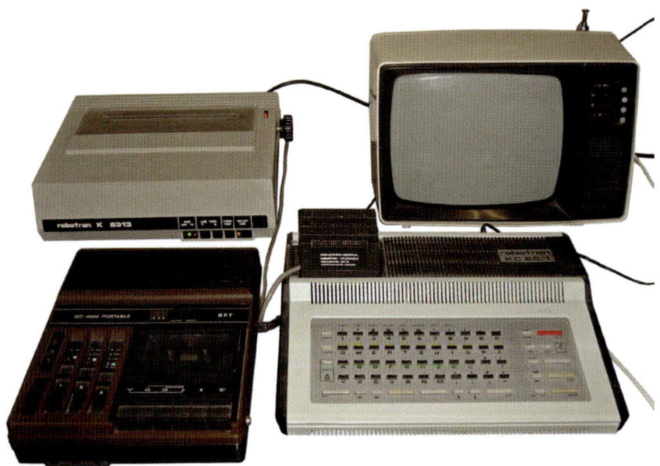

Robotron KC 85/1 mit Kassettenrekorder, Fernseher und Drucker

Warum nahm die KC-Reihe mit dem KC compact eine andere Richtung?

Dennstedt: Ich denke, dass die Entscheidungsträger unseres Betriebes nicht zu 100 Prozent vom KC-Konzept überzeugt waren. Vermutlich sollte die Richtung mehr in die Konsumgüterschiene gelenkt werden, um eine größere Abgrenzung von den Robotron-Geräten zu erreichen.

Domschke: Die Initiative zum KC compact kam von unserem Kombinat Mikroelektronik Erfurt. Die Entwickler der KC-85-Reihe waren nicht glücklich darüber. Doch durch die Kompatibilität des KC compact mit dem Schneider CPC stand plötzlich eine Vielfalt von Software – insbesondere Spiele – zur Verfügung. Das war das Argument für die Entwicklung.

MIT DEM EXIDY SORCERER ZUR ENTSTEHUNG VON TEXOR

Dank seines Westcomputers entwickelt Prof. Horst Völz das erfolgreichste Anwendungsprogramm für die Kleincomputer in der DDR.

Mein Vater in Karlsruhe kannte meine Interessen an der Computertechnik. So bot er mir zu meinem 50. Geburtstag (am 3. Mai 1980) den Kauf eines Heimcomputers bis zu 3.000 DM an. Für ihn musste aber die Einfuhr in die DDR offiziell erfolgen. Illegal im Auto war er zu groß. Alle Anträge bis hinauf zum Staatsrat forderten eine Einfuhrgebühr von etwa 2.000 Westmark. Schließlich erhielt ich aus dem Staatsrat einen bösartigen Telefonanruf: Ich solle endlich Ruhe geben! Im Hintergrund musste es aber viele Diskussionen gegeben haben, denn Ende Juli 1981 sagte mein Direktor in etwa zu mir: »Horst, dein Vater ist sehr krank! Willst du ihn nicht besuchen? Wegen deiner Vertraulichkeit darf es aber nicht bekannt werden.« Also reiste ich – für alle als gewöhnlicher Urlaub getarnt – nach Karlsruhe.

Mit dem Bargeld meines Vaters fuhr ich nach Eschborn und kaufte am 7. August 1981 den ausgesuchten Computer, einen Exidy Sorcerer, der zwar relativ unbekannt, aber leistungsfähig war. Der Verkäufer beriet mich hervorragend. Er reduzierte den RAM-Speicher von 64 auf 16 Kilobyte. Er meinte, den RAM würde ich bald in der DDR ergänzen können. Stattdessen erhielt ich ein Assembler-Modul. Bei der Rückkehr in die DDR wurde ich in der Friedrichstraße im Gegensatz zu allen anderen einfach durchgewunken. Nun war ich wohl einer der ersten in der DDR, der den damals bestmöglichen Heimcomputer besaß. Es gelang mir schnell, einen einfachen Fernseher – noch schwarz-weiß – ohne Modulator direkt per BAS-Signal anzuschließen. Eine in der Forschung ausrangierte elektromechanische Schreibmaschine baute ich von Relais- auf Transistortechnik um. Mit einen selbstgebauten Doppel-Kassetten-Recorder war schließlich mein System komplett. Von nun an konnte ich komfortabel in BASIC und Assembler programmieren. Zusätzlich bekam ich sogar die Genehmigung, mit dem Schweizer Sorcerer-Club Programm-Austausch zu pflegen.

1984 wurden auf der Leipziger Messe die ersten beiden DDR-Heimcomputer vorgestellt. Von Robotron der Z 9001 (KC 85/1) und von Mikroelektronik Mühlhausen der HC 900 (KC 85/2). Beide waren durch ihren Z80-Klon weitgehend zu meinen Sorcerer kompatibel.

Horst Völz vor drei Bildschirmen: IBM PC, Exidy Sorcerer und KC 85/3

Daher konnte ich für beide sehr schnell Programme bereitstellen, konzentrierte mich aber auf den KC 85/2. Da ich hierfür aber nie Geld verlangte, erhielt ich von Mühlhausen stets die neueste Hardware: Das war mir deutlich mehr wert! Das auf dem Sorcerer entwickelte, zunächst recht einfache Textsystem verbesserte ich so, dass es gut bedienbar war. Schon im im März 1986 konnte ich die erste komplette Version von TEXVE an Mühlhausen für den KC 85/2 übergeben. Da ich auch immer den Quellcode lieferte, konnte Mühlhausen sofort in einigen Details mitentwickeln. Meine technische, sehr detaillierte Bedienungsanleitung wurde von einer Spezialistin für den kommerziellen Einsatz überarbeitet.

Es gab mindestens drei Steckmodul- und eine Kassetten-Version.

Für die Entwicklung konnte ich keine anderen Textprogramme testen. Nur aufgrund von Beschreibungen in der Literatur musste ich eigenständig mein System konzipieren und programmieren. Dabei entstanden recht unkonventionelle Lösungen.

Für zusätzliche Programm-Module zum KC 85 waren folgende Grenzen zu beachten:

1. Der sehr kleine Speicherbereich von 16 Kilobyte RAM erforderte 1-Byte-Zeichen für möglichst alles, z. B. für Wagenrücklauf und Zeilenvorschub. Das verlangte die Einführung mehrerer 1-Byte-Sonderzeichen.
2. Für Programmmodule war nur ein Speicherbereich von 8 Kilobyte verfügbar. Im Programm musste daher mit jedem Byte gegeizt werden.
3. Das Betriebssystem CAOS-ROM enthielt zunächst nur große Buchstaben. Für eine Textverarbeitung musste daher das Programmmodul Kleinbuchstaben und Sonderzeichen bereitstellen. Dafür gingen fast 2 Kilobyte verloren.
4. Der (zunächst) monochrome Bildschirm war mit 320×256 Pixel grafikfähig. Das ermöglichte eine Darstellung von 40 Zeichen je Zeile und 32 Zeilen. Dennoch waren, um möglichst viel Text darzustellen, keine Menüs sinnvoll. Die Befehlseingaben erfolgten mit festgelegten Einzelbuchstaben.
5. Die niedrige Taktfrequenz von 1,76 MHz erforderte stark zeitoptimierte Routinen. Nach Möglichkeit musste direkt auf den Prozessor zugegriffen werden.

Allein 1988 setzte Mühlhausen für das in TEXOR umbenannte Programm fast 4 Millionen Mark der DDR um. Das System wurde auch offiziell für die Ausbildung von Sekretärinnen eingesetzt.

Mein zunächst für den Sorcerer entwickeltes EPROM-Programmier-Gerät baute ich auch für den KC 85. So konnte ich die EPROMs für Mühlhausen selbst programmieren und erproben. Für den Sorcerer schrieb ich auch eine kleine Tabellenkalkulation und ein großes BASIC. Unter anderem dafür hatte ich im Sorcerer vier umschaltbare 16 Kilobyte große SRAM-Module eingebaut. Beide Systeme konnten aber vor der Wende nicht mehr nach Mühlhausen überführt werden.«

DER SPIELEMACHER

Der Leipziger Raimo Bunsen entwickelt als Schüler in der DDR einige der beliebtesten Spiele für den Kleincomputer KC 85, wie »Bennion Geppy« und »Fine Young Animals«.

Raimo Bunsen beim Entwickeln eines Spiels am KC 85 (1987)

Erinnerst du dich an deine ersten Begegnungen mit Computern?

Auch in der DDR wurde Mitte der achtziger Jahre rudimentäre Computertechnik in den Betrieben eingeführt. Man konnte sie auf der Frühjahrs- und Herbstmesse in Leipzig bestaunen. Diese Veranstaltungen waren ebenso für uns Schüler reizvoll, um westliche Werbeartikel abzustauben. Dort konnte ich ab 1984 herum regelmäßig einen Blick auf Computer werfen. Die flimmernden Bildschirme übten eine magische Anziehungskraft auf mich aus. Auch Filme wie »WarGames«, in dem ein Teenager einen Militärcomputer hackt und fast den dritten Weltkrieg auslöst, haben mich in ihren Bann gezogen.

Und Westrechner?

Ein Klassenkamerad mit West-Verwandtschaft konnte mit einem LCD-Handspiel mit »Donkey Kong« aufwarten. Das war natürlich der Renner. Jeder wollte sein bester Freund sein. In der Schule beneidete ich einen Typen, der bei der Schuldisko mit Hilfe eines Sinclair Spectrum und selbstprogrammierter Laufschrift die Interpreten und Songtexte auf einem russischen Schwarz-Weiß-Monitor ablaufen ließ.

Ungefähr 1985 hatte ein Kumpel einen Commodore-Rechner geschenkt bekommen. Wir zockten tagelang ein vorsintflutliches Spiel namens »Mister Puniverse«. Die Begeisterung kannte keine Grenzen.

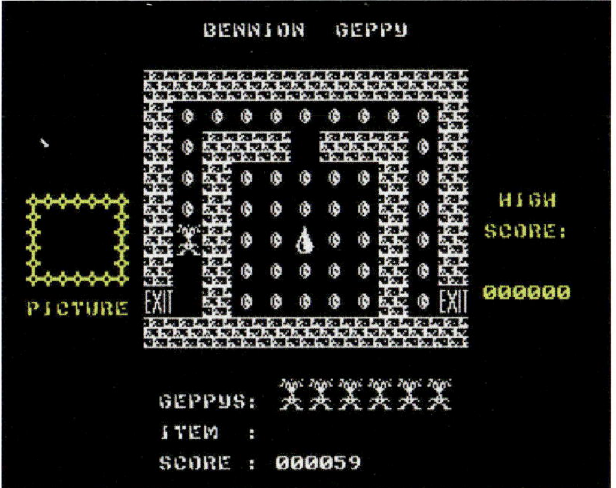

Bennion Geppy

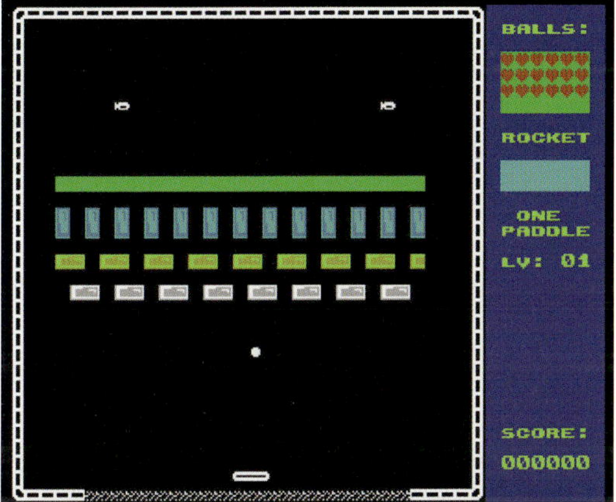

Mad Breakin'

Fine Young Animals

Wie kamst du zum Programmieren?

Mit diesem Rechner haben wir unsere ersten primitiven BASIC-Programme erstellt. Später wurde an DDR-Schulen der fakultative Unterricht Informatik eingeführt. Auf den zur Verfügung stehenden Computern konnte man seine Programmierkünste weiter entfalten.

Mein Vater war damals technischer Direktor. Irgendwie hatte er es auf mein Betteln hin geschafft, aus seinem Betrieb einen KC 85 abzuzweigen und mit nach Hause zu bringen. Er bräuchte so ein Gerät, um sich das Programmieren beizubringen. Naja. Jedenfalls hatte ich nun meinen eigenen Computer. Leider war null Software vorhanden. Von Spielen ganz zu schweigen. Also ging es mit dem Programmieren richtig los. Zuerst in BASIC.

Wie lief das ungefähr ab?

Das entwickelte sich chronologisch und von den Fähigkeiten her etwa so:

- Das Zeichen »#« mit den Tasten über den Bildschirm steuern.
- »#« wird von »*« verfolgt. Man muss mit Hilfe der Tasten ausweichen.
- Als nächstes konnte man sich durch Schüsse ».« auf das Zeichen »*« verteidigen.
- Irgendwann wurden aus den Zeichen selbstkreierte Männchen und Monster.
- Die Figuren wurden farbig. Den Hintergrund bildete ein Labyrinth. Der Spielstand wurde in der Ecke angezeigt. Es gab eine Bestenliste.

Irgendwann sah das Ergebnis aus wie eines der C64-Computerspiele, in der Art von »Pac-Man«. Man bemühte sich redlich, die westlichen Spiele in Erscheinung und Funktion bestmöglich nachzuahmen.

Die Sache hatte einen Haken?

BASIC war viel zu langsam, um einen vernünftigen Spielfluss zu ermöglichen. So bewegte sich die Spielfigur innerhalb von einer Sekunde gerade eine Position weiter, was nicht wirklich Spaß machte. Die selbstprogrammierten Spiele sahen zwar gut aus, waren aber leider unspielbar.

Das Zauberwort hieß Assembler, die eigentliche Sprache der Maschinen. Da ich keine Lehrbücher hatte, musste ich mich mit der mitgelieferten Tabelle behelfen, in der die Prozessorbefehle alphabetisch aufgelistet waren. Durch permanentes Probieren lernte ich die Philosophie der Programmierung. Und irgendwann war das erste Spiel umgesetzt. Und siehe da, sogar eine akzeptable Geschwindigkeit konnte man erreichen.

Dennoch blieben die Möglichkeiten begrenzt.

Natürlich stieß man trotzdem schnell an die Grenzen dieses einfachen Prozessors und der geringen Speicherkapazität. Es ging vorrangig darum, durch Programmierkniffe und Tricks zu optimieren. Besonders bei der Grafikdarstellung wurde um jeden Takt gekämpft.

Auf diese Weise schrieb ich allerlei Spiele. Meist standen Vorbilder vom C64 oder Atari ST Pate, welche ich in ähnlicher Form auf dem KC 85 umsetzte. Dennoch hatte ich versucht, den Spielen einen eigenen Stil einzuhauchen. Das war wegen der beschränkten Hardware ohnehin unumgänglich. Auch musste ich eigene Algorithmen entwickeln, um das Design von Levels und Labyrinthen zu komprimieren. Das alles musste ich mir eigenständig erarbeiten, ohne den Luxus eines Inputs von außen, etwa durch Bücher und Zeitschriften. Freilich machte es auch stolz, als Sechzehnjähriger mehr Know-how zu besitzen als mancher Berufsprogrammierer bei Robotron.

Welches zum Beispiel?

Hmm ... Bei meinem letzten Assembler-Spiel, einem »Breakout«-Klon, programmierte ich bis zu neun Bälle gleichzeitig als frei bewegliche Sprites. Sie huschten flüssig Punkt für Punkt – und nicht etwa Cursorschritt für Cursorschritt, wie beim KC üblich. Dadurch konnten sie in alle Richtungen abprallen.

Die zweite Innovation war, dass ich es über eine Interrupt-Steuerung hinbekommen habe, während des Spiels zweistimmige Musik im Hintergrund laufen zu lassen. Das war für den KC revolutionär.

Wie hast du deine Spiele verbreitet?

Meist über Kumpels, die auch Zugang zu den DDR-Computern hatten, etwa in der Schule. Die große Tauschbörse war die Leipziger Frühjahrs- und Herbstmesse. Da der KC-Computer in den Betrieben sehr verbreitet war, fand man ihn fast auf jedem zweiten ostdeutschen Messestand. Ich ging zu den Ausstellern an den Stand und erzählte, dass ich ein neues Spiel programmiert hatte. Das wurde mit größter Euphorie aufgenommen und eine Version des Spiels sogleich installiert. In den nächsten Tagen konnte ich beobachten, wie sich das Spiel explosionsartig auf der Messe verbreitete. Es wurde öffentlich an den Ständen gespielt. Das war natürlich eine Genugtuung. Innerhalb kurzer Zeit hatte ich mir einen Namen gemacht und war bei den Ausstellern bekannt. Auf ähnliche Weise funktionierte praktisch der gesamte Spielemarkt in der DDR. Finanzielle Interessen hat man dabei nicht verfolgt; auch wenn es einige wenige kommerziell vertriebene Spiele gab.

Mit der politischen Wende kam das Aus?

Mir war klar, dass keiner mehr den veralteten KC-Computer brauchte. Jeder hatte nun Zugang zu den westlichen Computern, die über umfangreiche Profisoftware verfügten.

Mittlerweile hatte mein Jurastudium (von dem ich mir nicht unerheblichen späteren Reichtum versprach) begonnen. Auch meine Interessenschwerpunkte lagen nun woanders – Mädchen, Reisen, eigene Band, Musik. Das war es also mit der Programmierkarriere. Trotzdem bin ich noch viele Jahre ein leidenschaftlicher Computerzocker geblieben.

Viele Spiele-Programmierer von damals entwickeln heute nicht mehr.

Vielleicht liegt es daran, dass es für eigenprogrammierte Software kaum eine Notwendigkeit gibt. Alles Erstrebenswerte steht bereits zur Verfügung. Unsere Situation war damals die, dass wir keine Software hatten. Wer also zocken wollte, der musste sich seine Spiele selber schreiben.

»HASE UND WOLF« AUS DEM RADIO

Andreas Hakel aus Cottbus ist einer der wenigen, die einen KC 85 privat besitzen. Eines seiner Spiele wird im Radio ausgestrahlt; eines kann er an Mühlhausen verkaufen.

Um 1980 war ich als technikbegeisterter Schüler Mitglied bei der Station Junger Naturforscher und Techniker und habe mich mit Elektronik beschäftigt. Als es in der DDR Gerüchte über einen Heimcomputer gab, wusste ich, dass ich auch einen haben will. Von den zwei möglichen KC-Varianten war der Kleincomputer aus Mühlhausen das interessantere System.

Mitte 1986, ich war damals 25 und hatte eine Ausbildung zum Nachrichtentechniker bei RFT absolviert, erfuhr ich vom geplanten Verkaufsstart des KC 85/3, wohl aus dem *Funkamateur*. Auf gut Glück fuhr ich nach Berlin zum RFT-Laden am Alexanderplatz und stand über Nacht in einer Schlange. Meiner Erinnerung nach war ich vielleicht der dritte von 50 Interessenten, als der Laden morgens öffnete. Alle hatten das Geld in bar dabei. Ich weiß nicht mehr, wie viele Geräte in den Verkauf gekommen sind, aber die Nachfrage war definitiv größer als das Angebot. Ich habe für ca. 3.500 Mark der DDR einen der wenigen frei verkauften KC 85/3 bekommen und dafür ungefähr fünf Monatslöhne ausgegeben.

Danach habe ich Abend für Abend ausprobiert, was man mit dem Computer machen kann. An Spielen gab es nicht viele und schon gar keine guten, weil sie alle in BASIC geschrieben waren. Ich erinnere mich noch an »Teddy geht angeln«. Also wollte ich selber Spiele programmieren und erlernte aus Büchern die Maschinensprache des Prozessors U 880. Damit konnte man die Hardware des KC 85 direkt ansprechen und schnellere Ausgaben erzielen. Weil ich keinen Assembler hatte, musste ich die Befehle in Hexcodes umwandeln und mühsam direkt in den Speicher eintippen. Anders als zum Beispiel in einem Texteditor ließ sich nichts Neues einfügen, ohne manuell eine Lücke zu schaffen. Vielleicht vergleichbar mit einem vollen Bücherregal, in das nur ein neues Buch passt, indem man andere Bücher verschiebt – und alle Verweise auf die anderen Bücher an anderer Stelle mit der Hand anpasst. Jeder Probelauf war ein Risiko: Mit Pech stürzte der Computer ab, und alles an neu geschriebenem Code war verloren und musste neu erdacht und eingegeben werden. Wenn es gut ging, speicherte ich das Programm auf Kassette. So habe ich nach einer Anregung durch »Pac-Man« und den sowjetischen »Hase und Wolf«-Trickfilmen aus dem Fernsehen ein gleichnamiges Spiel geschrieben.

Die Szene der Computerfans in der DDR wuchs ständig; und so wurde auch das Radio darauf aufmerksam. Im Jugendradio DT 64 wurden Programme ausgestrahlt. Es waren ja nur kreischende Töne, die man mitschneiden konnte – und jeden anderen Hörer unendlich genervt haben müssen. Über das Radio wurde so auch mein Spiel »Hase und Wolf« gesendet.

Angespornt durch bessere Spiele wollte auch ich etwas Niveauvolleres entwickeln und schrieb 1989, wieder in Maschinencode, »Vier gewinnt« nach der Idee des gleichnamigen Spiels aus Kunststoff.

Kurz vor Ausstrahlung dieses Spiels über das Radio erhielt ich einen Brief aus Mühlhausen. Telefone in Privathaushalten gab es ja kaum. Sie wollten mir mein Spiel abkaufen. Dazu musste ich schnell die Ausstrahlung über das Radio stoppen und nach Mühlhausen fahren. Dorthin waren eine Handvoll von Hobby-Entwicklern aus mehreren Städten eingeladen; wenn ich mich recht entsinne, waren die Programmierer von »Digger« und »Ladder« mit dabei. Uns wurde der neue KC 85/4 vorgestellt, auf dessen Hardware wir unsere Spiele anpassen sollten. Das Gerät wurde uns als Leihstellung mitgeben. Wir hätten ihn auch verbilligt kaufen können, aber das war mir zu teuer. Leider hatte der verbesserte KC 85/4 eine ganz andere Grafikausgabe; und weil die Spiele auf beiden Systemen, also KC 85/3 und KC 85/4, laufen sollten, hieß das viel Arbeit in kurzer Zeit für die

Umprogrammierung und die geforderte Dokumentation des Codes. Für diesen Aufwand erhielt ich 500 Mark der DDR, musste aber auch auf die Namensrechte verzichten. Danach erschienen Kassetten mit diesen Spielen, die nicht lange erhältlich waren, da mit der Wende die KCs nicht mehr gefragt waren. Alle wollten jetzt einen C64 oder Atari haben.

Insgesamt hat mir diese Zeit viel für meine weitere Entwicklung gebracht. So habe ich danach Informatik studiert und war bei Siemens ein Spezialist für Telefonanlagen, die gerade als programmierbare Systeme den Markt eroberten. Noch heute spiele ich gern mittels eines Emulators die alten Spiele von damals und auch gern das von mir geschriebene »Vier gewinnt«.

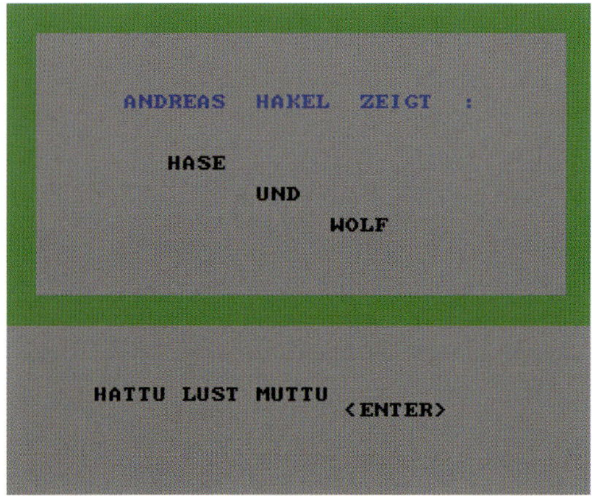

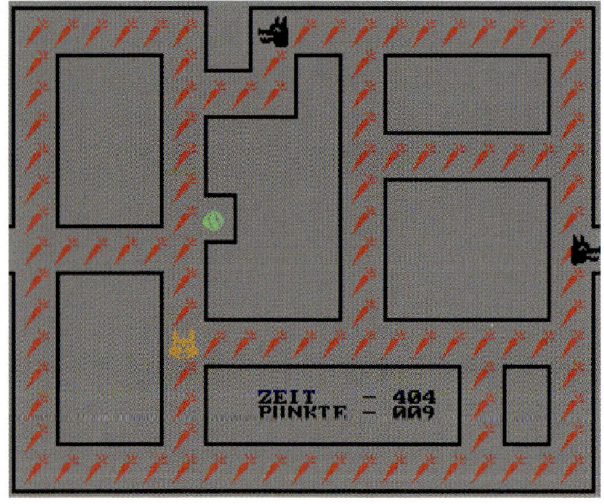

Hase und Wolf aus dem Radio von Andreas Hakel

3.000 MARK HONORAR FÜR EIN COMPUTERSPIEL

Erst die bunten Kleincomputer erwecken die Liebe von Detlef Paulin zu Spielen. Eines wird sogar von Mühlhausen veröffentlicht.

Im Mathematik-Studium an der Karl-Marx-Universität in Leipzig hatte ich 1977 die ersten Kontakte zur Rechentechnik. Auf natürliche Weise virengeschützt wurden die Programme auf Lochkarten gespeichert. Den Lochkartenstapel gab man an einem Schalter ab – den Rechner selbst hab ich nie zu Gesicht bekommen. In der Regel konnte man die Ergebnisse als Ausdrucke auf Endlospapier einen Tag später abholen. Das konnten selbst bei einem einfachen Fehler, etwa in einer Schleife, auch mal 20 und mehr Seiten sein. Jeder Fehler, egal ob vertippt oder im Programm, kostete also einen Tag. Deshalb ist unsere Generation auch so penibel beim Programmieren.

Beruflich hatte ich später am Bürocomputer A 5120 teilweise noch 8-Zoll-Disketten zu tun. Einen Fortschritt stellte die Arbeit am PC 1715 und am EC 1834 dar. Nebenbei kam ich um 1988 mit dem Heimcomputer KC 85/3 in Kontakt. Die ersten Programme habe ich noch in BASIC geschrieben. Zu dieser Zeit kaufte ich mir privat einen ZX Spectrum für irre 4.000 Mark. An ihm brachte ich mir den Maschinencode des Z80-Prozessors bei, zu dem der in KC 85/3 verwendete U 880 weitgehend kompatibel war. Es wurde nun zu meinem Hobby, Spiele zu programmieren. Die ersten Spiele für den KC 85/3 entstanden am ZX Spectrum, da ich dafür einen Assembler hatte.

Gleichzeitig bildete sich im Ort, in Löbau in der Oberlausitz, eine kleine lose Szene von einer Handvoll Computer-Enthusiasten. Durch die unterschiedlichen Möglichkeiten, an Software zu gelangen, konnte man sich gegenseitig unterstützen und Programme austauschen.

Bei den Spielideen bin ich am meisten von den Programmen am ZX Spectrum beeinflusst worden. »Deliro« ist angelehnt an »Pac-Man«, aber auch an das KC-Spiel »Hase und Wolf«. Besonders zufrieden bin ich mit »Draisine«. Zum einen, weil man gegen die aktuelle Bestenliste fährt. Und zum anderen, weil für den Erfolg ein ständig angepasster Rhythmus von Tastaturanschlägen notwendig ist. Einfach nur schnell auf die Tasten zu hämmern, bringt hier keinen Sieg. Weil es für den KC kaum Adventure-Spiele gab, kam ich auf die Idee von »Max im All«, wenn man es großzügig in diese Rubrik einordnen will.

Deliro

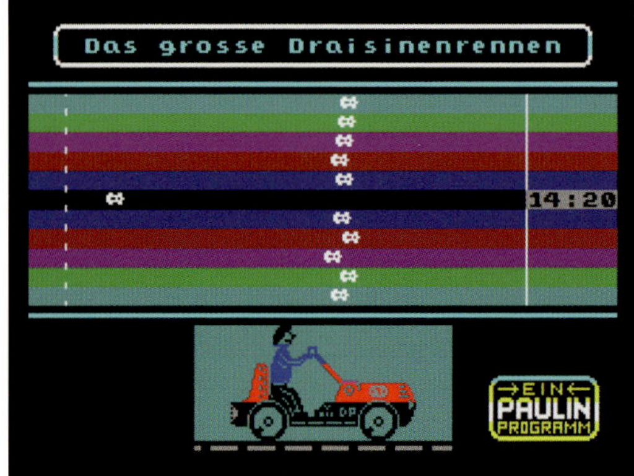

Draisine

Aber natürlich halten meine Programme dem Vergleich mit Spielen vom ZX Spectrum, Commodore 64 oder gar Amiga nicht stand. Dafür bin ich im falschen Land und zu spät mit Heimcomputern in Kontakt gekommen.

Während des Programmierens erlebte ich eine Demonstration, dass unser Gehirn offensichtlich auch unterbewusst Probleme lösen kann. Das betreffende Spiel stürzte an einer Stelle ab, und ich suchte den Fehler ohne Erfolg bestimmt über mehrere Tage. Am Wochenende ging ich mit meiner Frau aus, und während wir tanzten, hatte ich plötzlich eine Eingebung und den Fehler lokalisiert. Damit war das Problem (und der Abend mit meiner Frau) gerettet.

Mein Spiel »Deliro« bot ich 1989 dem VEB Mikroelektronik »Wilhelm Pieck« Mühlhausen an. Es funktionierte aber nicht auf dem neuen KC 85/4. Deshalb bekam ich einen der neuen Heimcomputer gestellt und passte mein Spiel entsprechend an. Dieses erschien auf der Kassette »Spiele 6«.

Mach 1

Max im All

Wenn ich mich richtig erinnere, bekam ich für das Programm 3.000 Mark. Wie oft die Kassette verkauft wurde, weiß ich leider nicht. Meine anderen Spiele stellte ich auf einer Kassette zusammen, die ich unter anderem über Anzeigen in der kurzlebigen Zeitschrift Bit Power anbot. Aber mit dem Ende der DDR starb auch die Nachfrage nach DDR-Heimcomputern.«

DER STOLZ EINES GANZEN DORFES

Die Aufbruch-Stimmung in den achtziger Jahren macht selbst vor den kleinsten Orten nicht Halt. Als sich die Familie von Chris Uhlig einen Computer anschafft, wird er zur Attraktion eines ganzen Dorfes.

Wir wohnten in Dittmannsdorf, einem kleinen 700-Seelen-Dorf nahe Karl-Marx-Stadt (dem heutigen Chemnitz). Die ehemalige Kreisstadt Flöha war für uns die naheste Gelegenheit, etwas von der neuen Technik zu sehen und zu lernen. Die dortige Volkshochschule bot Kurse in BASIC an, die in der Betriebsschule abgehalten wurden. Bei den Rahmen-Veranstaltungen im Vorfeld der Jugendweihe ging es meist nach Karl-Marx-Stadt, um die VEBs der Textilbranche in Natur zu erleben. Die Arbeiter dort waren so stolz auf ihre CAD-CAM-Rechner von Robotron für die Muster an den Strickmaschinen. Der Besuch der MMM-Bezirksmesse war ebenso aufschlussreich. Die Exponate der Jugendgruppen hatten meist etwas mit Automatisierungen in Industrie und Landwirtschaft zu tun. Interessanterweise zum größten Teil mit einem Kleincomputer umgesetzt. Das war schon ein Aha-Erlebnis.

Mein Vater, Günther Uhlig, verdiente als Maurer gut; und so fuhr er um 1987 herum kurzerhand mit dem Zug nach Dresden und konnte im Fachhandel einen Kleincomputer einfach mitnehmen. Ohne Beziehungen und ohne langes Warten. Es waren ein KC 83/3, der LCR-C-Datenrekorder und ein paar offizielle Spielekassetten. Der Kassettenrekorder hatte einen Fehler und konnte die Daten nicht einlesen; darum musste mein Vater am nächsten Tag noch mal nach Dresden fahren, um ihn umzutauschen. Als Speichererweiterungen kamen preisgünstig gekaufte Originale aus zweiter Hand und nachgebaute Module zum Einsatz.

Ich bin mir sicher, dass nicht wenige im Ort etwas neidisch waren. Bis auf uns Jugendliche, die Computer von Besuchen verschiedener Kombinate oder Messen kannten, hatten die meisten noch nie einen gesehen. Und in einem kleinen Dorf lassen sich solche Neuigkeiten schlecht verbergen – der Buschfunk und Dorftratsch funktionierten besser als 5G.

Einige der Arbeitskollegen meines Vaters waren schon vorher sehr mit dem Amateurfunk verbunden; von daher hatte er gute Beziehungen zu den Leuten mit dem nötigen Wissen. Ich war zu der Zeit noch zu sehr mit der Schule beschäftigt, warf aber natürlich schon einige Blicke in die Literatur meines Vaters – Bücher und die Zeitschrift *Funkamateur*.

Wie damals üblich, lief unser KC über einen Junost-Fernseher, den wir von einem Bekannten erhielten. Von den Farben sahen wir nur Grautöne. Dafür war er hochgerüstet: Für Spiele tat der Joystick-Anschluss Wunder; und die Speicher-Erweiterungen sorgten für genug Platz auch für anspruchsvolle Programme. »Calypso« war eines dieser berüchtigten Spiele, für die man RAM ohne Ende benötigte.

Ein besonderes Steckenpferd war das Apfelmännchen; jene aus komplizierten Formeln gebildete filigrane Figur. Die Programme fand mein Vater in Büchern, privat oder aus der Bücherei, oder er tauschte mit Gleichgesinnten Programme über den guten alten Postweg. Grobe Bilder brauchten nur ein paar Stunden. Aber Bilder mit mehr Iterationen und Tiefen-Zoom benötigten schon mal eine Woche. Da freute man sich jeden Morgen, wenn wieder ein paar Bildzeilen mehr am Monitor zu sehen waren. Strom-Schwankungen und ähnliches konnten einem schnell einen Strich durch die Rechnung machen: Das Programm stürzte ab; und man durfte von vorn beginnen. Aber wenn alles funktionierte, freute man sich riesig und speicherte das neue Kunstwerk gleich auf Kassette.

Kleincomputer in einem Geschäft: 2450 Mark für den Rechner, 1250 Mark für den Kofferfernseher

Hard- und Software Angebot fuer KC 85/1-4 und KC 87

Stand: 19.4.89

****

Nachnahmeversand ist moeglich;

Bestellungen an das:

CENTRUM Warenhaus Dresden

Prager Str. 17

Dresden

8 0 1 2

- 1. KC 85/2-4: Hardware

KC 85/4	4600.-M
D002 (Busdriver)	1580.-M
dig. IN/OUT Modul	405.-M
TEXOR	775.-M
16 K RAM	580.-M
FORTH	775.-M
DEVELOPMENT	775.-M
V24 Modul	775.-M
USER Modul	205.-M
Adapter	95.-M
64 K RAM Modul (z. Z. Warteliste)	700.-M

- 2. KC 85/2-4: Software (Kassette)

C 0163 Spiele 2	38.-M
C 0164 Spiele 3	38.-M
C 0166 Spiele 4	38.-M
C 0124 Zeichenbilder	52.-M
C 0131 Progmix	52.-M
C 0151 Integration	129.-M
C 0152 Approximation	52.-M
C 0165 Schach (z. Z. Warteliste)	89.-M
C 0162 Spiele 1	38.-M

Kassettenversion TEXOR/ DEVELOPMENT/FORTH je 45.-Mark (bei diesen Kassetten ist ein 16 K RAM notwendig-auch fuer den KC 85/4)

- 3. Z9001/KC 85-1/KC 87: Hardware

KC 87 Color	2450.-M
KC 87 s/w	2150.-M
Editor/Assembler	45.-M
Farbmodul (KC 85/1)	390.-M
ROM Modul	310.-M
Adapter	68.-M
Zugentlastung	625.-M
Programmierhilfe	140.-M
16 K RAM	618.-M
ADU Modul	662.-M
E/A Modul	400.-M
Programmiermodul	368.-M
Schreibmaschmodul	685.-M

- 4. Z9001/KC 85-1/KC 87: Software

IDAS	45.-M
R 0165 Spiele (MASTER SKEET NIM MOND OTHEL0)	89.-M
R 0166 Spiele (AUTOCR HALMA TRUMPF WORTE ZIELE)	89.-M
Satz Handbuecher	21.-M
BASIC MIX1 (INFO GREKAL MEMORY PASCH PERDAT MORSET)	60.-M
BASIC MIX2 (INFO HOBBIT FLOHSP SLALOM TBVERZ BUDGET)	60.-M

##################################

Nachnahmebestellungen bitte per Postkarte an das

CENTRUM-Warenhaus Abt. RFT

##################################

DER LETZTE HEIMCOMPUTER DER DDR

Ende der achtziger Jahre werden die beiden Kleincomputer-Reihen durch neue Modelle abgelöst. Robotron wendet sich dem für Schulen gedachten Bildungscomputer A 5105 zu, netzwerkfähig und CP/M-kompatibel. Und Mühlhausen dem KC compact.

Der KC compact des Autors, erworben im Mai 1990

Gewollt ist das nicht. Gerade hat man für den KC 85 eine Disketten-Erweiterung herausgebracht; ein zweiteiliges Gerät mit einer Basis, die im Prinzip ein eigener CP/M-tauglicher Computer ist, und dem eigentlichen Diskettenlaufwerk. Für die Ingenieure ist es nicht gerade ein Herzensprojekt, statt der bisherigen Kleincomputer-Linie nun einen Westcomputer kopieren zu müssen. Denn während die bisherigen KC-Computer Eigenentwicklungen sind, die keine Vorbilder haben, ist der KC compact ein waschechter Klon des Amstrad CPC, der seit fünf Jahren auf dem Markt ist (in Westdeutschland zunächst als Schneider CPC, bis Amstrad 1988 eine deutsche Niederlassung errichtet).

Der CPC wird als Muster ausgewählt, weil er im Gegensatz etwa zum Commodore 64 und zum Atari 800 mit dem Z80-Prozessor arbeitet. Den produziert die DDR als U 880 seit Jahren und in größeren Stückzahlen. Für westliche Chips müssten teure Devisen gezahlt werden; und die leistungsfähigeren fallen ohnehin unter das Import-Embargo, unter dem alle Länder des Ostblocks leiden. Zudem ist der CPC nicht mit einem raffinierten Grafikchip zum schnellen Bewegen von Sprites (Grafikobjekten, die sich auf den Hintergrund legen) ausgerüstet wie der C64 und somit weniger aufwendig nachzuahmen.

Als der neue Computer Ende Oktober 1989, wenige Tage vor dem Fall der Mauer, zum ersten Mal in größerer Runde auf einer Computer-Tagung vorgestellt wird, ist die Begeisterung verhalten. Zumal der Referent aus Mühlhausen das Gerät noch nicht dabei hat.

Manche hatten einen 16-Bit-Computer erwartet. Manche fragen sich, wieso ein weiterer 8-Bit-Computer gebaut werden soll, der nicht zu den vorhandenen der gleichen Leistungsklasse kompatibel ist. Manche sind stolz auf den bisherigen KC 85, weil er gerade nicht ein Klon ist wie die meisten Computer aus dem Ostblock, sondern eine DDR-eigene Entwicklung. Nicht mal im westlichen Nachbarland, in der Bundesrepublik, gibt es einen Heimcomputer aus eigener Produktion.

Dabei ist der KC compact nicht schlecht. Er hat Anschlüsse für Kassettenlaufwerk, Antennenausgang und RGB, Joystick, Drucker, eine Stereo-Buchse und einen Erweiterungsport, für den vor allem ein geplantes Diskettenlaufwerk gedacht ist.

Er ist mit 4 MHz getaktet, flotter als die bisherigen KC-Modelle, und mit 64 KB RAM ausgestattet, von denen 42 KB frei verfügbar sind. Da der Prozessor nur 64 KB Speicher ansprechen kann, müssen die 32 KB ROM je nach Einsatz häppchenweise in den Adressraum eingeblendet werden. Das Betriebssystem samt BASIC ist dem CPC entliehen, schon allein um die gewünschte Kompatibilität zum Westrechner zu gewährleisten.

Als Videocontroller verwendet der KC compact den CM 607, einen bulgarischen Nachbau des Originalchips 6845, den verschiedene westliche Hersteller produzieren. In einem Gerät findet ein Sammler stattdessen einen offenbar importierten 6845-Chip; in der DDR ist es nicht ungewöhnlich, dass je nach Verfügbarkeit selbst innerhalb einer Modellserie teilweise aus dem Westen importierte Chips, osteuropäische Nachbauten oder Klone aus

DDR-Produktion zum Einsatz kommen. Der KC compact ist gleich dem CPC kein Grafikwunder wie der C64, unterstützt aber eine Auflösung von bis zu 640 x 200 Punkten. Das erlaubt 80 Zeichen pro Zeile und damit eine komfortable Textverarbeitung.

Eine deutliche Verbesserung ist der Sound. Bisherige Computer in der DDR erzeugen einfache Melodien mit einem Piepser. Beim KC compact kommt ein Soundchip zum Einsatz, ein dreistimmiger AY-3-8910 von General Instrument, der unter anderem im CPC arbeitet. Er soll künftig unter der Bezeichnung U 8912 in der DDR nachgebaut werden.

Für das Gehäuse erwirbt Mühlhausen die Fertigungstechnik des Bildungscomputers A 5105 von Robotron. Daher sehen beide Computer, abgesehen vom Schriftzug, gleich aus.

Seine Premiere hat der KC compact erst zur Leipziger Frühjahrsmesse im März 1990. Viel Aufmerksamkeit erreicht er nicht. Selbst im Computermagazin *MP – Mikroprozessortechnik* wird er nur im Rahmen des Messeberichts vorgestellt. Erst in der Juli-Ausgabe der Zeitschrift *rfe* erscheint ein dreiseitiger Testbericht.

Den Hersteller ficht das nicht an. Noch im Sommer 1990 gibt Mühlhausen Kunden bereitwillig Auskunft über das Zubehör. Im Angebot sind 12 Tonbandkassetten zu je 38 Mark mit je einer Handvoll Spielen, eine Textverarbeitung für 45 Mark sowie Pascal und Assembler für je 52 Mark.

»Programme von CPC 464 und 664 sind zu 90 % einsetzbar. Wir haben erst eine geringe Zahl von nicht lauffähigen Programmen herausgefunden«, weiß Mühlhausen. Um das Angebot an Software zu verstärken, kooperiert der Hersteller mit dem DMV-Verlag aus Eschwege, der ein Amstrad-Magazin herausgibt. DMV nutzt die Vertriebsstrukturen von Mühlhausen, um seine Zeitschriften in der DDR zu verbreiten – und soll die Kunden des KC compact mit CPC-Software versorgen.

Doch zu diesem Zeitpunkt, wenige Wochen nach seiner Markteinführung, wird der Computer bereits verramscht. So erwirbt der Autor dieses Buches am 23. Mai 1990 an einem Straßenstand in Erfurt einen KC compact für 250 Mark der DDR. Auf der Packung steht noch der ursprüngliche EVP, der Einzelhandelsverkaufspreis, von 2.300 Mark, bereits durchgestrichen und durch (ebenfalls nicht mehr aktuelle) 999 Mark ersetzt, die einem Monatseinkommen in der DDR entsprechen. Für ein nacktes Gerät ohne Kassettenrekorder und ohne Bildschirm. Die Seriennummer: 001244.

Es ist kein guter Zeitpunkt für einen neuen DDR-Computer. Die Währungsunion steht vor der Tür, zum 1. Juli 1990 wird das DDR-Geld 1:2 in Westmark umgetauscht; und selbst für 2.300 DM geteilt durch zwei könnte man sich einen gleichwertigen Amstrad CPC kaufen, mit eingebautem Kassettendeck. Und man hätte noch genug Geld übrig, um außerdem einen C64 mit Diskettenlaufwerk und Farbmonitor zu erstehen.

Auch die Fachmagazine berichten neuerdings lieber über Westcomputer statt über den DDR-Klon eines Westcomputers. So geht die *MP – Mikroprozessortechnik* eine redaktionelle Kooperation mit der *c't* ein.

Überraschenderweise erscheint am Ende sogar das versprochene Diskettenlaufwerk. Es kommt mit einem Controller-Gehäuse, das selbst mit 64 Kilobyte RAM und 8 Kilobyte ROM ausgerüstet ist, und dem eigentlichen 5,25"-Zoll-Laufwerk. Von Diskette lässt sich MicroDOS laden, eine DDR-Variante von CP/M.

5,25"-Diskettenlaufwerk mit Ansteuerung für den KC compact

Heute ist der KC compact nahezu ausgestorben, zumal er nicht nur Sammler von DDR-Rechnern, sondern auch von CPC-Modellen anzieht. Während man die einzige Spielkonsole der DDR, das Bildschirmspiel 01, praktisch ständig auf Ebay erwerben kann, obwohl nur 1.000 Geräte existieren, bekommt man den letzten Heimcomputer der DDR sehr selten angeboten. Noch viel rarer ist das Diskettenlaufwerk.

veb mikroelektronik » wilhelm pieck « mühlhausen
im veb kombinat mikroelektronik

veb mikroelektronik - wilhelm pieck - mühlhausen, 5700 Mühlhausen, Eisenacher Str. 40

Betrieb der sozialistischen Arbe

Herrn
Rene Meyer

Zweinaundorfer Straße 15

Leipzig

7 0 5 0

Ihre Zeichen	Ihre Nachricht vom	Unser Hausruf	Unser Zeichen	Datum
	28.5.90	53 209	schi/wi	11.6.90

Sehr geehrter Herr Meyer!

Ich bedanke mich für Ihre Zuschrift und möchte Ihnen Ihre Fragen beantworten.

Das Angebot an Hard- und Software lege ich diesem Brief bei, die Preise und Lieferbedingungen erfragen Sie bitte telefonisch, da mit der Umstellung der Währung erhebliche Belastungen in unserem Absatz aufgetreten sind und ich Ihnen auch nicht verbindlich mitteilen kann, ob Ware am Lager ist.

Zum KC compact ist eine Erweiterung mit einer Diskettenansteuerung und einem Diskettenlaufwerk in Vorbereitung. Es sind dann insgesamt zwei Laufwerke anschließbar.

Als Drucker kann ich Ihnen alle Geräte mit Centronics-Interface empfehlen, der VEB Mikroelektronik vertreibt solche Geräte nicht, ich gebe Ihre Bitte aber weiter.

Programme von CPC 464 und 664 sind zu 90% einsetzbar. Wir haben erst eine geringe Zahl von nicht lauffähigen Programmen herausgefunden.

Da im Handel noch keine solche Software angeboten wird, bemüht sich mein Betrieb zur Zeit um die Vertriebsrechte solches Software aus dem DMV-Verlag Eschwege. Es ist uns bereits gelungen das Zeitschriftenangebot dieses Verlages zu vertreiben, die Gespräche zum Softwarevertrieb stehen vor dem Abschluß. Ich bitte Sie hier um ein wenig Geduld.

V/12/1 Ri G 02/10/83 20 69

Fernsprecher:
8 30 Auskunft

Fernschreiber
061 8720 MPM dd
061 8749 Besch. und Absatz

Bankverbindung:
Staatsb. Mühlhausen
Kto.-Nr. 4031-18-3
Postscheckkonto:
Erfurt 7299-52-10090

Fondsträger:
0453
Betr.-Nr.:
04 74 4036

BILDUNGSCOMPUTER A 5105

1985 erteilt das Politbüro den Auftrag, »konkret auszuarbeiten und vorzuschlagen, wie im Zeitraum 1986–90 der Bedarf an Informationsverarbeitungstechnik für die Bildungseinrichtungen durch die Mitnutzung der in der Wirtschaft vorhandenen und künftig zu installierenden Geräte und durch den Ausbau bzw. Aufbau einer eigenen materiellen Basis gedeckt wird«.

Bildungscomputer (BIC) A 5105

Das mündet in dem Vorhaben, die bisherigen Kleincomputer zunächst weiter zu verwenden, aber gleichzeitig einen neuen Computertyp speziell für den Einsatz im Bildungsbereich zu entwerfen: den Bildungscomputer A 5105, kurz BIC. Entwickelt wird er von Robotron Dresden gemeinsam mit Experten aus dem Bildungswesen. Ganz in der Anmutung eines Bürorechners besteht er aus einem Grundgerät mit Tastatur, einer Disketteneinheit mit Netzteil und einem Monitor. Vier Vorzüge zeichnen ihn aus:

- Der BIC läuft mit SCP, der DDR-Version des verbreiteten Betriebssystem CP/M. Er ist damit kompatibel zum Bürorechner PC 1715. Textverarbeitungen, Datenbanken, Tabellenkalkulationen, Grafikprogramme und viele tausend andere Programme werden angeboten.

- Neben den für DDR-Kleincomputer typischen Tonbandkassetten zum Speichern und Laden von Programmen gibt es Disketten. Sie bieten einen deutlich schnelleren Zugriff und eine höhere Kapazität.

- Mehrere Computer können miteinander verbunden werden, um z.B. einen gemeinsamen Drucker zu nutzen oder das Bild des Lehrers auf allen Monitoren einzublenden.

- Er ist mit vielen Anschlüssen ausgestattet, für Messgeräte, Drucker, Plotter und Joysticks.

Der BIC wird in Dresden gefertigt; seine Einzelteile kommen jedoch aus der ganzen Republik. Der Monitor aus Sömmerda, die Tastatur aus Auerbach, die Platinen aus Riesa, das Gehäuse aus Radeberg und das Diskettenlaufwerk aus Karl-Marx-Stadt.

Im Herbst 1988 werden die ersten 30 Geräte an Schulen, Berufsschulen und Hochschulen zur Erprobung übergeben. Der BIC ist auch Mittelpunkt einer Teststrecke im Informatikzentrum des VEB TT-Bahnen Berlin. Dort werden in zunächst 136 Klassen an neunzig Berliner Oberschulen im Rahmen des Faches ESP (Einführung in die sozialistische Produktion) 30 Stunden die Grundlagen der Informatik gelehrt.

Im Februar 1989 beginnt die schrittweise Einführung des 11.000 Mark teuren Computers. Das liegt vor allem an den niedrigen Produktionszahlen: Ende August 1989, kurz vor dem Beginn des neuen Schuljahres, sind erst 1.000 Geräte produziert.

Insgesamt werden bis zum Ende der DDR nur 5.000 Bildungscomputer gefertigt. Davon werden 2.000 Restbestände des Grundgerätes mit Tastatur, das mit einem externen Netzteil auch ohne Disketteneinheit funktioniert, nach der Wende unter dem Namen Alba PC verkauft.

COMPUTER AUS DEM WESTEN

Auch Computer aus dem Westen sind in der DDR verbreitet, genau wie Taschenrechner oder Kassettenrekorder »von drüben«. Sie sind nicht nur in Haushalten begehrt; selbst mancher Betrieb schafft sich Westcomputer an. Zum einen, weil sie leistungsfähiger sind; zum anderen, weil sie einfacher zu beschaffen sind als die chronisch vergriffenen DDR-Computer. In Einzelfällen bringen sogar Mitarbeiter ihre eigenen Westcomputer mit auf Arbeit, um grafische Berechnungen vorzunehmen. Sie werden nicht offiziell vertrieben; aber es gibt viele Möglichkeiten, an ein Gerät zu gelangen:

- Als Geschenk von Westverwandten, die den Osten besuchen, oder als Mitbringsel von DDR-Bürgern, die den Westen besuchen. Das ist Rentnern möglich oder Bürgern, die aufgrund ihrer Tätigkeit als sogenannte Reisekader gelten, etwa Wissenschaftler, Künstler oder Sportler. Für sie gelten die Reisebeschränkungen nicht. Das Einführen von Technik ist unproblematisch, da die DDR bestrebt ist, bei der Verbreitung von Konsumgütern an den Westen aufzuschließen.
- Die DDR unterhält mehrere hundert Ladengeschäfte, in denen Westprodukte gegen Westwährung verkauft werden: die Intershops. Sie sind nicht selten in oder neben Interhotels platziert, in denen vor allem Westdeutsche einkehren. Ab 1979 müssen auf Drängen der Sowjetunion DDR-Bürger einen Umweg gehen und mit Forumschecks bezahlen (benannt nach dem Außenhandelsbetrieb Forum), die sie zuvor auf der Bank gegen Westgeld eingetauscht haben. Dennoch akzeptieren Intershops meist auch von Ostdeutschen Westgeld. Die Intershops verkaufen Zigaretten, Süßigkeiten, Parfum und Technik. Ein Commodore 64 aus dem Intershop kostet nicht viel mehr als im Westen, Mitte der achtziger Jahre also rund 400 DM. Da unter der Hand Westgeld zu einem Kurs von rund 1:5 bis 1:8 eintauschbar ist, ist der Intershop ein verhältnismäßig günstiger Weg, um an einen Westcomputer zu gelangen. Nachteil: Das Angebot an Computertechnik im Intershop ist sehr überschaubar und umfasst im Grunde nur den Commodore 64 und den Atari 800XL und den 130XE.
- In Gebrauchtwarenläden (die in der DDR kurz A&V für An- und Verkauf heißen) sowie in Heimelektronikgeschäften wird auch gebrauchte

Technik aus dem Westen angeboten, meistens Kassettenrekorder und hin und wieder auch ein Computer. Gerade in Berlin durch die Nachbarschaft zu Westberlin und in Leipzig durch die Messebesucher ist das Angebot groß.

- Zunehmend werden Computer über Kleinanzeigen in Tageszeitungen und Fachmagazinen wie *Funkamateur* angeboten.

- Die führenden Politiker der DDR leben mit ihren Familien in der Waldsiedlung Wandlitz bei Berlin. Dort werden Bestellungen im Westen als »Sonderversorgung« aufgegeben. Für »Sofortaufträge« der Bewohner, aber auch für ausländische Staatsgäste, sind vier Mitarbeiter zuständig. Sie werden nach Westberlin geschickt, um zum Beispiel das Hotelzimmer der First Lady der Sowjetunion, Raissa Gorbatschowas, mit einem Strauß Orchideen zu schmücken. Aber auch Computer, Videos, CD-Player und Kassettenrekorder für die Familien des Politbüros stehen in den achtziger Jahren regelmäßig auf dem Wunschzettel. So wünscht sich Erich Honeckers Enkel häufig neue Videospiele. Teilweise sind die Bestellungen handgeschriebene Zettel, teilweise Inserate aus Westzeitungen. Umsonst gibt es die Waren allerdings nicht: Für die Waren muss ein Preis in DDR-Mark bezahlt werden. Finanziert werden die Käufe über die KoKo.

- In den sozialistischen Nachbarländern gibt es zum Teil Westcomputer und deren Nachbauten im Handel. So vertreibt Commodore in Ungarn regulär die kleinen und preiswerteren Brüder des C64, den C16 und den C116. In der Tschechoslowakei ist der ZX Spectrum besonders beliebt: die Firma Didaktik Skalica produziert Nachbauten.

Westcomputer sind ein teurer Spaß. Gert Geyer zählt bereits zu DDR-Zeiten zusammen, was ihn sein Hobby gekostet hat: 17.660 Mark der DDR. Der Atari 800XL: 3.000 Mark. Das Disketten-Laufwerk: 3.500 Mark. Eine Diskette: 20 Mark.

Parallel zu den Clubs mit DDR-Rechnern gibt es auch Gruppierungen, die sich auf Westrechner konzentrieren. In Dresden etwa gründet Thomas Wedler Ende 1989 einen Atari-Club: »Ich fand bald einen kleinen Kreis von 15 bis 20 Usern, die von meiner Idee begeistert waren«, erzählt er dem *ST-Magazin*. »Rechtliche und materielle Unterstützung fand ich beim Kulturbund der DDR. Bedingung war allerdings, dass alle Club-Interessenten bereit waren, beim

Kulturbund mitzumachen, um zu dessen Finanzierung beizutragen.« Rund 40 Interessenten kommen zum ersten Treffen der »IG ATARI – Computerclub im Kulturbund der DDR«. Der Club wächst rasch an und ist einige Jahre aktiv.

Programme werden unter der Hand getauscht. Den Mangel an Software aus dem Westen machen sich Geschäftemacher zunutze, die Preislisten mit Hunderten von Titeln verschicken: »Bei Kauf erfolgt der Versand der gewünschten Programme auf einer neuen ORWO-Kassette per Nachnahme.« Was im Westen schon damals Abmahnanwälte auf den Plan bringt, interessiert in der DDR höchstens das Finanzamt.

Computer Atari 800 XL mit Datasette und 1 Joy	3000.-
Diskette XF551	3500.-
Schreibmaschine ERIKA	2400.-
120 Disketten *20.-	2400.-
20 Bücher *120.-	2400.-
Beschreibungen 1.-/S.	500.-
60 Cassetten *15.-	900.-
2 Quickshot 1	280.-
Disk/Cas-Boxen	100.-
~~Sonst. Zubehör~~	~~100.-~~
RAM-Disk Einbau	500.-
EPROM & Schaltung	150.-

	16230.-
Plotter	1000.-
Turbo-Steckmodul	150.-
2 Bücher	280.-

	17660
	======

DER GENEX-KATALOG: GESCHENKE IN DIE DDR

DDR-Bürger können nicht direkt bei Quelle oder Otto bestellen. Doch die SED findet eine abenteuerliche und letztendlich sehr erfolgreiche Lösung, um einerseits Bedürfnisse zu befriedigen und andererseits harte Währung zu erwirtschaften: die Versandbroschüre »Geschenke in die DDR«, besser bekannt als Genex-Katalog. Er enthält zahlreiche begehrte Produkte, die in der DDR nicht oder nur schwer zu bekommen sind – edle Süßigkeiten, Parfum, Schmuck, Technik und gar Fertighäuser.

Zielgruppe sind Westdeutsche, die ihren ostdeutschen Verwandten eine Freude machen wollen. Sie bestellen aus dem Katalog, bezahlen in DM, und die Lieferung erfolgt in die DDR. Deren Bürger sollen von dem Katalog nichts erfahren. Müssen sie auf ein Auto zehn Jahre und mehr warten, dauert die Wartezeit über Genex und mit harter Währung nur ein paar Wochen. Fahrzeuge machen auch den Löwenanteil des Umsatzes aus. Zwischen 1981 und 1988 werden 42.000 Wartburg und 39.000 Trabant über diesen Umweg verkauft, gefolgt vom VW Golf mit 13.000 Stück.

Für die Umsetzung arbeitet die ostdeutsche Genex Geschenkdienst GmbH mit zwei Agenturen zusammen: Jauerfood in Dänemark und Palatinus in der Schweiz. Genex hat rund 240.000 Kunden, die für 250 bis 300 Millionen DM jährlich bestellen. Daraus erzielt die DDR einen Gewinn von 40 Millionen DM.

Der Großteil des Genex-Angebots sind DDR-Produkte; es gibt jedoch auch Westwaren, darunter Büroartikel. So bietet der 228seitige Katalog von 1986 auf einer Doppelseite Tisch- und Taschenrechner von Sanyo, Schreibmaschinen von Robotron und Erika und zwei Heimcomputer mit Zubehör:

- Commodore 64 — 798 DM
- Commodore Plus/4 — 698 DM
- Farbmonitor — 1.149 DM
- Diskettenlaufwerk — 998 DM
- Kassettenlaufwerk — 160 DM
- Nadeldrucker — 698 DM
- 10 Disketten — 70 DM
- Joystick — 36 DM

Das Bestellen ist nicht viel komplizierter als bei normalen Versandhäusern. Nur leben Besteller und Empfänger eben in verschiedenen Ländern. Um ostdeutschen Verwandten einen Computer zu schenken, wird eine Bestellung aufgegeben, der Betrag auf das angegebene Konto überwiesen, und einige Wochen später wird das Gerät zoll- und versandkostenfrei an die angegebene Anschrift in der DDR ausgeliefert.

Jetzt machen wir ein Büro auf

12 **Floppy-Disk Speichereinheit «1541»**
Das richtige Gerät, zum schnellen Speichern und Aufrufen von größeren Datenmengen und Programmen. Einzellaufwerk mit eigener «Intelligenz» für 5¼ Zoll-Disketten. 174.848 Zeichen pro Diskette. An den Commodore sind bis zu 4 Einzellaufwerke anschließbar.
Lieferung incl. Netzkabel, Anschlußkabel zum Computer, Test/Demo-Diskette für Laufwerk «1541», Demo-Diskette für «C 64» und Bedienungshandbuch.
Maße (BHT) 20×10×37 cm, Gewicht 3,8 kg.
23.732 **998,-**

13 **Matrixdrucker «MPS 803»**
6×7 Matrix
Grafikfähiger Drucker zur Ausgabe von Daten. Groß- und Kleinbuchstaben, Negativschrift, Ziffern und Sonderzeichen. Papiertransport mittels Walze. Druckgeschwindigkeit 60 Zeichen pro sec.
Papierbreite max. 250 mm (A4 Hochformat mit Leporellorand), Druckbreite max. 80 Zeichen pro Zeile.
Lieferung incl. Netzkabel, Anschlußkabel für Commodore-Computer, Farbbandkassette und Bedienungshandbuch.
Maße (BHT) 34×10×21 cm, Gewicht 4,5 kg.
23.736 **698,-**

14 **Datasette «1531»**
mit Adapter
Spezielles Kassettenlaufwerk zum Speichern und Laden von Programmen und geringen Datenmengen auf handelsüblichen Kassetten.
Maße (BHT) 20×5×15 cm.
23.734 **160,-**

15 **Minidiskette 5¼ Zoll**
10-er Packung
Doppelte Aufzeichnungsdichte, mit Randlochverstärkung.
23.733 **70,-**

16 **Joystick «1342»**
1 Stück für Commodore «C 64»
Zur Steuerung von Spielen.
23.741 **36,-**

17 **Paddles** 2 Drehregler für Commodore «C 64»
Zur Steuerung von Spielen.
23.742 **39,-**

18 **Joystick «1341»**
1 Stück für Commodore «Plus 4»
Zur Steuerung von Spielen.
23.740 **45,-**

19 **Ersatz-Farbbandkassette Drucker «MPS 803»**
23.738 **25,-**

Endlospapier
A 4 hoch, 1-lagig, 2000 Blatt im Karton.
23.737 **115,-**

20 **Fachbuch «Computer Grundwissen»**
Macht in umfassender und allgemein verständlicher Form mit dem Thema Computer vertraut.
23.751 **26,-**

21 **Fachbuch «Computerspiele, Grafik und Musik»**
Einführung in die aufregende Welt der Computerunterhaltung mit fertigen Programmen zum Probieren.
23.752 **19,**

22 **Fachbuch «Alles über den Commodore C 64»**
Eine sinnvolle Ergänzung zu den Bedienungshandbüchern. Sowohl Anfär wie auch Fortgeschrittene entnehmen diesem Buch zusätzliche, wertvolle Tips und Techniken.
23.750 **59,**

41

Genex-Katalog aus dem Jahr 1986

WEIHNACHTSGESCHENK AUS DEM INTERSHOP

Im Alter von 13 Jahren erhält Bernhard Buss aus Neubrandenburg einen Atari-Computer zu Weihnachten – aus dem Intershop.

Ich kam 1987 als Dreizehnjähriger zum Atari 800XL mit Datasette aus dem Intershop. Wenn ich mich recht erinnere, hat alles knapp 250 DM gekostet. Es war ein Weihnachtsgeschenk meiner Eltern; das Geld war durch Westverwandtschaft geschenkt worden. Die Computerbegeisterung kam unter anderem dadurch, dass ein Teil des ESP-Unterrichts bei uns in der 8. Klasse als Informatik gelehrt wurde. Unsere Schule war dabei ein Pilotprojekt. Flächendeckend gab es dies erst 1-2 Jahre später. Wir hatten ein nagelneues Computerkabinett mit KC 85/3.

Ich saß länger auf dem Trockenen, weil ich kaum Software für den Atari hatte. Durch einen ehemaligen Klassenkameraden bin ich in Kontakt mit einem Spezialschüler gekommen. Er war auf einem Internat in Rostock für leistungsstarke Mathe/Physik-Schüler aus dem ganzen Norden. Dort waren Computer weiter verbreitet. Es war üblich, Programme gegen Geld oder andere Software zu tauschen – ich musste mir ja erst mal einen Grundstock aufbauen. Später habe ich per privater Kleinanzeige in der lokalen Zeitung Tauschpartner gefunden.

Ohne Westkontakte konnte man versuchen, »unter der Hand« sein Ostgeld zu Kursen zwischen 1:10 bis 1:20 zu tauschen. Ein Atari war zu der Zeit eher zu bekommen als ein Commodore 64. Der KC 85/3 kostete 1988 3.500 Ostmark und wurde Ende 1988 auf die Hälfte gesenkt. Die Wende war noch nicht in Sicht; und so hatte ein Mitschüler einen Großteil seines Jugendweihegelds »verloren«.

Ich erinnere mich gut, dass auch in der offiziell geförderten »Station junger Naturforscher« einige Atari-Computer standen. Diese Einrichtungen gab es in größeren Städten der DDR. Es war meist eine Auszeichnung, mal dorthin zu dürfen.

MIT DEM LÖTKOLBEN ZUM TURBO-LADER

Von einem Westbesuch bringt der Vater von Andreas Schwarz einen Atari-Computer mit nach Halle. Ohne Software. Ein Abenteuer beginnt.

Mein Vater, Hans-Jürgen Schwarz, durfte 1988 zum Geburtstag seiner Oma nach Reden bei Hannover – obwohl geschieden und gerade auf einem Partei-Lehrgang. Dafür Rückendeckung bekam er von seinem besten Freund, einem höheren Offizier beim Ministerium für Staatssicherheit. Ich finde es bemerkenswert, wie wenig dogmatisch man in den späten Achtzigern in der DDR mittlerweile war. Mit den richtigen Beziehungen ging mehr oder weniger fast alles.

Im Westen konnte er mit Hilfe seiner Oma in einer Conrad-Filiale einen Computer kaufen. Wenn ich mich richtig entsinne, lag der damals wohl meistgekaufte Rechner, der C64, bei 399 DM, während das Konkurrenz-Modell von Atari im Bundle mit einem Disketten-Laufwerk für 299 DM zu haben war. So entschied er sich für den Atari. Keine schlechte Wahl, denn dieser war in der DDR verbreiteter; vermutlich gerade wegen des günstigeren Preises.

Die Mitnahme des Gerätes in die DDR war wohl kein Problem, da 8-Bit-Technik nicht mehr den Ausfuhr-Beschränkungen der CoCom unterlag. Als Fernseh-Mechaniker war es meinem Vater leicht, ein Anschlusskabel für den Fernseher zu löten. Was schon eher kompliziert war, jedenfalls im ersten Moment: an Software zu kommen. Jedoch fanden sich schnell in der abonnierten Zeitschrift *Funkamateur* entsprechende Anzeigen zum »Erfahrungsaustausch«.

Eine kleine Hürde galt es noch zu nehmen: Ähnlich wie beim C64 war die Datenaufzeichnung per Kassette eine eher zweifelhafte und vor allem quälend langsame Sache. Man überlegte sich reiflich nach einer Ladezeit von 25 Minuten, ob man wirklich ein anderes Spiel laden wollte oder nicht doch lieber beim jetzigen blieb. In der DDR war für dieses Problem eine kleine Schaltung namens Turbo 2000 bei Atari quasi Standard. Damit luden die Programme in 20-30 Sekunden. Das Löten war eine Fingerübung für Papa.

An Software bin ich meist gekommen durch Tausch oder Kauf. Man erhielt per Brief eine Liste, hat sich Programme ausgesucht und dann die bespielten Kassetten per Nachnahme zugeschickt bekommen. Das meiste Geld ging dabei für die Leerkassetten drauf; eine kostete 20 Mark.

Ich war ein paar Mal bei Computer-Treffen. Sie fanden bei uns in einem Saal einer Kirche statt. Politische Eingriffe in das Hobby hab ich nicht erfahren; aber die Grenze war trotzdem völlig klar. Spiele wie »Raid over Moscow« oder irgendwelche Kriegs- oder gar KZ-Spiele waren tabu.

Zur Wendezeit durfte ich vom gesammelten Begrüßungsgeld für den ersten Besuch im Westen ein Disketten-Laufwerk kaufen, eine Floppy XF551 für 299 DM. Diese kostete im Intershop sogar deutlich weniger als in den Filialen bei Conrad. Nach der Wende hab ich mit ein paar Freunden eine Zeit lang ein Disketten-Magazin herausgegeben, das *Top-Magazin*. Genau genommen habe ich es hauptsächlich unterstützt, zum Beispiel durch das Bereitstellen eines EEPROM-Brenners.«

WESTCOMPUTER IM SOZIALISTISCHEN EINZELHANDEL

Als das Rundfunkgeschäft von Wolfgang Flohr mit dem Handel von Gebrauchtwaren beginnt, entwickelt es sich zu einem gefragten Umschlagplatz für Technik aus dem Westen.

Ab 1979 war ich als Verkaufsstellenleiter im Rundfunkgeschäft in Markkleeberg bei Leipzig bei der Handelsorganisation (HO). Wir hatten nicht nur die sogenannte »braune Ware« im Angebot, also Unterhaltungselektronik wie Fernseher und Radios, sondern auch Schallplatten. Anfang der achtziger Jahre kam die Anweisung, auch mit Gebrauchtwaren zu handeln, um Zusatzumsätze zu generieren. Zunächst stieß das bei uns nicht gerade auf Begeisterung: »Alte, gebrauchte Geräte von der Bevölkerung zu begutachten, einen Preis festzulegen und diese Waren dann in einem Sonderregal anzubieten – ob das gelingt?« Aber es war eine Anweisung von oben – da kann man sich wohl nicht querstellen.

Das Geschäft mit dem »A&V« klappte aber recht erfolgreich. Da Gebrauchtwaren auch für die sogenannten gesellschaftlichen Bedarfsträger, sprich Betriebe, verkauft werden durften, ging der Umsatz schnell in ungeahnte Höhen; und wir haben uns als Kollektiv mit dieser Aufgabe mehr als angefreundet. Schnell standen auch gefragte Geräte aus dem Westen oder dem Intershop auf dem Tisch. Ich versuchte Verkaufspreise zu finden, die Verkäufer und Kunden akzeptieren konnten; ein nicht ganz leichter Balanceakt.

Es waren nicht nur Radio- und Fernsehgeräte. Auch Kassettenrekorder, Taschenrechner und Autoradios renommierter Westfirmen fanden den Weg in unsere Regale – und ganz schnell kauffreudige Abnehmer. Der Umsatz kletterte in die Höhe; und unsere Chefs in der Verwaltung freuten sich über die gesetzlich festgelegten 15 % Handesspanne.

Unvergessen der Tag, als plötzlich der erste Computer, ein Atari 800, auf dem Ladentisch landete mit der Frage: »Ihr kauft doch auch Computer an?«

Ja, Tischrechner mit Tippstreifen (hochbegehrt von den Betrieben) hatten wir schon angekauft, warum also nicht auch Computer? Ein Test – ich war absoluter Laie und musste mich im Selbststudium einarbeiten – und auch ein Preis wurde gefunden, der dem Anbieter strahlende Augen machte. Werden wir einen Käufer finden, der die 6.500 Mark für den Computer auf den Tisch legt?

Bissel schlitzohrig war ich schon, den Computer erst am Freitag nach Ladenschluss ins Schaufenster zu stellen, mit einem Zusatzschild »Verkauf auch an gesellschaftliche Bedarfsträger«. Der Laden war ja Sonnabend und Sonntag geschlossen; und so hatte der Atari Zeit, sich vielen Passanten zu zeigen. Die Straße war belebt; viele Besucher der gerade stattfindenden Landwirtschaftsausstellung waren in der Stadt. Der folgende Montag veränderte unsere Welt total.

»In Markkleeberg kann man Westcomputer verkaufen und bekommt dafür sehr viel Geld«, sagten die einen (die 15 % Abschlag nahm man gern in Kauf; der Umrechnungsfaktor von Westmark zu Ostmark war enorm).

»In Markkleeberg kann man als VEB, LPG oder PGH, oder auch als Kleinunternehmer Computertechnik kaufen«, sagten die anderen.

So der rasant einsetzende Buschfunk.

Nun kamen neben den begehrten Tippstreifen-Rechnern aus dem Hause Casio (manchmal mehr als 100 Stück pro Monat) auch Computer aller Größen zu uns auf den Ladentisch. Wir lernten alle Typen aus dem Hause Commodore kennen; aber auch die größeren Geräte mit 16-Bit-Ausstattung fanden den Weg in die Karl-Marx-Straße nach Markkleeberg. Ein wenig kam ich mir vor wie Goethes Zauberlehrling: Ich musste nebenbei lernen, lernen, lernen, um diese Technik zu verstehen und zumindest ein wenig bedienen zu können. Dankbar bin ich für die Hilfe der Fachhochschule Wismar (ein willkommener Abnehmer solcher Technik) für den Crash-Lehrgang, den ich nebenbei absolvierte. Und immer war die Nachfrage seitens der Industrie deutlich höher als unser Angebot aus dem Ankauf.

Ganze Ordner füllten sich mit Vorbestellungen; und das eigentliche Fachgeschäft *Rundfunk-Fernsehen-Schallplatten* rangierte nur noch unter »ferner liefen«. Die Preise für die Computer, speziell aus dem Hause Schneider, kletterten auf enorme Verkaufspreise, da die Ausstattung der Technik immer umfangreicher wurde (Speicher, Farbmonitor, Festplatte).

Die Preisbildung lag nun nicht mehr nur in meiner Hand, sondern es gab Vorgaben von oben, wobei wir ein gewisses Mitspracherecht hatten. Und dann stand er eines Tages vor mir, ein IBM-kompatibler Schneider-PC 1512 mit Festplatte und mit Vollausstattung. Die Kalkulation für die eingebauten Komponenten erreichte laut »amtlich genehmigter Preisliste« den stolzen Verkaufspreis von 120.000 Mark. Der Verkäufer war mit den 85 %, also 102.000 Mark, sehr zufrieden. Und der Käufer, ein nicht ganz unbedeutendes Kombinat der Energiewirtschaft, war begeisterter Abnehmer.

Die Planung seitens unseres Handelsbetriebes sah nun vor, ein gesondertes Ladenlokal für den A&V in Markkleeberg zu etablieren, da der Umfang Ausmaße angenommen hatte, die nicht mehr im hergebrachten Geschäft abgewickelt werden konnten. Ein geeignetes Mietobjekt zum Ausbau fand sich ebenfalls in Markkleeberg, in der damaligen Ernst-Thälmann-Straße mit der Hausnummer 48. Die Hausnummer, die in den neunziger Jahren Namensgeber des Computergeschäfts »Zur 48« werden sollte. Aber das ist eine andere Geschichte …

Ein Schneider PC 1512 DD mit zwei 3,5"-Diskettenlaufwerken (360 KB), Festplatte … und dem Spiele-Klassiker »Prince of Persia«

Atari 800 XL

EINEN MONATSVERDIENST FÜR EINE SPEICHER-ERWEITERUNG

Mangels Westverwandtschaft gibt Gert Geyer über die Jahre bald 20.000 Mark für sein Computer-Hobby aus – bei einem Verdienst von 500 Mark im Monat.

Im Tagebau arbeitete ich im Schichtbetrieb. Wenn ich abends zur Nachtschicht ging, musste ich am Rundfunk-Laden in Markkleeberg am Rand von Leipzig vorbei und konnte sehen, was im Schaufenster stand. Neben einem Schneider PC für 120.000 Mark (da ist keine 0 zu viel!) entdeckte ich eines Tages einen Commodore VC 20 für überschaubare 1.200 Mark. Mit Datasette!

Früh um 6.30 Uhr kam ich von der Schicht. Schnell nach Hause, Geld holen, und um 8 stand ich vor dem Laden. Um 9 machte er auf, und ich war der Erste in der Schlange. Und kaufte den Rechner.

Mit seinen 5 Kilobyte Arbeitsspeicher (auch kein Schreibfehler) lernte ich erste Schritte im Programmieren. Zumindest mit dem, was an Speicher übrig blieb. Verbrauchte der Kasten doch gut die Hälfte für sich selbst, um überhaupt BASIC zu können.

Spaß machte es trotzdem, ein Galgenraten zu erfinden, in dem ein Wort zu erraten war. Und wenn der Spieler schneller war als der Galgen fertig oder der Sargdeckel zu, ertönte der Triumphmarsch aus »Aida« oder so etwas Ähnliches. Wenn nicht, der Trauermarsch von Chopin ...

Nach kurzer Zeit machten sich die vielen Einschränkungen des »Brotkastens« bemerkbar. Doch Ersatz fand sich wieder auf ähnliche Art und Weise: ein Atari 800. Der erwies sich als recht innovativ und brachte mich nicht nur in der Computertechnik wesentlich weiter – er fraß auch mein mühsam erspartes Geld immer wieder auf.

Da ich um die 500 Mark im Monat verdiente, gelegentlich mit vielen Nachtschichten und Feiertagen im Dienstplan auch mal 550 Mark, dauert es ein gutes Weilchen, um die 3.000 Mark zu rechtfertigen – für etwas, was in den Augen anderer als »Spielzeug« galt.

Glücklicherweise hatte ich mir das Rauchen abgewöhnt und mit dem Trinken war, obwohl Bergmann, bereits seit der Armeezeit wieder Schluss. Die Kleckerbeträge für Kassetten fielen mit ab; und die größeren Sachen mussten erspart werden. Reiche Eltern oder Westverwandtschaft hatte ich eben nicht.

Dass der Atari für mich kein Spielzeug war, beweist der Kauf der einzig möglichen elektronischen Schreibmaschine mit Centronics-Schnittstelle: Erika 3004.

Kein Grafik-Drucker! Sondern eine Schreibmaschine. Aber elektrisch vom Atari angesteuert. Ich konnte die mit Startexter, Multiplan oder dBase erzeugten Werke endlich zu Papier bringen ... Dass die Schnittstelle selbst zu basteln war, versteht sich. So was zu kaufen gab es nicht.

Wir hatten auch vietnamesische Mitarbeiter, die uns Sony-Kassetten zum Speichern von Programmen besorgen konnten. Die waren wirklich gut. Aber eben auch teuer.

Als sich die Gelegenheit ergab, ein Diskettenkaufwerk zu kaufen, musste das natürlich her. Forderte aber den Kauf von Disketten ... Die »unbedingt« notwendige Speicher-Erweiterung des Atari 800 durch interessierte Studenten der FH in Mittweida – klar, ein Monatslohn war wieder fällig.

Commodore VC 20 auf der Langen Nacht der Computerspiele Leipzig, 2013

Es gab auch keine Kopierer in der DDR. Nur Ormig-Geräte, die unglaublich stanken und nach kurzer Zeit verblassten. Man hätte sie ja zu Herstellung von Flugblättern nutzen können. Also kostete jede irgendwo illegal und heimlich kopierte Anleitung oder ein Betriebshandbuch eine Mark. Pro Seite natürlich …

War der Kauf teurer Hardware nicht zu umgehen, hielten wir uns in der DDR wenigstens an der Software schadlos. Da wurde nichts gekauft – es gab ja auch nichts zu kaufen, aber getauscht und geborgt und kopiert, was das Zeug hielt. Neben etlichen Nieten waren auch Sternstunden dabei, die bis heute nachwirken. Spiele wie »Boulder Dash« oder ein sich drehender Atari-Stern, welcher die vorhandene Grafik bis aufs Letzte ausreizte. Leider gelang es mir nie, etwas auch nur annähernd Ähnliches zu erfinden …

GRÜNE FOLIE AUF DEM FERNSEHER

Harald Nitsche bekommt einen C64 von seiner Tante aus Westberlin – und nutzt ihn auch fürs Studium.

»Mein Vater war Invaliden-Rentner, durfte in den Westen reisen und hatte eine Schwester in Westberlin, meine Tante also. Sie hatte keine Kinder und erfüllte mir viele Wünsche. So kam ich 1984 an einen Commodore 64. Als Monitor musste ein russischer S/W-Minifernseher der Marke Junost herhalten. Ihm wurde eine grüne Folie auf die Röhre gelegt, um so mehr PC-Feeling zu haben.

Ich studierte damals Energetik an der Technischen Hochschule in Leipzig, der heutigen HTWK, und hatte Kontakt zu anderen Studenten mit einem C64. Wir trafen uns häufig in einer Studentenbude: winzig klein, schräge Wände, die Toilette eine Treppe runter im Hausflur. Wir kopieren Kassetten, Disketten und schauten uns Spiele an. Mit dem C64 entstand auch eine Projektarbeit für das Studium: endlose Messdaten (Masse, Volumen von Abraum des Tagebaus im Verhältnis zum Stromverbrauch und Bandgeschwindigkeit) in den C64 getippt und grafisch dargestellt.

In der Deutschen Bücherei in Leipzig waren zu meiner Überraschung viele der Technik-Zeitschriften aus dem Westen zum Lesen vor Ort verfügbar. Man konnte auch Auszüge kopieren lassen. Später erhielt ich zum Computer ein Diskettenlaufwerk und einen Drucker. Das Endlospapier dafür hab ich mir auf der Leipziger Messe von westlichen Ausstellern erbettelt.

DER SHARP VON DER WESTTANTE

Über seinen Vater erhält Hans-Georg Winkler aus Bautzen Zugang zu einem in der DDR seltenen Sharp-Computer.

Ich wohnte Anfang der achtziger Jahre mit meinen Eltern in Bautzen. Mein Vater berechnete als Hydrologe Pegelstände und Grundwasser für Braunkohle-Tagebaue. Normalerweise wurde das mit dem Rechenstab, mit dem Taschenrechner und ab und zu am Großrechner in Leipzig erledigt.

Das war eine mühselige Arbeit, doch um 1984 herum kam er mit zwei Kollegen in Kontakt, die privat einen Sharp MZ-700 nutzten und mit eigenen, in BASIC geschriebenen Programmen ihre Berechnungen durchführten. Das war viel komfortabler, als alles per Hand zu rechnen, und wurde wohl von den Oberen geduldet. Der Grund, einen Sharp zu wählen und nicht etwa ein populäreres Gerät von Commodore oder Atari, war vielleicht der Umstand, dass der Prozessor mit 3,5 MHz flotter getaktet war und somit schneller rechnen konnte.

So kam mein Vater auf die Idee, sich auch einen Sharp zu besorgen und dank seiner Kollegen an Hilfe und Software zu gelangen. Er bat eine seiner Tanten aus dem Westen um Hilfe. Sie kaufte ihm einen Sharp MZ-700 mit Zubehör für rund 800 DM und brachte ihn als ihr Eigentum mit über die Grenze in die DDR. Dagegen konnten die Grenzer wohl nichts sagen. Und so waren wir 1984 stolzer Besitzer eines Computers. Mein Vater nahm den Rechner sogar ab und an samt Schwarz-Weiß-Kofferfernseher mit auf Arbeit. Die Kollegen waren begeistert! Besonders von den Spielen, die auch ausgiebig getestet wurden ... Mein Vater ließ den Rechner für seine Berechnungen zu Hause teilweise tagelang an und verbot uns unter Strafe, ihn in dieser Zeit anzufassen oder ihn gar auszuschalten.

Für mich war der Computer eine erstaunliche Zauberkiste. Mein Interesse an dem, wie er funktionierte, war geweckt. So fing ich als Achtjähriger an, das Handbuch zu lesen, und meinem Vater beim Eintippen von Codes zu helfen. Das waren auf mehreren Seiten ausgedruckte Programme, die im Maschinen-Modus (in dem der Sharp gestartet wurde) eingegeben werden mussten. Ging alles gut, hatte man am Ende dieser mühseligen Arbeit ein lauffähiges Programm, was man dann auf Kassette abspeichern konnte.

Natürlich hatten wir auch Spiele, die teilweise in BASIC geschrieben waren. Der Quellcode war dort offen zugänglich, was mich dazu verleitete, den Code nach Lust und Laune zu modifizieren. So baute ich einen U-Boot-Simulator zu einem Raumschiff-Spiel um. Da der russische Schwarz-weiß-Fernseher manche der bunten Sprites, die Grafikelemente, nicht darstellte, kam es immer wieder zu ungewollten Zusammenstößen mit blauen Raumschiffen, Bällen und Gegnern.

Den Besitz des Westcomputers hatten meine Eltern trotzdem nicht an die große Glocke gehangen. Man erzählte sich eher unter der Hand davon. Ich sollte auch in der Schule nicht davon sprechen. Man wollte ja keine unnötige Aufmerksamkeit erregen, zumal meine Eltern nicht in der Partei und meine Geschwister und ich nicht in der Pionierorganisation waren.

Der Sharp MZ-700 war für mich ein Türöffner. Er weckte mein Interesse zu verstehen, wie das Ganze funktioniert. Was mich dann später nach der Wende über Umwege von Game Boy und Super Nintendo zu Commodore 128 und Amiga brachte. Besonders der Amiga wiederum prägte mich nachhaltig, und nicht ohne Grund bin ich heute Diplom-Informatiker und Software-Entwickler ...«

VERKÄUFE

Verkaufe Polstereckgarnitur, 6 Sitzelemente, brauner Plüsch, unbenutzt, 3405,-. Dressler, Landsberger Str. 31, Lpz., 7022, ab 18 Uhr

Videorecorder HRD 810 E mit VPS FB 9000,- verk. Fischer, Tel. 32 49 23

C-64, Floppy, Datasette, Joy., Lit., Handb., Disk./Kass. m. guter Softw. (Anw./Text/Zeichen- u. Spielprogr.) alles neuw., DDR-Serv., 10 TM. Auch Einzelverk. mögl. Braun, K.-Freund-Str. 12, Halle, 4020. Tel. 4 27 15

Kinderhosen (Doppelleinen) 28.-, hellbl., grün, hellbraun, rosa. Bitte Beinlg. Schrittlg Bundweite, Jg. o. Mäd. angeb. Kunze, Brachmann-Str. 7, Weißenfels. 4850

16-bit-Computer ATARI 1040 STF mit 1 Megabyte RAM, Floppy 5,25 × 3,5" a 720 K, monochromer 70-Hz-Monitor 640x400 SM 124 zus. 25 TM. Radke Tel. Berlin 4 39 74 00

Rosenthal „Maria Weis" 12 flache

SCHÜLERKURSE UND WETTBEWERBE

In der zweiten Hälfte der achtziger Jahre bettet der Unterricht Computer immer breiter ein:

- Das theoretische Fach *Einführung in die sozialistische Produktion* berücksichtigt ab Stufe 9 Automatisierungstechnik und Informationselektronik stärker. Ab 1989 soll schrittweise der Grundkurs Informatik Teil von ESP werden.
- Auch im Fach *Produktive Arbeit*, bei dem Schüler ab der 7. Klasse praktische Arbeiten in Betrieben verrichten, gewissermaßen ein Praktikumsfach, hat Rechentechnik eine größere Bedeutung.
- Das trifft besonders auf das Fach *Wissenschaftlich-praktische Arbeit* zu, das in zwei Halbjahren an den Erweiterten Oberschulen gegeben wird, also in den Klassen 11 und 12. Hier muss eine Schülergruppe in einem Betrieb eine anspruchsvolle Aufgabe lösen. Das kann durchaus das Erlernen einer Programmiersprache sein, mit der eine Schnittstelle für ein Softwarepaket entwickelt werden muss. Die Ergebnisse sind in einer Abschlussarbeit aufzuführen und zu verteidigen.

Eröffnung eines Kabinetts mit 16 Kleincomputern im Geschwister-Scholl-Haus der Uni Leipzig 1988

Zu einem eigenen Schulfach *Informatik* kommt es noch nicht; und auch zur Verwendung von Computern als Unterrichtsmittel gibt sich der Pädagogische Kongress 1989 vage:

»Die Frage, ob und in welcher Weise der Computer als Mittel im Fachunterricht für die Gestaltung des Lehr- und Lernprozesses genutzt werden kann, muss durch die pädagogische Wissenschaft noch weiter gründlich geprüft werden. Hierauf gibt es auch international noch keine befriedigende Antwort.«

Aber viele Schüler können sich im Rahmen von Arbeitsgemeinschaften mit Computern vertraut machen, mal direkt in ihrer Schule, mal in Patenbetrieben, mal in öffentlichen Einrichtungen. Überall werden Schritt für Schritt Computerräume eingerichtet. 1986 hat jede fünfte Berufsschule einen Rechnerpool. Ende 1988 ist jede Erweiterte Oberschule in Berlin mit einem solchen Kabinett ausgestattet.

Kooperationen zwischen Betrieben und Hochschulen mit Schulen führen zu fruchtbaren Ergebnissen. Einige Beispiele, wie sie in fast allen größeren Städten zu finden sind:

- Schüler der EOS »Artur Becker« erhalten besondere Aufgaben vom Patenbetrieb Robotron-Elektronik in Zella-Mehlis. Daraus entstehen 1985 unter anderem ein Lehr- und Übungsgerät zur logischen Verknüpfung von Dual-Zahlen für den Mathematikunterricht und ein Universalmessgerät, das im Betrieb zum Einsatz kommt.

- 1984 öffnet die Kammer der Technik Schwerin ein Kabinett mit zehn Poly-Computer 880. Tagsüber sollen Fachleute weitergebildet werden; abends ist Zeit für Jugendliche.

- Der VEB Elektronik Gera richtet 1986 in seinem Polytechnischen Zentrum ein Computerkabinett ein, das Schüler in fakultativen Kursen nutzen können. Zur Ausstattung gehören sechs KC 85/1 und zehn Lerncomputer LC 80.

- In einem KC-Kabinett der Universität Leipzig können Schüler in einem wöchentlichen Kurs BASIC lernen und eigene Projekte verwirklichen.

»Wir erproben seit 1985 vier fakultative Kurse, die sich mit Informatik, Prozessoptimierung und Mikroelektronik beschäftigen. Sie werden von Diplomingenieuren des Betriebes geleitet. Die Mädchen und Jungen üben den Umgang mit dem Computer und lernen, wie man mit dem Rechner technische Probleme löst. Wir wiederum geben uns große Mühe, Interessenten nicht nur aus den zu uns gehörenden vier Schulen einzubeziehen, sondern betreiben eine systematische Talente-Förderung gemeinsam mit der Abteilung Volksbildung beim Rat des Kreises.«

Ingenieur-Pädagoge Bernd Krauthöfer vom Fernmeldewerk Nordhausen

SCHÜLERRECHENZENTRUM DRESDEN

Eine Vorzeigeeinrichtung, die noch heute besteht, öffnet im Oktober 1984: das Schülerrechenzentrum an der Tamara-Bunke-Oberschule Dresden. Vorläufer ist das 1982 gestartete Technische Kabinett Mikroelektronik. Zunächst gibt es acht Arbeitsgemeinschaften für die Klassen 7 bis 10. Robotron stellt nicht nur die Rechentechnik, sondern kümmert sich auch um die Wartung, Modernisierung und stellt Dozenten.

Die erste technische Ausstattung besteht aus

- sechzehn Taschenrechnern MR 609
- fünf Tischrechnern Robotron K 1003
- fünf Poly-Computer 880
- einem Bürocomputer A 5120
- und einem Industrieroboter PHM 1

Die Technik wird regelmäßig erweitert, um PCs, Drucker und Plotter. So werden 1989 gar einige westdeutsche PCs von Schneider aufgestellt. Der Generaldirektor von Robotron, Friedrich Wokurka, schreibt 1988 im *Neuen Deutschland*:

»Dass im Schülerrechenzentrum Robotron-Technik steht, ist gut und richtig. Wir sind nun einmal die Hersteller. Doch damit erschöpft sich unser

Anteil an der Förderung von Talenten für Mikroelektronik und Informatik nicht. Wir sehen es als gesellschaftliche Verpflichtung an, zur Vorbereitung der Schuljugend auf Wissenschaft und Technik beizutragen. Im Schülerrechenzentrum werden Arbeitsgemeinschaften von einem Dutzend unserer Ingenieure geleitet. Die besten Teilnehmer erhalten Förderungsverträge vom Kombinat. Diese Vereinbarungen legen zum Beispiel fest, dass bewährte Fachkräfte – dabei schließen wir die erste Leitungsebene ein – die jungen Leute betreuen. Das Kombinat sorgt auch dafür, dass die Schüler an wissenschaftlichen Veranstaltungen teilnehmen können, und ermöglicht einigen den Besuch der Leipziger Messe.

Aus zwei oder drei Schülern bestehende Betriebspraktikumsgruppen betrachten wir als eine spezielle Form der Tätigkeit der Arbeitsgemeinschaften im letzten Jahr ihres Wirkens im Schülerrechenzentrum. Die Aufgaben, die den Jugendlichen im Kombinat übertragen werden, wählen wir gründlich aus. Die Ergebnisse sind oft überraschend, wenn ich zum Beispiel an die Verbesserung der Kundeninformationen über unsere Computertypen denke. Das Schülerrechenzentrum ist für uns eine wichtige Quelle für leistungsfähigen Nachwuchs. Und welches Kombinat braucht den nicht?«

Das Schülerrechenzentrum ist immer noch am gleichen Ort, am heutigen Gymnasium Bürgerwiese. Es ist nun Teil der Fakultät Informatik der Technischen Universität Dresden. Die heutige Robotron Datenbank-Software GmbH unterstützt die Einrichtung weiterhin; neben vielen weiteren lokalen Unternehmen, der Stadt und dem Land.

KLEINCOMPUTER-KABINETT AN EINER SCHULE

Mit Hilfe der Uni kann Dietrich Strech, stellvertretender Direktor an der Erweiterten Oberschule »August Hermann Francke« in Halle/Saale, einen Informatik-Kurs anbieten.

Am Ende des Schuljahres 1984/85 erreichte uns eine Anfrage des Fachbereiches Methodik des Mathematik-Unterrichts der Martin-Luther-Universität, mit dem uns nicht nur wegen der räumlichen Nähe eine gute Zusammenarbeit verband. Zwischen den schriftlichen und mündlichen Abiturprüfungen sollte mit Abiturienten des Jahrgangs getestet werden, ob der Einsatz des Kleincomputers KC 85 in der Erweiterten Oberschule möglich sei.

Die ersten Unterrichtssequenzen verliefen erfolgreich und mündeten in der Vereinbarung, ab Schuljahr 1985/86 für Schüler der 11. Klassen einen fakultativen Kurs Informatik anzubieten.

Der Unterricht fand im Rechenzentrum der Universität im heutigen Weinberg-Campus statt. Dort existierten etwa 20 Arbeitsplätze. Jeder Arbeitsplatz bestand aus einem KC 85/1, einem Kassetten-Tonbandgerät (als externer Datenträger und zum Laden des BASIC-Interpreters) und einem Kofferfernseher vom Typ Junost als Monitor aus sowjetischer Produktion.

Im Zentrum des Unterrichts stand die Beschäftigung mit der Programmiersprache BASIC. Über die Algorithmisierung eines Problems (zum Beispiel Rechnen mit Brüchen, Ziehen der Quadratwurzel, Erzeugen von Spiegelworten, Sortieren von Daten, einfachste Reaktionsspiele) wurden elementare Programme geschrieben und schrittweise ausgebaut.

Die so von Jugendlichen entwickelte Software konnte auch über den Jugendsender DT 64 empfangen, mit dem Kassettengerät (hörbar!) aufgezeichnet und auf dem KC getestet werden.

Der Unterricht begann mit dem mehrere Minuten dauernden (und »endlos« scheinenden) Laden des BASIC-Interpreters mittels Kassettentonbandgerät – was nicht immer auf Anhieb erfolgreich war.

Frei verkäuflich waren die Geräte, die ursprünglich Heimcomputer heißen sollten, nicht. Die Anschaffungskosten, alles in allem etwa 3.000 Mark, wären bei einem monatlichen Gehalt eines Lehrers von etwa 1.000 Mark ohnehin beträchtlich. Doch wir Lehrer konnten über das Wochenende mal einen Computer ausleihen. So konnten sich die Kursleiter einen kleinen Vorteil verschaffen. Für die Familie bedeutete es aber fernsehfrei, denn das TV-Gerät wurde als Monitor gebraucht.

In der Folgezeit waren wir Nutzer der Computerräume der Volkshochschule, des Fachbereiches Methodik des Mathematik-Unterrichts und der EOS »Thomas Müntzer«, die als eine der ersten Schulen in Halle einen Computerraum erhielt.

Das Interesse der Teilnehmer erlahmte nicht angesichts der Tatsache, dass wir als »Fremdnutzer« immer nur in den späten Nachmittags- oder frühen Abendstunden in den Räumen arbeiten konnten. Wenn wir die letzten Nutzer waren, wurde die Zeit von 90 Minuten für den Kurs gern beträchtlich überzogen.

1988 erhielten die Mathematik-Methodiker der Universität eine neue Ausstattung und boten uns ihre alten Geräte (KC 85/1, KC 85/3, Junost und andere Schwarz-Weiß-Fernsehgeräte) als »Dauerleihgabe« an.

Wir griffen natürlich zu und richteten im Winter 1988 im Internat einen Raum ein. Welch eine Erleichterung für den Unterricht!

Aber eines Morgens ein riesiger Schreck: Einige Geräte, ja nur geliehen, hatten über Nacht offensichtlich ihren Geist aufgegeben! Des Rätsels Lösung: Da der Raum, wie alle Räume im Internat, nur über eine Ofenheizung verfügte, war er über Nacht so ausgekühlt, so dass die Betriebstemperatur der Rechner unterschritten wurde. (Schüler der damaligen Zeit können sich garantiert auch noch an eingefrorene Wasserleitungen erinnern.) Mit dem Erreichen von Zimmertemperaturen, die für Schüler erträglich waren, erwachten auch die Computer zu neuem Leben. Eine andere räumliche Lösung musste gefunden werden.

Die Chemiker besaßen im Schulgebäude neben den beiden Räumen für den Fachunterricht und der Sammlung einen Praktikumsraum, der nicht voll ausgelastet war. Uneigennützig stellten sie ihn für ein künftiges Computerkabinett zur Verfügung. Mit viel Eigenleistung wurde dieser Raum hergerichtet und konnte zum Schuljahr 1988/89 in Betrieb genommen werden.

Wir verfügten über sechs Plätze für Schüler und einen für den Lehrer; dieser sogar noch mit einem Fernsehgerät als zweiten Monitor für die Schüler. Damit konnten jeweils zwölf Schüler an einem Informatikkurs teilnehmen. Eine Bewertung der Leistungen mit Zensuren erfolgte nicht. So wurden die wenigen Schüler nicht bevorteilt, die sich über West-Verwandte für zu Hause einen Commodore C64, Plus/4 oder Atari besorgen konnten. Übrigens, so bewusst, zielstrebig, ausdauernd und lernend hat der Verfasser kaum andere Lerngruppen erlebt!

Dietrich Strech am Kleincomputer von Robotron

Zwei Schüler von Dietrich Strech am Kleincomputer aus Mühlhausen

Zum Schulsportfest 1989 kam erstmals ein von Kursteilnehmern entwickeltes Programm zum Einsatz, welches das komplette Ergebnis bei etwa 500 Teilnehmern getrennt nach Geschlechtern und Klassenstufen vom ersten bis zum letzten Platz in den Einzeldisziplinen und im leichtathletischen Dreikampf ausgab. Zusätzlich wurde die sportlichste Klasse anhand des durchschnittlichen Dreikampfergebnisses ermittelt. Ein beeindruckendes Programm und nur mit BASIC geschrieben! Als Hardware wurde aber ein Commodore Plus/4 mit Zubehör »ausgeborgt«. Nach dem ersten Testlauf kurz vor dem Sportfest mussten noch einige Nachtschichten zur Anpassung des Programms geleistet werden.

Die Idee hatten die beiden Kursleiter und einige Schüler, die am jährlichen Rennsteiglauf teilnahmen; eine schulische Tradition. Jeder Läufer erhielt zur Identifikation als Datenträger eine Lochkarte aus Plastik, die an Kontrollpunkten der 45 Kilometer langen Strecke von Neuhaus nach Schmiedefeld wirklich zusätzlich gelocht wurde. Nach der Abgabe beim Zieleinlauf ermittelte eine Rechenanlage von Robotron die Platzierung bis ins Detail. Die Ergebnislisten lagen kurz nach Zielschluss ausgedruckt vor und wurden den Teilnehmern als Broschüre zugeschickt.

Mit Beginn des Schuljahres 1989/90 wurde der Raum mit sieben Bildungscomputern, einem Farbfernsehgerät als Zusatzmonitor für die Schüler und sogar einem Drucker ausgestattet. Gesamtwert: etwa 80.000 DDR-Mark!

Das war ein Arbeiten! Kein Laden des BASIC-Interpreters, ein scharfer Monitor, ein Diskettenlaufwerk (5,25 Zoll), und der Rechner war augenblicklich betriebsbereit – was für ein Luxus!

Doch kein Jahr später war die Technik, auf die wir so stolz waren, museumsreif ...

Gleich vier Partner hat ein Computer-Wettbewerb, der 1987 zur 750-Jahr-Feier Berlins vor Publikum stattfindet: die Technische Universität Dresden, das Kombinat Robotron, der Kulturpalast Dresden und das Urania-Vortragszentrum. *Jugend+Technik* lädt ein:

»Gesucht wird der schnellste und kreativste Programmierer am Kleincomputer Robotron KC 85/1. Interessenten aus Studium, Lehre und Praxis können am 1. und 2. August 1987 im Weißen Saal der Kongresshalle am Alexanderplatz um die besten Plätze und wertvolle Sachpreise kämpfen.«

Das zieht vor allem Jugendliche an. Die Hälfte der Teilnehmer am Endausscheid in Berlin ist höchstens achtzehn Jahre alt; zwei der vier Preisträger sind erst fünfzehn; zwei Schüler sind erst zwölf Jahre. Volker Pohlers ist damals Schüler der 12. Klasse:

»Über eine Arbeitsgemeinschaft der Uni Halle hatte ich die Möglichkeit, den KC 87 näher kennenzulernen und mit ihm in BASIC und Assembler zu programmieren. Als ich von einer Programmierolympiade erfuhr, habe ich mir von der TU Dresden die Aufgabenstellung schicken lassen. Es sollte in BASIC ein Programm zur Datenverwaltung strukturiert programmiert und dokumentiert werden. Offenbar war meine eingesandte Lösung gut genug; und ich bekam die Einladung zur Endrunde in Berlin. Sie fand im Foyer der Kongresshalle am Alexanderplatz statt. Dort waren für jeden Teilnehmer ein Kleincomputer mit Bildschirm und Kassettenrekorder aufgebaut. Umringt von Besuchern, mussten wir am ersten Tag unser eigenes Programm um eine Wildcard-Suchfunktion erweitern. Die Schnellsten kamen am zweiten Tag in die Endrunde. In dieser musste ins Programm eine verkettete sortierte Liste integriert werden. Das hab ich auch geschafft, leider zu langsam, und so musste ich mich am Ende mit einem vierten Platz begnügen. Gewonnen hat ein 26-jähriger Jung-Informatiker aus Brandenburg. Gegen den hatten wir Schüler keine Chance. Den Preis, einen nagelneuen KC 87, hätte ich gerne gehabt.«

Parallel dazu gibt es einen Hardware-Wettbewerb, für den vorab technische Lösungen zur Prüfung nach Dresden geschickt werden und am Wettbewerbswochenende in Berlin prämiert werden.

URANIA-TAG DER BERLINER JUGEND IM ZEISS-GROSSPLANETARIUM 1988

Ab 10 Uhr:	Endausscheid im Leistungsvergleich der Programmierer
10 bis 19 Uhr:	»Computer für jedermann«, unter anderem gibt der FDJ-Computerklub des Hauses der jungen Talente Einblick in seine Arbeit; an sieben Stationen stellt sich die Sektion Computersport der Gesellschaft für Sport und Technik vor; Robotron Berlin führt auf dem Personalcomputer EC 1834 ein neues Programm vor
13.45 Uhr:	Musik vom Computer
14 Uhr:	Vorführung des Programms »Sterne, Nebel, Feuerräder«
15 Uhr:	»Nimmt uns der Computer das Denken ab?«, Forum mit Computerexperten
16 und 18 Uhr:	Vorführung des Programms »Phantastisches Weltall«
18 Uhr:	»Denken für die Zukunft: Mensch, Technik, Technologie – Probleme und Perspektiven«, URANIA-Kosmos-Vorlesung

1. JUGENDCOMPUTEROLYMPIADE 1988

Als dreizehnjähriger Schüler nimmt Jan Hochstrate in Eisenach an einem Programmier-Wettbewerb teil – und erringt den dritten Platz.

Im Frühjahr 1988 stand in der Tageszeitung für den Bezirk Erfurt *Das Volk* eine Einladung zu einer Jugendcomputerolympiade in Eisenach. In der Rückschau bin ich sehr dankbar dafür, dass meine Eltern mich motivierten, das geforderte Computerprogramm als Bewerbung einzureichen. Mit dreizehn Jahren rechnete ich mir kaum Chancen aus, freute mich aber, bei einem Computer-Wettbewerb zumindest mal dabei zu sein.

Als Bewerbung kam nur mein aktuelles (und einziges) »Tennis-Spiel« infrage, was nach heutigem Stand ein einfaches »Pong« wäre, aber mit weißen Tennisplatzlinien auf Grün. Aber solche Retro-Games, wie auch »Pac-Man« oder »Space Invaders«, waren mir vor der Wende noch unbekannt. Das Spiel war erst halbfertig programmiert, weil der Speicher zu klein war. Mein aus dem Westen mitgebrachter Laser-Computer hatte laut Beschreibung 6 Kilobyte RAM, fühlte sich aber wie 2 Kilobyte an, was heute einer E-Mail entspricht. Dies bedeutete Optimieren bis zur Schmerzgrenze, zum Beispiel weniger Variablen und Befehle und von diesen möglichst viele in einer Zeile. Das abgebildete BASIC-Listing entspricht dem maximal Speicherbaren. Jetzt hieß es nur noch Ausdrucken und Einreichen, was damals Abtippen mit der Schreibmaschine bedeutete.

Zu meiner Überraschung kam tatsächlich eine Einladung in das große Kulturhaus der Automobilwerke Eisenach anlässlich einer Kreismesse. An einem Sonntag wurden in U-Form rund 30 Kleincomputer KC 85/3 aufgebaut, jeweils ein BASIC-Handbuch beigelegt. Nach einer Begrüßungsrede durch den Vertreter des Rates des Kreises Herrn Happ ging es los. Drei Stunden für vier Aufgaben mit Unterpunkten aus dem Bereich Betriebswirtschaft, wie Mengen und Prozente berechnen, Tabellen erstellen und sie grafisch darstellen.

Während der drei Stunden musste ich oft in das BASIC-Handbuch schauen. Mein etwas älterer Nachbar guckte schon und dachte sicher, das wird wohl nichts mehr. Für mich ging es aber eher um die ungewohnte Syntax und wie man etwa den Grafikmodus aktiviert. Am Ende wurde alles auf einer Kassette abgespeichert. Das markante Speichergeräusch deutete darauf, dass meist 50 bis 80 Datenblöcke benötigt wurden. Mein Programm benötigte nur fünf Blöcke, und mein Nachbar lästerte nun: »Na, da hast wohl kaum ein paar Aufgaben geschafft!«

Nach einer Bewertungspause kam die Siegerehrung. Ich belegte wider Erwarten den dritten Platz. Ich hatte eben doch alle Aufgaben geschafft. Die Plätze Eins und Zwei sahen nur schicker aus. Die Jury-Begründung, dass ich mit auf dem Siegerpodest stehen durfte, war, dass es von allen das kürzeste Programm war. Nun ja, da hatte ich also aus der Not eine Tugend gemacht. Als Anerkennung bekam ich eine Einladung zur Computer-AG in der Station Junger Naturforscher und Techniker, was für mich natürlich richtig cool war angesichts anderer Arbeitsgemeinschaften wie Kegeln oder Blasmusik!

MESSE DER MEISTER VON MORGEN

Aus Anlass der

1. Jugendcomputerolympiade

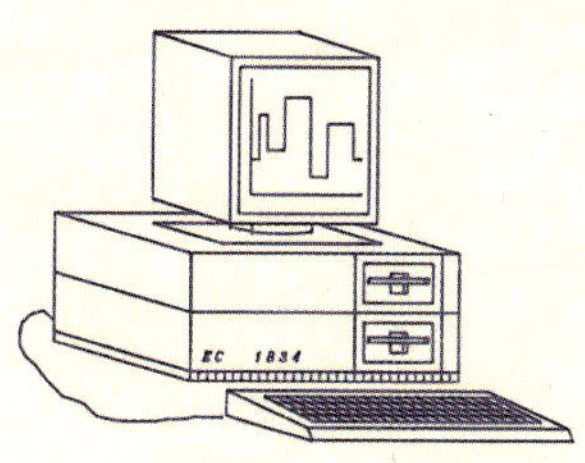

wird als

AUSZEICHNUNG

für hervorragende schöpferische Leistungen anläßlich der

Kreismesse

diese Urkunde zuerkannt

Happ
Vorsitzender des
Rates des Kreises

Eisenach 29.05.88

ZUM COMPUTER-WETTSTREIT NACH BULGARIEN

Als Schüler darf Ulf Nieländer aus Karl-Marx-Stadt an der ersten internationalen Olympiade in Prawez teilnehmen – und erringt einen zweiten Platz.

Nachdem es schon jahrzehntelang internationale Schülerolympiaden in Mathematik (IMO), Physik (IPhO) und Chemie (IChO) gab, wurde die erste Internationale Informatik-Olympiade (IOI) erst 1989 veranstaltet. Anlass war ein UNESCO-Kongress zu »Children in the Information Age«, welcher seinerzeit in der bulgarischen Hauptstadt Sofia tagte. Deswegen wurde von der damaligen Volksrepublik Bulgarien auch die IOI'89 organisiert.

Aufgrund des Personenkults um den Staats- und Parteichef Todor Schiwkow war in dessen Geburtsort Prawez die erste bulgarische Computerfabrik für Desktop-PCs (hauptsächlich Nachbauten vom Apple II und IBM PC) errichtet worden, wo prädestinierterweise unser Wettbewerb stattfand.

Für die DDR-Mannschaft hatten sich nach mehreren Ausscheidungsrunden und Programmierpraktika Dirk Balfanz (Abiturient aus Berlin), Hartmut Schwetlick (Abiturient aus Dresden) und ich (unbekümmerter Elftklässler aus Karl-Marx-Stadt) qualifiziert. Wir alle waren Schüler an einer Spezialschule mathematisch-naturwissenschaftlich-technischer Richtung, wo es schon jahrelang Informatikunterricht gab. Unser Delegationsleiter war Dr. Michael Fothe (Spezialschule Erfurt).

An der IOI'89 nahmen 45 Schüler und eine Schülerin aus 13 Ländern (nicht nur östliche, sondern auch westliche Hemisphäre) teil. Wir programmierten mit Turbo Pascal. Es galt, ein bestimmtes Reihenfolge- / Umsortierungsproblem mit möglichst wenigen Zügen zu lösen. Backtracking war die Methode der Wahl, also tiefenbegrenzte Tiefensuche mit iterativem Vertiefen. Schließlich musste man sein ohne Unterlagen oder Hilfsmittel selbst entwickeltes, compiliertes und lauffähiges Programm auf Diskette speichern und abgeben sowie den hoffentlich gut kommentierten Quelltext ausdrucken. Dann wurden bestimmte vordefinierte Testbeispiele gestartet, eine festgelegte maximale Zeit lang auf das Programmergebnis gewartet und die Resultate dann verglichen. Außerdem musste man die Funktionsweise seines Programms erläutern.

Wichtig war für Dr. Fothe, dass wir ähnlich gut wie die BRD-Schüler abschneiden, die sich über den vorherigen Bundeswettbewerb Informatik qualifiziert hatten. Überraschenderweise gelang dies: 2 mal Silber für die DDR versus

1 mal Gold und 1 mal Bronze für die BRD. Wichtig war darüber hinaus, dass wir nach der Rückkehr aus Bulgarien auf jeden Fall verschwiegen, dort guten Kontakt zu den BRD-Schülern gehabt zu haben. Gesamtsieger wurde ein bulgarischer Schüler, dessen Programm alle Testbeispiele optimal löste und der auch eine theoretische Problemanalyse ablieferte.

Im Jahr darauf fand die IOI'90 in Minsk (damals Weißrussische Sozialistische Sowjetrepublik) statt. Nun war ich der alte Hase und spürte einen gewissen Erwartungsdruck. Dort musste man an zwei Tagen programmieren, und am ersten Tag ging vieles schief …

Prawez-Computer auf einem bulgarischen Magazin

COMPUTERKURSE AN VOLKSHOCHSCHULEN

Auch Volkshochschulen bieten in der zweiten Hälfte der achtziger Jahre Computerkurse an. So öffnet in Berlin-Marzahn 1986 nach dreijähriger Planung ein Kabinett mit jeweils vier Heimcomputern, Fernsehern und Kassettenrekordern. Die Lehrgangsleiter kommen unter anderem aus der Akademie der Wissenschaften und dem Patenbetrieb, dem Kombinat Kraftwerksanlagenbau.

Das Lehrprogramm 1986/87 der Volkshochschule Leipzig listet im Bereich Mikroelektronik folgende Kurse auf:

- Grundlagen der Elektronik
- Grundlagen der Datenverarbeitung
- Grundlagen der Automatisierungstechnik
- Halbleiterschaltungstechnik
- Rundfunktechnik
- Mikroelektronische Bausteine für Rundfunk und Fernsehen
- Mikroprozessorentechnik – Mikroprozessorenprogrammierung
- Programmierung von Kleincomputern in BASIC
- Programmierung von Bürocomputern in BASIC

KC-Kabinett in einer Berliner Berufsschule, 1987

Die Lehrgänge laufen üblicherweise 15 Wochen, mit einem dreistündigen Abendkurs pro Woche, und kosten 15 Mark. Auch Schüler ab der 9. Klasse dürfen an den Kursen teilnehmen, sofern es ihre Schule erlaubt.

1987 kommt das Programmieren in Turbo Pascal am PC 1715 dazu. Weil die Einrichtung nur ein Kabinett mit Kleincomputern unterhält, findet der Lehrgang in der Universität statt. 1988 folgen die Programmiersprache FORTH, an einer Spezialschule für Mathematik, sowie die Datenbank-Software REDABAS und Kurse zu Datenfernübertragung und Bildschirmtext. Letzteres nur theoretisch, denn eingeführt wird der Datendienst für Computer in der DDR erst 1990, genau wie Videotext für den Fernseher. 1989 werden Kurse für Textverarbeitungen am PC 1715 angeboten, auf der Basis der DDR-Variante von WordStar, dem TextProzessor TP alias Text 30.

In der Volkshochschule Altenburg kann man zur gleichen Zeit im zweiteiligen Kurs »Grundlagen der Computertechnik« BASIC am KC 85/3 lernen.

Die Volkshochschule Jena hat 1989 drei Computerkurse im Angebot:

- Einführung in die Mikroelektronik
- Einführung in den Gebrauch von Büro- und Personalcomputern
- BASIC-Lehrgang

Sie finden in einem KC-Kabinett in der Universität statt. Erst 1991 hat die Einrichtung einen PC für die Verwaltung; 1992 gibt es ein eigenes Computerkabinett – dann freilich mit PCs.

Arbeiten am KC 85

COMPUTERSTUNDE IM FERNSEHEN

Die Einführung der Rechenanlage Robotron 300 wird 1969/70 mit der Fernsehreihe »Einführung in die EDV« begleitet. Für jede der 16 Folgen gibt es ein Begleitheft. Themen sind unter anderem:

- Aufbau und Arbeitsweise einer elektronischen Datenverarbeitung
- Grundlagen der Programmierung
- Datenerfassung und Datenübertragung
- Die Projektierung von integrierten Datenverarbeitungssystemen

Ab Mai 1987 strahlt das DDR-Fernsehen die *Computerstunde* aus. Die Sendung wird von der Redaktion des Wissenschaftsmagazins *Umschau* entwickelt (das noch immer existiert). Moderiert wird sie von einem Wissenschaftler-Ehepaar von der Universität Halle-Wittenberg, von Dr. Gabriele Lehmann und Dr. Reinhard Lehmann.

Die halbstündigen Folgen richten sich an Werktätige, die keine oder wenig Vorkenntnisse haben, aber vor einer künftigen Nutzung von Computern in ihrem Betrieb stehen. Im Mittelpunkt stehen daher die beiden Bürocomputer PC 1715 und A 7150; thematisiert werden aber auch die Kleincomputer, die als preiswerte Alternative ebenfalls oft beruflich genutzt werden.

Inhaltlich geht es vor allem um die Einführung in Standardsoftware: Textverarbeitung, Tabellenkalkulation, Datenbank, CAD/CAM und das Programmieren in BASIC am PC 1715.

Die ersten sechs Folgen werden ab September 1987 wiederholt. Im Anschluss werden zehn neue Folgen gesendet. Ausgestrahlt werden sie dienstagabends, mit jeweils mehreren Wiederholungen. Die Tageszeitung *Tribüne* begleitet die Serie.

Die Sendung wird ein großer Erfolg. Allein an der Lösung der Preisfragen der ersten sechs Folgen beteiligen sich 300.000 Zuschauer; insgesamt erhält die Redaktion über 500.000 Zuschriften.

Mit der *Computerstunde* und der mehr als achtzigteiligen Reportage-Serie *Wettlauf mit der Zeit* fördert das Fernsehen »die Durchsetzung und breite Anwendung des wissenschaftlich-technischen Fortschritts, der Schlüssel- und Höchsttechnologien«.

FOLGENÜBERSICHT

- 1. Folge: Einführung
- 2. Folge: Textverarbeitung (I)
- 3. Folge: Textverarbeitung (II)
- 4. Folge: Datenbank REDABAS
- 5. Folge: Recherchesystem AIDOS/M
- 6. Folge: Kalkulationsprogramm KP
- Zwischenfolge Antwort auf Zuschauerfragen
- 7. Folge: Bevor die Computer kommen
- 8. Folge: Programmieren (I)
- 9. Folge: Programmieren (II)
- 10. Folge: Programmieren (III)
- 11. Folge: CAD/CAM (I)
- 12. Folge: CAD/CAM (II)
- 13. Folge: Kleincomputer (I)
- 14. Folge: Kleincomputer (II)
- 15. Folge: Kleincomputer (III)
- 16. Folge: Tendenzen
- Endfolge Antwort auf Zuschauerfragen

TRIBUNE Nr. 106 / 1. Juni 1987 / Seite 5

Die nächsten zwei Sendungen der „Computerstunde" beschäftigen sich mit dem Thema „Textverarbeitung". Dabei wird in der ersten am Beispiel des Textprogramms TPG noch einmal die Nutzung eines Personalcomputers dargestellt.

Der PC1715 wird in Betrieb genommen, indem die rechts am Grundgerät angeordnete Taste „Power" bedient wird. Das wird als „Kaltstart" des

Sendetermine im Fernsehen

Dienstag, 2. Juni, 19 Uhr
2. Programm
Mittwoch, 3. Juni, 12.15 Uhr
1. Programm
Donnerstag, 4. Juni, 18 Uhr
1. Programm
Sonnabend, 6. Juni, 10.30 Uhr
1. Programm

COMPUTER STUNDE

Dr. Kuno Schmidt zur Sendereihe des Fernsehens der DDR / Heute: Textverarbeitung

Power – der Dialog mit dem Gerät geht los

PC bezeichnet. Danach wird die Diskette, auf der das Be-

kette in einem interessanten Trickfilm dargestellt. Die Na-

SOFTWARE AUS DEM RADIO

Neben TV-Sendungen gibt es Neues über Computer auch im Radio. Am 16. Oktober 1986 strahlt der Schulfunk eine Testsendung aus, mit einem Interview mit Horst Völz und einem Beitrag über effektives Programmieren in BASIC. Im Anschluss werden drei Programme zum Berechnen von Primzahlen ausgesendet. Software auf Tonbandkassette sind Geräusche, deren Frequenzen vom Computer als Bits interpretiert werden. Diese »Rauschlieder« kann man auf andere Kassetten überspielen; man kann sie aber auch über das Radio funken, um viele Empfänger zu erreichen. Das Thema wird zuvor nicht angekündigt; und man holt auch keine Genehmigung zur Übertragung von Daten über den Rundfunk ein.

Der enorme Erfolg verhindert Konsequenzen: 50.000 Zuschriften erhält die Redaktion. Zu keiner anderen Rundfunksendung in der Geschichte der DDR gibt es mehr Post. Gemeinsam mit Horst Völz entsteht das Konzept eines Programmierkurses in BASIC, der am 7. Januar 1987 Premiere hat. Das *Neue Deutschland* schreibt:

»Jeweils ein Teilgebiet wird in jeder der etwa 15-minütigen Sendungen behandelt. Wer mitschneidet, kann anschließend den Lehrstoff noch einmal in Ruhe durchgehen. Außerdem liegt zu jeder der 20 Sendungen ein schriftliches Material beim Rundfunk vor, das den Hörern auf Wunsch zugeschickt wird. Am Ende der Beiträge werden Programme übertragen, die auf Kassette aufgenommen und so direkt für die Rechner KC 85/1 und KC 85/2 eingesetzt werden können. In jeder Sendung, die jeweils mittwochs um 17 Uhr ausgestrahlt wird, gibt es eine Preisfrage. Für deren Beantwortung sind u. a. Fachbücher zu gewinnen.«

Nach »BASIC – 1x1 des Programmierens« gibt es den zehnteiligen Kurs »BASIC für Fortgeschrittene«. Für beide Kurse veröffentlicht die Urania Sonderhefte; und die ersten 20 Folgen erscheinen als Hörbuch auf sechs Tonbandkassetten. Die 95 Mark teure Geschenkbox kommt in vier Versionen, neben dem KC 85 für die Westrechner von Atari, Commodore und Sinclair. Auch das Jugendradio DT 64 (der Vorläufer von MDR Sputnik) übernimmt den Kurs. Es bekommt im Januar 1989 eine eigene Computersendung: REM, nach dem gleichnamigen BASIC-Befehl. Weitere Radiokurse behandeln Maschinencode, Textverarbeitung und die Sprache Pascal.

Selbst Zeitschriften nutzen die komfortable Ausstrahlung über das Radio. So stellt etwa die *Practic* zwei Quizprogramme vor, druckt sie aber nicht ab, sondern nennt das Datum und die Uhrzeit der Ausstrahlung.

BASICODE

Programme übers Radio gibt es auch in anderen Ländern. Als die niederländischen Rundfunkanstalt NOS damit beginnt, stellt sie fest, dass sie dazu alle Programme an zahlreiche Rechner anpassen müsste. BASIC ist zwar auf allen Heimcomputern verbreitet und die Befehle ähneln sich; aber dennoch gibt es Unterschiede in der Syntax, und viele Rechner haben eigene Befehle für Grafik und Sound. So entsteht die Idee eines einheitlichen Standards: BASICODE. Für jeden Computer wird einmalig ein Übersetzerprogramm entwickelt, der Bascoder. Er stellt zusätzliche Funktionen zur Verfügung, die in jedem BASICODE-Programm auf die gleiche Weise aufgerufen und vom jeweiligen Bascoder auf den Rechnertyp angepasst werden.

BASICODE ist ein Kompromiss mit vielen Nachteilen, da Speicher verloren geht und die Programme nicht alle Fähigkeiten des jeweiligen Rechners nutzen können. Doch der Standard hat auch in der DDR viele Fürsprecher. Man regt an, ungewöhnlich genug, NOS über Mittelwelle zu empfangen, und sendet über DT 64 einen Kurs zu BASICODE. Innerhalb weniger Wochen bitten 10.000 Hörer um das gedruckte Begleitmaterial.

Es erscheint während der Wendezeit sogar ein Büchlein mit beigelegter Schallplatte, die Bascoder für eine Reihe von Heimcomputern enthält – neben den KCs, dem Z 1013 und dem AC 1 auch für den Commodore 64, Schneider CPC, ZX Spectrum und den Atari 800XL/XE.

COMPUTER
CLUB
REM
MAGAZIN

Jugend-
DT64
radio

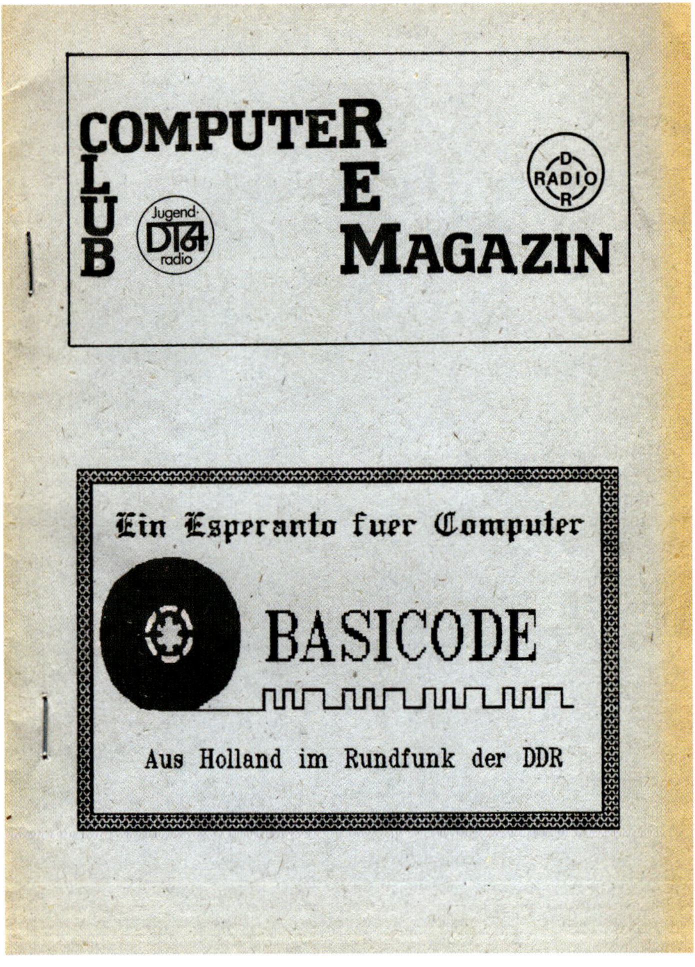

D
RADIO
R

Ein Esperanto fuer Computer

BASICODE

Aus Holland im Rundfunk der DDR

COMPUTER-KLUBS

Ab Mitte der siebziger Jahre entstehen weltweit Vereine von Computer-Enthusiasten. Als erster und letztendlich berühmtester gilt der Homebrew Computer Club. Er wird 1975 gegründet und vernetzt viele Pioniere der Computer-Industrie, etwa Steve Wozniak, den Mitgründer von Apple.

Die älteste Vereinigung in Westdeutschland ist die AUGE – Apple User Group Europe. Sie entsteht bereits 1979 und deckt heute sämtliche Computer-Systeme ab. 1981 wird der CCC – Chaos Computer Club gegründet. Ebenfalls noch heute existiert der 1985 gegründete ABBUC – Atari Bit Byter User Club, der bereits vor der Wende Kontakt zu Gleichgesinnten in der DDR sucht.

Dort, in Ostdeutschland, entstehen in den achtziger Jahren ebenfalls zahllose Clubs und Vereine. Sie bieten häufig wöchentliche Treffen zum Erfahrungsaustausch, gemeinsamen Programmieren und dienen vor allem als Software-Börse, also dem Austausch von Programmen. Allerdings staatlich reglementiert: In der DDR sind unabhängige Vereine nicht möglich; es gibt nicht einmal eine Rechtsgrundlage. Erst Anfang 1990 erlaubt ein Gesetz das Bilden von Vereinigungen.

In den Zeiten davor sind meistens Massenorganisationen Träger von Vereinen. Bei Computer-Clubs ist das oft die GST – Gesellschaft für Sport und Technik. Hier entsteht mit »Computersport« sogar eine eigene Sektion. GST-Vorstand Eberhard Paul in einem Tagungsband:

»Das Arbeiten an der Rechentechnik in der Freizeit trägt zur weiteren Verbreitung der Kenntnisse auf dem Gebiet der Informatik bei und unterstützt somit die Ausbildung der Schüler, Lehrlinge und Studenten entsprechend den Lehrplänen. Weiterhin besteht ein großer Bedarf an Kadern in der Wirtschaft, der Wissenschaft und dem Militärwesen, die für ihre Arbeit Computer nutzen und mit der Bedienung vertraut sein müssen, ohne Fachkräfte für EDV zu sein.«

Der Begriff Computersport wird ab 1987 als einer von vier Schwerpunkten auf dem Titel des Monatsmagazins *Funkamateur* genannt (aber bereits zweieinhalb Jahre später durch »Kleincomputertechnik / Software« ersetzt).

Auch Hochschulen bilden häufig Clubs unter dem Banner der GST. So gründet Ilmenau 1987 eine Computersport-Abteilung und schlägt drei Schwerpunkte vor:

7. Mitteilungsblatt des Computerklubs Leipzig

Lieber Computerfreund !

Als vor zwei Jahren etwa ein Dutzend in jeder Art von Klubarbeit unerfahrene Computerenthusiasten emsig die ersten Veranstaltungen des Computerklubs vorbereiteten, wußte keiner genau, wo es hingehen würde: auf einem Schlag über fünfhundert Mitglieder, hohe Erwartungen von allen Seiten und keinen einzigen Computer. Leute mit eingenen Rechnern meldeten sich nur zaghaft, vielleicht aus Angst, ihren Computer für die restlichen Mitglieder "opfern" zu müssen.
Inzwischen hat sich unsere Lage schrittweise verbessert. Uns stehen insgesamt 5 KC 85/3 aus Mühlhausen , je ein C 64 und C128D, ein Atari 800XL sowie ein Spektrum+ zur Verfügung. Die Geräte des Klubs stehen in der Volkshochschule (Löhrstr.), im Pionierhaus West (7033, Wasserstr.18) und neuerdings auch im Haus der Zirkel und AGs (7010, Marienplatz).
Wir haben eine Vielzahl von Arbeitsgruppen, die diese Geräte intensiv nutzen. Unsere Klubbibliothek macht Fortschritte und wir wagen uns auch etwas an die öffentlichkeit (z.B.:LVZ-Pressefest), weil wir glauben, noch einige Mitglieder mehr verkraften zu können.
Freilich ist bei uns noch nicht alles im Bestzustand. Wir haben vor allem organisatorische Probleme, da trotz Unterstützung durch die Stadtleitung des Kulturbundes und unserer Trägereinrichtung, des Naturwissenschaftlich-Thoretischen Zentrums der KMU, ein eigentlich nicht zu verkraftender Teil für die ehrenamtliche Klubleitung anwuchs. Ab Oktober 87 hat sich aber auch das verändert: der Computerklub Leipzig untersteht nun dem Stadtbezirk Nordost im Kulturbund und dieser stellte uns eine hauptamtliche Mitarbeiterin zur Verfügung. Am Profil des Klub wird sich dadurch nichts ändern, denn die Klubleitung bleibt die gleiche.
Für 1988 haben wir uns vorgenommen, die Kontakte zwischen den einzelnen Gruppen zu verbessern. Wir wollen unsere Computergrafik- und Computermusikgruppen mehr unterstützen und natürlich möchten wir genug BASIC-Anfängergruppen haben.
Auch einen Schritt in die Vergangenheit wollen wir wagen: gesucht werden alle diversen Vorläufer unserer heutigen Computertechnik von Kurbelrechenmaschinen bis solchen mit Lochband-Geräteperipherie. Diese Geräte sollen (natürlich voll funktionstüchtig) in einem Ausstellungsraum zugänglich gemacht werden. Vielleicht wird gerade in Ihrem Betrieb gerade ein solches Gerät verschrottet ?
Schließlich ist für eine dynamische Entwicklung unseres Klubs der Kontakt zu den Mitgliedern bedeutungsvoll. An dieser Stelle sei

- Eigenbau und Weiterentwicklung eines leistungsfähigen, persönlichen Computers
- Vertrautmachen mit Software-Werkzeugen (vom Anfängerkurs bis zu Spezialproblemen) und aktive Softwareentwicklung
- Anwendungsprobleme von Mikrocomputern (Computernetzwerke, Steuerungsaufgaben, 16-bit-Technik …)

Zugleich gibt es an der Hochschule einen Zirkel der FDJ rund um den Rechnerbausatz Z 1013; genau wie an der TU Dresden. Auch der Kulturbund ist Träger zahlreicher Clubs, etwa in Karl-Marx-Stadt, dem heutigem Chemnitz.

Zudem bilden sich an vielen Einrichtungen Zirkel; häufig in den weit verbreiteten Stationen Junger Naturforscher und Techniker, wie in Erfurt und Eisenach, oder Informatik-AGs an den Erweiterten Oberschulen. Am 1986 eingeweihten Kultur- und Sportzentrum Suhl entsteht ein Club für den Z 1013. Selbst die NVA – Nationale Volksarmee ist Träger verschiedener Clubs, etwa im beschaulichen Tautenhain.

Ein bekanntes Computer-Kabinett beherbergt der 1979 eröffnete Pionierpalast Berlin (das heutige FEZ). Mitte der achtziger Jahre sind dort zwei Dutzend Kleincomputer aufgebaut. Sie werden für Arbeitsgemeinschaften, Kursen und Einzelveranstaltungen genutzt. Für Spiele; aber auch für Nützliches. So analysiert die AG Anorganische Chemie Langzeitexperimente für das Wohnungsbaukombinat am Computer, während eine andere Gruppe Sonnen-Beobachtungen mit selbstentwickelten Programmen auswertet.

Der bekannteste Computerklub der DDR öffnet am 22. Januar 1986 im Haus der jungen Talente in Berlin. Der größte Jugendtreff Berlins bietet mehr als fünfzig Arbeitsgemeinschaften und zieht jedes Jahr mehrere hunderttausend Besucher an. Direktor Frank Künzel zum *Neuen Deutschland:*

»Dem Wunsch junger Leute folgend, eröffnen wir den Computerklub, dessen Mitglieder sich dann jeden Mittwoch treffen. Zunächst wird die Programmiersprache BASIC vorgestellt, später geht es um die Programmierung von Musik. Wissenschaftler der Humboldt-Universität werden die einzelnen Veranstaltungen betreuen, zu denen jeder kommen kann.«

Am ersten Tag kommen vierhundert Besucher in den Raum, der eigentlich nur Platz für vierzig Personen bietet. Schnell entwickelt sich der Club zum Renner. Was nicht in der Zeitung steht: Der Klub ist nicht mit den typischen Kleincomputern aus der DDR ausgerüstet. Klubleiter Stefan Paubel entscheidet sich dafür, auf Geräte aus dem Westen zu setzen – und demonstriert auch bei den Veranstaltungen den Stand der Technik. Das kommt an. Bereits im Oktober darf Paubel auf einer Aktivtagung von Jugendklubs darüber sprechen, wie Schüler, Lehrlinge und Facharbeiter sein Kabinett nutzen würden, um ihre Kenntnisse zu festigen und zu erweitern.

HO

Kasse	Datum	Verkauf
	7.5.86	We

Betriebs-Nummer:	Branche W.-Konto	Kostenstelle Zahler

Anz.	Artikel-Bezeichnung	Mark	Pf
1	Atari 130 XE mit Data u. Joystick 5141/6185		
	Scheck	2.000,–	

6531114

Betrag dankend erhalten

Kassenzettel aufzubewahren.

An- und Verkauf
Rundfunk - Fernsehen
1034 Berlin, Kopernikusstr. 17
Telefon 4 33 13 10

Die DDR zeigt sich offen für Vereinigungen, die sich ausschließlich Westrechnern widmen. So wird im Februar 1989 in Berlin ein Klub für die 8-Bit-Rechner von Atari gegründet, wie Atari 600XL, 800XL oder 130XE. Ganz offiziell, unter dem Banner des Kulturbunds. Nur sollte ein amerikanischer Firmenname nicht an erster Stelle stehen; daher einigt man sich auf den Namen *8-Bit Atariclub*.

Der Klub zieht eher Erwachsene an, die auch beruflich im EDV-Bereich arbeiten. Und nicht nur Männer: der Klubleiter ist eine Klubleiterin und heißt Wiltraud Kleinert. Der Kulturbund hilft mit Räumlichkeiten für Treffen aus. Dort steht das ernsthafte Arbeiten mit den Heimcomputern im Vordergrund, wie das Programmieren in BASIC und Assembler sowie das Bauen von Hardware-Lösungen. Klubmitglied Ralf Springer, der mit Hilfe von erspartem Westgeld und Verwandtschaft aus Westberlin zu einem Atari 600XL gelangt und kurz vor der Wende für 2.000 Ostmark aus dem A&V auf einen 130XE umsteigt, erinnert sich:

»Wir versuchten, die Dinge selbst zu bauen, die wir hätten mit Westgeld kaufen müssen. Wir tüftelten aus, wie man Kassettenrekorder aus der DDR anschließt, den Speicher mit DDR-Chips aufrüstet oder eine Erika-Schreibmaschine aus Dresden als Drucker ansteuert. Wir halfen uns gegenseitig mit Software und mit Literatur aus. Freilich wurde auch gespielt; und weil die Atari-Rechner eine bessere Grafik und einen besseren Klang als die DDR-KCs boten, kamen zu den Treffen häufig auch die Kinder der Mitglieder. Wir schrieben eine Klubzeitung im A4-Format, mit rund 25 Seiten – deren Inhalt musste, wie bei Drucksachen üblich, vorab vorgelegt werden …«

Durch Mundpropaganda in Betrieben werden neue Mitstreiter gewonnen. 1990 gibt es 66 Mitglieder. Sie kommen meistens aus Berlin, aber auch aus Leipzig, Radebeul oder Meißen. In der Wendezeit löst sich der Klub auf. Viele Mitglieder schaffen sich neue Computer an; andere treten in den bundesweiten ABBUC ein, zu dem es bereits zu DDR-Zeiten Kontakte gibt.

COMPUTER-AGs IM PIONIERPALAST

Montag

Grundlagen Elektronik/Mikroelektronik (Anfänger)

Grundlagen Programmierung

AG 16.00–19.30 Uhr

Dienstag

Rechnerkopplungen

Softwareentwicklung

AG 16.00–19.00 Uhr

Mittwoch

Steuerungen mit KC 85/3 – Hard- und Software zur Kopplung

AG 16.00–19.00 Uhr

Donnerstag

Bildaufbereitung

Steuerung von peripheren Geräten

AG 16.00–20.00 Uhr

Freitag

Assemblerlehrgang

Bau von Programmierhilfsmitteln für PIO-Programmierung

AG 16.00–19.30 Uhr

COMPUTERKLUB IM HAUS DER JUNGEN TALENTE BERLIN

Klubleiter Stefan Paubel setzt auf Technik aus dem Westen und führt das Machbare vor.

Computerklub im Haus der jungen Talente, Stefan Paubel mittendrin

Wie begann deine Begeisterung für Computer?

Ich war zu jener Zeit im Haus der jungen Talente als Jugendklubleiter angestellt, nach einem Studium als Kulturwissenschaftler an der Humboldt-Universtät. 1984 verkaufte mir ein Freund, aus Geldnot, einen Sinclair ZX 81 für 180 DM. Zum Betrieb musste ich mir noch einen Fernseher zulegen. Sofort packte mich das Fieber. 1985 kaufte ich mir für 4.000 DDR-Mark einen Commodore VC 20 und drei Monate später einen Commodore C 64. Jetzt begannen die Planungen für den Computerklub. Alle Verantwortlichen waren aufgeschlossen.

Ungewöhnlich war der Fokus auf Westcomputer.

Es gab die DDR-Rechner kaum zu kaufen. Und ich wollte Westtechnik. Keiner hatte damit ein Problem. Mit der Finanzchefin vom Haus ging ich in einem bekannten A&V-Laden in Berlin-Köpenick auf Einkaufstour. Wir erwarben einen Commodore 64 für 6.500 Mark und einen Drucker für 4.500 Mark der DDR. Zur Ausstattung des Klubs kamen mein ZX 81 und der VC 20 dazu.

Als Bildschirme dienten die damals neuen Kofferfarbfernseher von Robotron mit den in Berlin hergestellten japanischen Bildröhren. Die Besucher brachten ebenfalls Computer mit, vorsichtig eingepackt in Handtücher in Fotokoffern – andere C 64, Atari 130XL und Folgemodelle. Für sie standen mehrere Schwarzweiß-Fernseher bereit. So hatten wir immer acht bis zehn Computer da.

Wie verlief das Klubleben?

Wir trafen uns einmal pro Woche abends. Neben dem Austausch von Erfahrungen und Software gab es häufig Vorträge und Vorführungen: Programmiersprachen wie BASIC, Logo und Assembler, Ampelsteuerung für die »Grüne Welle«, MIDI-Steuerung mit Keyboards, Audio-Sampling, Video-Grabbing, Roboter-Steuerung, Sprachausgabe, Tricks in Filmen wie »Tron« mit Videos von meinem Videorekorder, Giga-CAD, Vorstellung von Geräten wie Schneider PC und Sinclair QL, Grafik und Animation mit DPaint III, 3D-Rendering, Notenschrift und Sound mit dem Amiga und vieles mehr. Ab Mitte 1989 gab es eine Desktopvideo-Werkstatt für den Amiga. Da kamen Leute von Videostudios aus der ganzen DDR.

Ich glaube, ich habe alles vorgeführt, was zu der Zeit mit Computern machbar war. Wenn nicht live, dann per Videorekorder. Ich nahm all die berühmten Computersendungen auf, wie »Das Bild, das aus dem Rechner kam«, »Von der Faszination des Machbaren« oder »Die künstliche Wirklichkeiten«.

Gab es gemeinsame Projekte?

Wir bauten ein Info-System für das Haus der jungen Talente auf. Es hing im Eingangsbereich und wurde mit einem C 64 betrieben. Und Ende 1989 nahmen wir den Betrieb einer Mailbox mit Akkustik-Koppler auf. Der war in einem Schuhkarton gedämpft untergebracht.

Wie viele Teilnehmer hatte der Klub?

Es war ein freier Klub, ohne feste Mitgliedschaft. Meine wichtigsten Mitstreiter waren rund 20 Personen. Als Besucher kamen im Schnitt 25 bis 50 Personen. Fast alles Männer.

Gab es Kontakte mit anderen Einrichtungen und anderen Städten?

Ich habe mit meiner Technik in der ganzen DDR Vorträge gehalten. In anderen Computerklubs, bei der NVA, regelmäßig zur Weiterbildung zum Thema Computergrafik ab 1988 mit meinem eigenen Amiga 500. Ich habe CAD/CAM vorgeführt und Kriegsspiele bei der Armee gezeigt. Dafür gab es sogar Honorar.

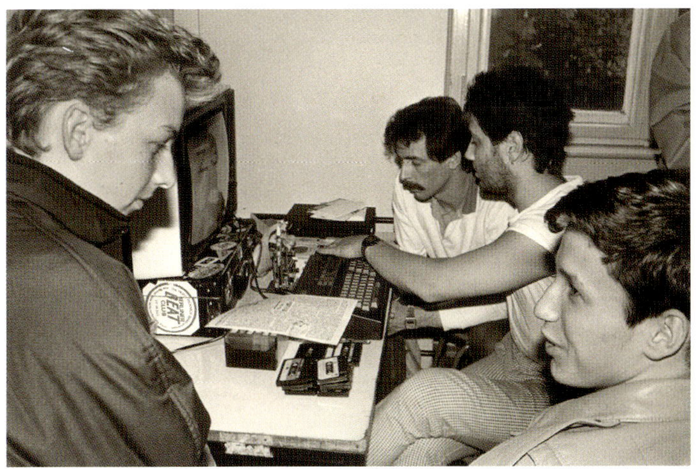

Tüfteln am ZX Spectrum

HEIMLICH IN DEN UNI-KLUB

Christian Harms schleicht sich in den Computer-Klub der Uni Dresden – und fängt Feuer. Als einer von wenigen bekommt er bereits in den achtziger Jahren einen PC.

Mein erster Computer-Kontakt war an der TU Dresden. Meine Mutter war dort Mathematikerin und Dozentin. Der Willers-Bau ist ein imposanter Bau mit langen Gängen und beherbergt immer noch die Mathe-Fakultät. Ich durfte bei einem Besuch als kleiner Steppke einmal Lochstreifen tragen und ehrfürchtig zuschauen, wie dadurch ein Programm geladen wurde und als grafisches Gebilde auf dem GD'71 erschien, einem 60 cm großen runden Vektor-Bildschirm.

Dann kam der Tag, an dem ich selber aktiv wurde. Es war Anfang des Jahres 1987; und ich hatte mich durch Uni-Kontakte in einen elitären Computer-Klub hineingeschmuggelt und einfach dazugesetzt. So konnte ich jede zweite Woche fast zwei Stunden lang phantastisches Zeug anhören und lernen. Schnell merkte ich, dass auch für die anderen, teils älteren Jugendlichen die Homecomputer und die Programmierung recht neu waren. Wir lernten gemeinsam, was die Geräte so alles konnten. Nach einer kleinen Einführung durfte ich selber auf dem KC 85 bzw. KC 87 tippen. Dazu gab es ein BASIC-Handbuch; und ich musste eine Kassette von zu Hause mitbringen, um meine Arbeit zu speichern.

Erst habe ich anderen über die Schulter geschaut, aber nach einer kurzen Lernphase wollte ich gleich ein Spiel entwickeln. Und tatsächlich hatte ich nach einigen Wochen einen animierten Titelscreen mit einem Formel-1-Fahrzeug mit Zeichensatzgrafik fertiggestellt. Da ich aber nie offiziell im Computerclub angemeldet war, wurde ich irgendwann als nicht-offizieller Besucher erkannt und verbannt. Man musste wohl vorher ausgewählt werden oder die richtigen Eltern haben. Jedenfalls wurde mir danach der Zugang verwehrt.

Damit war meine Neugier erst richtig geweckt. Aber ich war wieder ohne Computer – und hatte auch keine passenden Freunde. Also mussten sich meine Eltern etwas überlegen. Rentner durften ja zu DDR-Zeiten in den Westen reisen. So konnte auch meine Omi nach West-Berlin. Durch Freunde und Besuchergeld konnte sie uns einen Rechner mitbringen: den ersten PC von Commodore 1987. Damals ideal für den Einsteigermarkt. Seine kompakte Bauart brachte einige Kompromisse mit sich, aber mit knapp 800 DM zu einem bezahlbaren Preis.

Jetzt hatte ich endlich einen eigenen Rechner, aber keiner meiner Freunde besaß einen DOS-PC. Mittlerweise gab es immerhin einen Freund in der Klasse, der einen C64 zum Spielen hatte. Mit einer auf 4,77 MHz getakteten 8088-CPU, einfarbiger Hercules-Grafik, einem Grün-Monitor und einem 5.25"-Disketten-Laufwerk (ohne Festplatte) war ich nicht gut für Spiele gerüstet. Doch die waren ohnehin nicht reizvoll, weil ich gleich mit dem Programmieren startete. Erst mit dem Handbuch und GW-BASIC; dank Uni-Kontakten bald darauf mit Turbo Pascal. Im Nachhinein eine sehr gute Entscheidung.

Inspiration war auch die REM-Sendung von Prof. Horst Völz im DT 64-Radio. Dort wurden jeden Mittwoch BASIC-Programme besprochen und per Radio übertragen. Man konnte das Programm mit dem Kassettenrekorder aufnehmen und auf dem Kleincomputer abspielen. Oder aber das A5-Heft (auf grauen Löschpapier gedruckt) bestellen. Eine andere Quelle war die Zeitschrift *MP – Mikroprozessortechnik*, die auch Listings veröffentlichte. Unter anderem fand ich dadurch ein Fraktal -Programm in BASIC, welches eine Mandelbrot-Menge, das berühmte Apfelmännchen, berechnete und darstellen konnte. Das übersetzte ich in Turbo Pascal und Hercules-Grafik. Letztendlich lief es ganze 24 Stunden im Schlafzimmer, bis das Bild fertig berechnet wurde. Da der PC keinen den Schlaf störenden Lüfter hatte, konnte ich den Monitor ausmachen und am nächsten Abend nachschauen, wie das Ergebnis aussah.

Irgendwann kamen auch bei mir Disketten mit Spielen an. Zunächst konnte ich nur wenig spielen. Mit »Hack« und »Castle« hatte ich zwar interessante

Spiele für den Textmodus – alle Elemente bestanden aus Buchstaben, Zahlen und Sonderzeichen. Aber die »echten« Spiele erwarteten mindestens CGA-Grafik, der am Grünmonitor im Hercules-Modus nicht benutzbar war. Irgendwann habe ich über Anzeigen mitbekommen, dass es CGA-Emulatoren gab, die jeden Frame vom CGA-Speicher in den Hercules-Speicher kopieren/konvertieren konnten. Mehrere Anzeigekontakte später (man musste per Postkarte bestellen) und nach dem Kauf von teuren Disketten (20 Mark für eine Disk mit 360 Kilobyte) hatte ich sieben verschiedene Hilfsmittel, die für Spiele wie »Alley Cat«, »Mach 3« oder »Zaxxon« funktionierten. Naja – je nach Spiel mal die eine Variante oder die andere. Da die CGA-Emulatoren Public Domain waren, frei kopierbar, hatte ich selber eine Anzeige geschaltet, um die Lösung mit anderen Hercules-Nutzern zu teilen. Einer hatte sich sogar aus West-Berlin gemeldet und mir statt der Diskette plus 10 Mark einfach einen 10er Pack Disketten angeboten. Juhu – ich war reich! Heute weiß ich, dass ein Farbmonitor das Problem auch behoben hätte, da eine AGA-Grafikkarte verbaut war: Je nach angeschlossenem Monitor wurde entweder Hercules- oder CGA-Grafik möglich.

1989/90 in der 11. Klasse in der Schule hatten wir den Bildungscomputer A 5105, dessen R-Pascal dem mir vertrauten Turbo Pascal ähnelte. Das war kein Zufall, sondern eine dreiste Kopie von Robotron. Wie auch REDABAS die Robotron-Variante für dBase war. Die Lehrerin hatte nur einen kurzen Einführungskurs bekommen und wollte uns den Umgang mit dem Rechner beibringen. Ich fand mich beim CP/M-ähnlichen Betriebssystem schnell zurecht und durfte selber programmieren, wenn ich nicht mehr mit Fragen störte, die sie nicht beantworten konnte. Aber schon in der 12. Klasse war davon nichts mehr zu sehen; und der Informatikunterricht wurde in der Wendezeit wieder aufgelöst.

Der Commodore PC-1 steht noch bei meinem Eltern; die PD-Software in meiner Männerhöhle neben vielen weiteren Spielen. Das Programmieren hat mich nicht mehr losgelassen, und ich bin immer noch dabei.

DAS GROSSE COMPUTERTREFFEN IN BÖHLEN

Irene und Hartmut Flemming organisieren die größten Computertreffen der DDR. Sie leitet den Kulturpalast Böhlen. Er ist der Atari-Fan – und erinnert sich.

Dank Intershop und lieben Verwandten hatte der Atari auch bei uns Einzug gehalten. Eine immer größer werdende Fangemeinde wuchs heran. Man kannte sich, und kleine Gruppen trafen sich im privaten Bereich zum Fachsimpeln und natürlich zum Tauschen von Programmen. Auch mein Sohn, damals zwölf Jahre alt, und ich gehörten dazu. In dieser Runde wurde die Idee geboren, alle Interessenten zu einem größeren Treffen zusammenzuführen. Die Räumlichkeiten standen schnell fest: In Böhlen gab es einen großen Kulturpalast, und meine Frau war dort die Chefin.

So ganz wohl war es ihr nicht bei dem Gedanken, eine öffentliche Veranstaltung nur mit Technik aus dem Westen durchzuführen. Aber nach einer Vorstellung des Konzeptes bei der übergeordneten Leitung gab es grünes Licht.

Am Sonntag, dem 26. April 1987, sollte das erste *Computertreffen* stattfinden. Ein Saal wurde hergerichtet und verkabelt. Die Berufsschule Böhlen stellte die Monitore ihres Computerkabinetts zur Verfügung für die Teilnehmer, die ihre eigenen nicht mitbringen konnten.

Die Resonanz übertraf alle Erwartungen: Etwa 300 technisch interessierte junge Leute und »alte Hasen« kamen mit ihrer eigenen Hard- und Software aus allen Richtungen des Landes – aus Frankfurt (Oder), Suhl, Halle, Leipzig, Berlin, Magdeburg, Rügen, um nur einige zu nennen. Die Begeisterung der Teilnehmer war riesig. Man fachsimpelte, tauschte Programme, stellte eigene Software und sogar selbst gebaute Computer vor. In einem Raum lief alle zwei Stunden ein BASIC-Kurs für Anfänger. Für die gastronomische Betreuung der Besucher war auch gesorgt. Und es gab eine Menge Vorschläge und Wünsche an den Veranstalter für weitere Treffen.

Das nächste Treffen fand bereits ein halbes Jahr später statt, im Oktober 1987. Rund 600 Teilnehmer nahmen das gesamte Haus mit allen Räumen in Beschlag.

In Böhlen erregten wir eine Menge Aufmerksamkeit, da trotz eines großen Parkplatzes vor dem Kulturpalast alles bis weit in die Nebenstraßen hinein zugeparkt wurde und man sich wunderte, was denn da bloß los sei? Zahlreiche Autos, den Kennzeichen nach aus der ganzen Republik, im Städtchen? Ist da irgendein Staatsbesuch oder ähnliches? Sicher haben wir auch die Stasi auf den Plan gerufen, aber sie hat sich nicht bemerkbar gemacht.

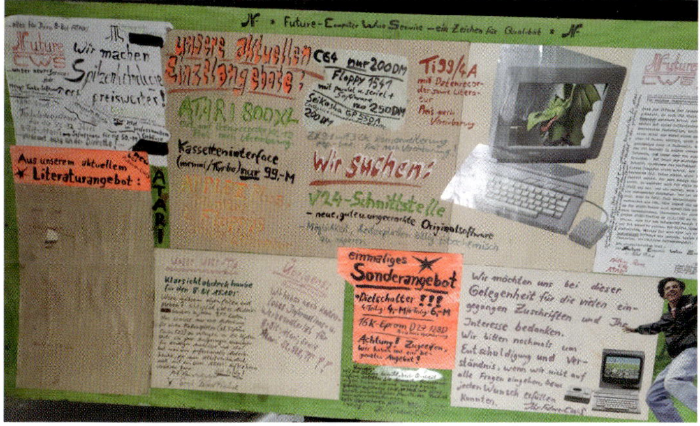

Werbetafeln des Leipziger Ausstellers Future CWS (= ComputerWareServices) alias Frank Herrmann, für das Treffen in Böhlen, um 1989

Auch meine Frau hatte sich beruhigt. Sie wurde sogar nach Berlin gerufen, um bei einem Gewerkschaftskongress über die Veranstaltung als positives Beispiel zu berichten, wie man Jugendliche für moderne Technik interessieren kann.

Die Treffen waren nun zu einer festen Größe im Veranstaltungsplan des Kulturpalastes geworden. Wir führten sie fortan zweimal im Jahr durch, jeweils im Frühjahr und im Herbst. Der Erfolg hatte sich bis zu den Besitzern von Commodore, Amiga, ZX Spektrum und KC 85 herumgesprochen, und sie wollten nun ebenfalls am Treffen teilnehmen. Jeder Computertyp bekam seinen eigenen Raum; Atari war immer am meisten vertreten und residierte im großen Saal. Den ganzen Tag war das Haus voller Pieps-, Zwitscher-, Spiel- und Ladegeräusche – Musik in den Ohren der User. Später wurde das Treffen auf zwei Tage ausgebaut. Meine Frau bemühte sich im Arbeiterwohnheim um Unterkünfte.

Bereits für die erste Veranstaltung hatten wir uns persönlich bekannte Computerfreunde per Briefpost informiert. Vor Ort konnten alle Besucher ihre Adresse hinterlassen, um erneut eingeladen zu werden und sich gegebenenfalls mit Angabe ihres Computertyps anzumelden. Auch durch Mundpropaganda wuchs die Zahl der Teilnehmer. Am Ende hatten wir 800 Mitwirkende plus 500 Besucher ohne Hardware.

Die Teilnahme war kostenlos. So mancher, der nur mal schauen wollte, was denn da so abgeht, entdeckte sein Interesse für den Computer. Viel Anklang fanden wir auch, dass der kommerzielle Vertrieb von Soft- und Hardware bei diesen Veranstaltungen nicht erwünscht war. Alles ging auf Tauschbasis, und man verschenkte auch mal etwas. Wir wollten Geschäftemachern keine Plattform bieten. Einige, die mit dieser Absicht gekommen waren, zogen mit langen Gesichtern wieder ab.

Im Frühjahr 1990, zum 7. Computertreffen, war Atari selbst vertreten, mit einem Stand und zwei Vertriebsleitern. Diese waren zwar begeistert von dem Enthusiasmus der User und dass in der DDR solche Treffen stattfanden, warnten aber gleichzeitig vor eventuellen Gesetzesverletzungen nach bundesdeutschem Recht. Im Oktober 1990 fand unser 8. und letztes Treffen in Böhlen statt. Die Wiedervereinigung war vollzogen, und es galten nun die Gesetze der Bundesrepublik. Trotz großen Bedauerns konnten wir die Treffen im Hinblick auf das Raubkopieren in der bisherigen Form nicht weiterführen. Hinzu kam, dass wir uns, wie viele der Teilnehmer auch, beruflich neu orientieren mussten und erst mal andere Sorgen hatten, als dem Hobby zu frönen.

DIE LEIPZIGER MESSE

Für gewöhnlich tut die DDR alles, um Ostdeutsche und Westdeutsche voneinander fernzuhalten. Doch zweimal im Jahr ist alles anders: zur Leipziger Frühjahrs- und Herbstmesse. Die Universalmessen haben keinen thematischen Schwerpunkt und decken Waren aller Art ab. Sie gelten als wichtiger Handelsplatz zwischen Ost und West. Traditionell gibt es einen Rundgang der Staatsführung und Gespräche mit Ausstellern aus dem Ausland.

Im Frühjahr 1980 nehmen 9.000 Aussteller aus 66 Ländern teil; Schauplatz ist die Technische Messe am Völkerschlachtdenkmal (die 1996 durch das Neue Messegelände vor den Toren der Stadt ersetzt wird).

Auch das normale Publikum kann die Stände von internationalen Computer-Herstellern besuchen und sich Prospekte mitnehmen. Die Buchmesse in der Leipziger Innenstadt ist eine Gelegenheit, in Westbüchern zu blättern – und mit Glück das eine oder andere zugesteckt zu bekommen.

Leipziger haben es doppelt gut: Die Stadt soll sich den vielen westlichen Besuchern und Journalisten vorbildlich zeigen; und das heißt auch gefüllte Geschäfte. Und es gibt bei weitem zu wenig Hotelzimmer, so dass viele Gäste in privaten Quartieren unterkommen – und Westdeutsche bezahlen in Westmark.

Zwei, drei Tage vor der Frühjahrsmesse finden die Leipziger Seminare statt, hochkarätige Zusammenkünfte aus Kombinatsdirektoren und Parteifunktionären. Sie dienen dem Erfahrungsaustausch, der Messeplanung und vor allem der Formulierung von Produktionsverpflichtungen, die bei den kleineren Herbstseminaren kontrolliert werden.

Neben den großen internationalen Handelsschauen findet in Leipzig die Zentrale Messe der Meister von Morgen statt. Die MMM ähnelt der westdeutschen Initiative »Jugend forscht«. Mehr als zwei Millionen Teilnehmer stellen Exponate in Schul- und Betriebsmeisterschaften vor und qualifizieren sich in ihren Kreisen und später in einem der 15 Bezirke (in die sich die DDR statt der westlichen Bundesländer gliedert). 1979 kommen allein zur MMM in Berlin 60.000 Besucher. Der jährliche Höhepunkt ist die zentrale Messe in Leipzig. 12 Tage, 6 Hallen, 2 Mark für die Dauerkarte. Nur jeder tausendsten Idee gelingt es, daran teilzunehmen; 1989 sind es 2.600 Exponate. 1986 sind erstmals Neuerer aus anderen Ländern unter den Ausstellern.

Es gibt thematische Führungen, einen Computer-Katalog, um nach bestimmten Leistungen zu suchen, und eine Nachnutzungsbörse: Für den Veranstalter, die Jugendorganisation FDJ, ist es wichtig, dass die Erfindungen auch eingesetzt werden. Im eigenen Betrieb und noch besser auch in anderen Betrieben. Daneben gibt es Vorträge und Gesprächsrunden.

Da Lösungen rund um Computer häufig von Jugendkollektiven stammen, sind sie regelmäßig auf der MMM zu finden. So wird etwa der KC 87 zunächst auf der Bezirksmesse in Dresden und später auf der Zentralen MMM in Leipzig vorgestellt; Karsten Schiwon von Mikroelektronik Mühlhausen wird in der *Jugend+Technik* zum KC 85/3 interviewt:

»Auf der Zentralen MMM konnte man die Produkte unserer Arbeit sehen. Diesmal zwar nicht als eigenständiges Exponat, sondern als sichtbares oder unsichtbares Element so mancher Rationalisierungslösung. Unsere Kleincomputer haben in nicht wenigen Fällen überhaupt erst das Niveau der gezeigten Leistung und den jetzigen Zeitpunkt ihrer Erarbeitung ermöglicht.«

Daneben zeigt die MMM Bastellösungen rund um Mikrochips, etwa ein Reglersystem für Dampfheizungsanlagen auf der Basis des U 880, und Software für den betrieblichen Einsatz.

1986 wird ein Computerzentrum mit 18 Geräten eingerichtet. Das *Neue Deutschland* schreibt dazu:

»Geschicklichkeitsaufgaben, Schach und andere Brettspiele sind ebenso vertreten wie Programme, die Studenten aus Jena, Dresden, Karl-Marx-Stadt und Greifswald bei ihrer Ausbildung in naturwissenschaftlichen Fächern benutzen. Interessenten können Grundbegriffe der Computersprache BASIC und des Programmierens erlernen.«

DAS FRÜHJAHR DER COMPUTER

Auf der Leipziger Frühjahrsmesse 1984 zeigen DDR-Betriebe zum ersten Mal:

- den Bürocomputer PC 1715
- den Kleincomputer Z 9001 (später: KC 85/1)
- den Kleincomputer HC 900 (später: KC 85/2)
- den Lerncomputer LC 80
- den Schachcomputer Chess-Master

buerotechnica

LEIPZIGER FRÜHJAHRSMESSE 1965

INFORMATIONEN DER DDR-BÜROMASCHINEN-INDUSTRIE

1165 1965

Broschüre der Büromaschinen-Industrie zur Leipziger Frühjahrsmesse 1965 – auf dem Titel: Ascota-Buchungsmaschine

Messe der Meister von Morgen, in den sechziger Jahren

MIT DEM LERNCOMPUTER AUF DIE ERFINDERMESSE

Auf einem Lerncomputer LC 80 programmiert der Lehrling Jens Erdmann eine Anlage zur Fehlersuche defekter Waschmaschinen – und darf sie auf der Erfindermesse ausstellen.

Ich habe 1984 eine Lehre zum Elektro-Installateur bei der PGH Energie Jüterbog begonnen. PGH stand für Produktionsgenossenschaft des Handwerks; die Mitglieder bekamen eine Art Gewinnausschüttung.

Da bei mir feststand, dass ich drei Jahre zur Armee gehe, wurde ich wie üblich kommissarisch als FDJ-Sekretär eingesetzt und aus Mangel an anderen Kandidaten (typisch DDR) von allen gewählt. Mein Chef legte mir nahe, nur das Nötigste zu übernehmen, was an Aufträgen von der FDJ-Kreisleitung herankam, um der Firma den Rücken freizuhalten. Doch da es im Betrieb drei Jugendbrigaden gab, musste auch jede ein Projekt für die MMM abliefern – für die Messe der Meister von Morgen.

Als Amateurfunker war ich elektronisch interessiert und in der Lage, auf Papier (ohne Computer) Assembler-Programme zu schreiben. Eines Tages erwähnte der Chef den LC 80, der seit einiger Zeit ungenutzt um Schrank lag. Ich durfte ihn mit nach Hause nehmen, um mich damit zu beschäftigen.

In meiner Ausbildung reparierte ich auch die Waschmaschine WA 45; und ich wunderte mich immer, wie die Monteure ohne elektronisches Wissen herausfanden, dass der Schaltverstärker, das Programm-Modul oder die Temperatur-Regelung defekt waren: Meistens gar nicht; es wurden einfach alle Teile auf Verdacht ausgetauscht.

Die Platine wurde nach Potsdam geschickt und kam »repariert« mit einer Rechnung von rund 50 Mark zurück. Bei der Fehlersuche fanden wir heraus, dass meisten defekten Bauteile höchstens 20 Pfennig kosteten. Und das Herzstück bei rund 80 % der defekten Geräte eigentlich ok war: der Schaltverstärker vom Typ A109, ein vielbeiniger Halbleiterchip mit 14 Transistoren und 15 Widerständen. Also konnte die PGH viel Geld sparen, wenn wir die Fehlersuche und Beseitigung selbst übernehmen würden.

Mir kam die Idee, mit dem LC 80 und einem Analog-Digital-Wandler die Fehler-Messungen vorzunehmen. Der Chef stellte mir dazu einen Lehrfacharbeiter und einen Meister mit Erfahrungen im Modellbau an die Seite. Sie sollten mich bei den Lötungen und bei den mechanischen Arbeiten unterstützen.

Der Lehrfacharbeiter war ebenfalls elektronisch versiert; und so konnten wir gemeinsam einen Messtisch auf Basis des LC 80 bauen:

- LC 80 mit Erweiterung auf 4 Kilobyte Speicher
- Digital-Analog-Wandler, verbunden mit einem Oszilloskop
- Analog-Digital-Wandler, verbunden mit einen Multiplexer, um Messpunkte (via U 855) abfragen zu können

Die zu messenden Beinchen des Schaltverstärkers A109 anzuschließen war nicht einfach. Wir haben mit Strick- und Nähnadeln probiert, bis der Meister (mit Möbelbau-Hintergrund) und der Lehrfacharbeiter auf eine Lösung gekommen sind: Federbelastete Messingstifte mit kegelförmiger Vertiefung zur Kontaktierung der Lötstelle.

In einer Mittagspause wollte ich das Programm auf eine Kassette speichern. Da das immer ewig dauerte, bin ich essen gegangen. Nach zehn Minuten kam ein Kollege nach oben mit der Meldung, dass unten der Tisch komische Geräusche machte … und er den Hauptschalter betätigt hatte. Ups. Was er hörte, war natürlich die Aufnahme des Programms auf die Kassette. Einen Großteil meiner Programmierung konnte ich wiederherstellen; nur die letzte »geniale« Änderung, mit der ich Speicherplatz sparte, nicht mehr. Seitdem habe ich immer den Code in Unterprogramme aufgeteilt und die Hex-Zahlen auf A3-Millimeterpapier aufgeschrieben. Das Projekt lehrte mich auch, Programme zu dokumentieren. Bis dahin hatte ich alles im Hex-Code aus dem Kopf programmiert und nicht alles auf Papier notiert: Einen Drucker gab es für den LC 80 nicht.

Auf der Kreis-MMM in Jüterbog wurde das System noch unfertig ausgestellt. Wir mussten etwas schummeln, da die Leiterkarten-Stecker fehlten, die es nicht zu kaufen gab. Durch die in der DDR typischen Tauschgeschäfte auch unter Betrieben konnte eine Woche nach der Messe auch dieses Problem gelöst werden.

MMM

30. ZENTRALE
MESSE DER MEISTER
VON MORGEN UND
10. ZENTRALE
LEISTUNGSSCHAU DER
STUDENTEN UND JUNGEN
WISSENSCHAFTLER
9.–20. Nov. 1987

DAUERKARTE

Leipzig, Messegelände

Öffnungszeiten: 9. 11. 13.00 – 17.00 Uhr
10. – 19. 11. 9.00 – 17.00 Uhr
20. 11. 9.00 – 13.00 Uhr

Nr. 04832 **2,00 M**

30. Bezirks-MMM Leipzig

19.–30. Oktober 1987 · Messegelände, Halle 18

Eintrittskarte

0,25 M

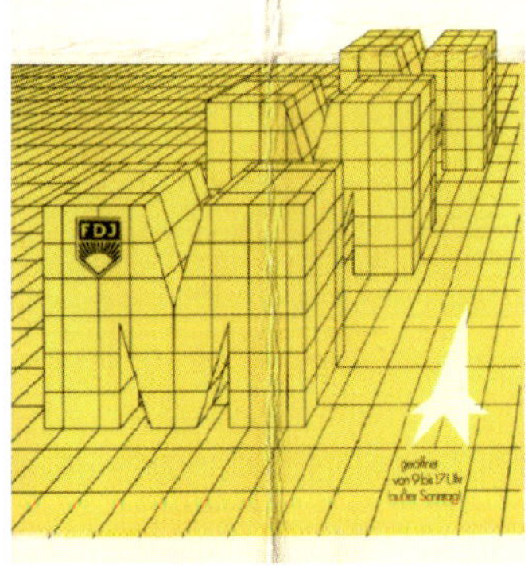

COMPUTER IN BÜRO UND PRODUKTION

In den achtziger Jahren halten auch in der DDR Bürocomputer Einzug. Sie werden weniger für die Korrespondenz verwendet: Da Briefe ohnehin mit der Post verschickt werden, genügen Schreibmaschinen; mechanische oder elektronische. Aber für längere Texte, für Datenbanken und Tabellen und vieles mehr ist ein Computer mit Diskettenlaufwerk natürlich praktisch.

Zum Gesicht des DDR-Rechners wird der PC 1715. Das Gerät mit dem Kürzel »PC« im Namen. PC wie Personal Computer. Die Entwicklungsgeschichte ist abenteuerlich und beginnt bereits 1981 mit dem Vorhaben, einen »Kleinbürocomputer« zu entwerfen. Der ursprüngliche Name: KBC A 5105 (eine Kennung, die später der Bildungscomputer erhält).

Doch die Kombinatsleitung von Robotron will im Büromaschinenwerk Sömmerda nur noch Drucker fertigen lassen. Und so werkeln die Ingenieure im Geheimen. Da Sömmerda schon lange Buchungsmaschinen fertigt, die vor allem in die Sowjetunion exportiert werden, etwa den Elektronischen Abrechnungsautomaten daro 382, planen sie den Rechner unter einem unverfänglichen Namen, unter dem Vorwand, Exportverpflichtungen an die Sowjetunion einzulösen. Daher wird ein Muster im November 1983 zuerst in Moskau ausgestellt, auf einem Drucker-Symposium, als »Drucker-Ansteuergerät«.

PC 1715, im Robotron-Museum Dresden

Der Trick klappt. Der Vertreter des sowjetischen Ministeriums lobt das Gerät: »Genau das ist die Maschine, welche wir in der sowjetischen Wirtschaft für eine breite Nutzung am Arbeitsplatz benötigen.« Und gibt das erlösende Signal: Die Sowjetunion würde ab 1985 mindestens 10.000 Stück pro Jahr nehmen wollen. Sigmar Radestock, einer der Entwickler des PC 1715, schreibt im Buch »Zeitzeugen berichten«:

»Um den PC 1715 einer breiteren Basis bekannt zu machen, wurden verschiedene Wege, auch die Deklaration als Jugend-Objekt im Rahmen der MMM, gewählt, aber dort nur als Rationalisierungsmittel für die Büroorganisation oder als Ansteuergerät für Drucker. Nur unter diesem ›Deckmantel‹ gelangte ... der PC 1715 gegen den Widerstand der Kombinatsverantwortlichen als Ausstellungsobjekt auf die Leipziger Frühjahrsmesse 1984, wo er natürlich eine deutliche Wirkung bei den Messebesuchern und Handelspartnern hervorrief, weil sein Potential als kostengünstiger und allgemein nutzbarer Arbeitsplatzcomputer offensichtlich war.«

Dabei wird er in Leipzig immer noch als robotron EFBM 1715 angepriesen, als Elektronische Fakturier- und Buchungs-Maschine. Doch jeder erkennt die Vorzüge. Die Widerstände gegen das praktische Gerät brechen. Robotron nimmt das Gerät sogar mit auf die CeBIT nach Hannover. Der Rest ist Geschichte. Bis 1989 werden 93.000 Geräte gefertigt (wenngleich 50.000 in die Sowjetunion gehen). Das macht ihn zum beliebtesten Bürorechner der DDR. Und Sömmerda zur »Hauptstadt der Computer«. Radestock:

»Erstmals erlebten viele an ihrem Arbeitsplatz die Rationalisierungswirkung von IT, die tatsächlichen Einsparungen von Zeit und Aufwand, die Herstellung von Strukturen und Transparenz in der Verwaltung. Die großen Exportzahlen insbesondere in die UdSSR haben die Außenhandelsbilanz der DDR positiv beeinflusst, und es wurden damit hohe Exportüberschüsse erzielt, die die DDR-Wirtschaft teilweise stabilisierten. Der PC 1715 führte zu einer intensiven Zusammenarbeit des Werks mit vielen Hochschulen und wissenschaftlich-technischen Einrichtungen bei der Entwicklung neuer Applikationen und Einsatzgebiete (z. B. der Computervernetzung).«

Büro-
computer
A 5110 A 5120
A 5130
System-
beschreibung
Nutzer-
erfahrungen

BÜROCOMPUTER

A 5120

1982 beginnt die Ära der Bürocomputer in der DDR. Der A 5120 wird zunächst mit Magnetbandkassetten und 16 Kilobyte RAM betrieben. Spätere Modelle haben 64 Kilobyte und Diskettenlaufwerke. Zunächst 8 Zoll, dann 5,25 Zoll. Es gibt eine Reihe von Betriebssystemen. Am verbreitetesten ist SCP, die DDR-Variante von CP/M, und damit kompatibel zu westlicher Standard-Software. Gebaut wird er vom VEB Buchungsmaschinenwerk Karl-Marx-Stadt.

PC 1715

Ab 1985 wird dem A 5120 der technische ähnliche, aber optisch viel moderner wirkende 1715 als Nachfolger zur Seite gestellt. Wie die meisten Bürorechner arbeitet er mit dem 8-Bit-Prozessor U 880 und mit SCP. Er kostet zunächst 19.000 Mark.

A 7150

Der Nachfolger des A 7100, eines 16-Bit-Bürorechners, bringt zusätzlich die Möglichkeit einer Festplatte und die Kompatibilität zu MS-DOS mit der DDR-Variante DCP. Als Prozessor arbeitet ein K1810WM86, ein Klon des Intel 8086 aus der Sowjetunion.

EC 1834

Das Flagschiff der Bürocomputer ist nicht nur softwaremäßig, sondern auch hardwaremäßig weitgehend IBM-kompatibel. Sogar Windows 3.0 kann verwendet werden. Da für normale Büroarbeiten ein PC 1715 meist genügt, setzt sich die 16-Bit-Technik nur zögerlich durch, zumal sie viel teurer ist. Ab 1987 werden 34.000 Stück gefertigt.

MC 80

Der MC 80 basiert auf dem Experimentier- und Lehrautomaten Microcombi, den Studenten 1980 an der Technischen Hochschule Ilmenau entwickeln. In Serie gefertigt wird er ab Ende 1982 in Gera. Er wird als Entwicklungscomputer für die Industrie eingesetzt, etwa für mikroprozessorgesteuerte Anlagen und als Steuergerät für Labore. Ein Monochrom-Bildschirm und ein Kassettenlaufwerk sind im Gehäuse eingebaut.

P 8000

Das »universelle Programmier- und Entwicklungssystem« P 8000 aus Berlin ist ein interessanter Mehrplatzrechner. Es besteht aus einem 8-Bit- und einem 16-Bit-Teil (U 880 und U 8001) und ist mit Diskettenlaufwerken sowie einer Festplatte ausgerüstet. Bis zu acht Benutzer können mit einem eigenen Terminal per Kabel angeschlossen werden. Jede dieser Konsole ist ein eigener Computer mit U 880, Tastatur und Bildschirm. Zur Anwendung kommt das Betriebssystem WEGA, eine nur für diesen Rechner umgesetzte UNIX-Variante. Das System ist sehr teuer und wenig verbreitet.

Mansfeld MPC

Da Robotron nicht ausreichend Computer liefern kann und der Betrieb freie Kapazitäten hat, entscheidet sich der VEB Mansfeld Kombinat (der Erze abbaut und verarbeitet) in Eisleben selbst zur Produktion von Computern. Es entsteht ab 1984 eine kleine Serie, der MPC, kurz für Mansfeld Prozess Controller. Im Innern steckt Vertrautes. Ein zum 1520 kompatibles Board mit dem U 880; als Betriebssystem läuft SCP. Die letzten Modelle (man liest von 1.600 insgesamt produzierten) haben sogar eine Festplatte.

EC 1834, Werbefoto

Werbung für den PC 1715

EC 1834

PC 1715 mit A3-Drucker K 6312, Modem VM 2400 mit Telefon und Fernschreiber F 2000 auf der Leipziger Frühjahrsmesse 1986

BÜROSOFTWARE

Bei seinen Bürocomputern orientiert sich Robotron nicht nur hardwareseitig an westlichen Standards. Auch die Software wird kopiert und umbenannt; allen voran WordStar, das sich in der DDR als Text Processor TP verbreitet, und das Relationale Datenbanksystem REDABAS, eine Kopie von dBASE.

Manchen geht das zu weit. Als Jürgen Ziegler, Hersteller der beliebten Konstruktionssoftware CADdy, 1989 auf der CeBIT Hannover über den Stand von Robotron schlendert, sieht er auf einem halben Dutzend Bildschirmen sein Programm als Neuvorstellung flimmern. Die Farben sind nicht blau, sondern rot; einige Bezeichnungen sind geändert; aber es ist zweifelsohne CADdy. Das Personal tut arglos, aber Ziegler droht, mit der Staatsanwaltschaft wiederzukommen. Das hilft. Innerhalb kurzer Zeit ist das Programm vom Stand verschwunden. Für Ziegler, der bereits vor der Wende einzelne Lizenzen in die DDR verkauft, gerät die große Verbreitung seines Programms im Osten eher zum Vorteil: Auf der Frühjahrsmesse 1990 in Leipzig trifft er viele »illegale« Nutzer, die künftig sein Programm ehrlich kaufen wollen.

Original	DDR-Version
CP/M	SCP
MS-DOS	DCP
UNIX	WEGA, MUTOS
WordStar	TP
SuperCalc	KP
dBASE	REDABAS
Framework	Ariadne
Oracle	ALLDBS
AutoCAD	MultiCAD
Power	DIENST

Während die Computerhersteller für ihre Softwarepakete häufig hohe Preise aufrufen, werden die ursprünglich für den eigenen Bedarf entwickelten Programme meist an interessierte Betriebe abgegeben. Allenfalls fällt eine Schutzgebühr für die Datenträger und die gedruckte Dokumentation an. Was heute »Freeware« heißt, wird in der DDR bereits vierzig Jahre früher umgesetzt: kostenlose Software für alle.

Teilweise werden die Programme zur Nachnutzung über Kleinanzeigen in Zeitschriften angeboten; vereinzelt gibt es – analog den privaten Treffen von Klubs, wo meistens Spiele kopiert werden – Veranstaltungen für professionelle Anwender. So stellen 1987 auf einer Berliner Softwarebörse 73 Betriebe und Einrichtungen ihre Programme vor. Das zieht 5.900 Besucher aus der ganzen Republik an. Besonders begehrt sind Verwaltungsprogramme für Personal, Material und Kostenrechnung.

SOFTWARE-KATALOGE

Da es in der DDR weder Ladengeschäfte noch Versandhändler für Software gibt, ist es schwierig, sich über das Angebot zu informieren, vor allem für spezielle Branchenanwendungen. Es gibt mehrere Ansätze, Software zu katalogisieren:

- In Teltow entsteht eine »CAD/CAM-Programm- und Programmzentrale«. Dort wird Software zum Beispiel zum Entwerfen von Leiterplatten zentral gespeichert. Informatik-Ingenieur Eberhard Weichenhan vom VEB Elektronische Bauelemente:
  »Mit der rasch wachsenden Zahl von Computern in unseren Betrieben ist die Software zu einem unverzichtbaren Arbeitsmittel geworden. Angesichts der Tatsache, dass einmal gefundene Lösungswege bei der Automatisierung nicht selten mit relativ geringfügigen Veränderungen kostengünstig ähnlichen Vorhaben beim Nachbarn angepasst werden können, ist es aus volkswirtschaftlicher Sicht einfach zu teuer, das Fahrrad zweimal zu erfinden. In unserem Betrieb orientieren wir deshalb darauf, bereits im Pflichtenheft die Mehrfachnutzung zu verankern.«

- Das Schwermaschinenkombinat »Ernst Thälmann« (SKET) baut eine Bibliothek von mehr als 2.000 Programmen für den Maschinenbau auf.

- Das Chemiekombinat Leuna richtet 1986 eine Software-Datenbank ein. Sie gibt nicht nur eine Übersicht über die zur Verfügung stehenden Programme, sondern auch, wer sie anwendet.
- In Gera wird eine Software-Bibliothek rund um Ackerbau und Viehzucht zusammengestellt, darunter zum Berechnen von Futterrationen und Düngemengen.
- 1986 beschließen die Stadtverordneten von Halle, einen Software-Katalog aufzubauen, um die Programme allen Hallenser Betrieben zugänglich zu machen und Kooperationen zu fördern.

Neben Software beginnt man in der DDR, Computer-Datenbanken auch für andere Inhalte aufzubauen. Ab 1987 arbeitet die Wissenschaftliche Allgemeinbibliothek Suhl daran, ihre Hunderttausende von Druckerzeugnissen mit Schlagworten zu versehen. Diesen elektronischen Katalog können Leser benutzen, um gezielt Literatur zu einem Thema zu finden.

COMPUTERVIREN

Mit dem hemmungslosen Austausch von Disketten, auch von PC-Spielen, werden manche Betriebe mit einem neuen Problem konfrontiert: Computerviren. Sie machen nicht vor den DOS-kompatiblen PCs von Robotron Halt, wie dem A 7150 und dem EC 1834.

Wie für alles in der DDR gibt es hierfür eine zentrale Lösung. Alle Infizierungen werden über ein Standardformular nach Berlin über die rund fünfhundert Beauftragten für Datensicherheit gemeldet. Daher weiß man, dass 1988 das erste Mal ein Virus in der DDR entdeckt wurde; von Mitte 1988 bis Ende 1989 werden mehr als hundert Einrichtungen befallen. In einem Fall legt ein Virus Maschinen für Blechbearbeitungen in mehreren Betrieben für vierzehn Tage still; in einem anderen müssen 10.000 Disketten überprüft und teilweise »geheilt« werden. Dazu bietet die DDR ein Bündel an Lösungen mit Tipps und Tricks, Schutzprogrammen und gar Nothilfeaktionen.

ARBEITSGRUPPE PROGRAMMIERUNG

Hartmut Weber steht zum ersten Mal vor einem Bürocomputer – und soll ihm als »Studierter« Leben einflößen.

Ich wurde Anfang 1986 im Rahmen des Programms »Aufbau Berlin« vom Kraftverkehr Großenhain zum VEB Autotrans Berlin »delegiert« und sollte dort eigentlich als Dispatcher für die Kipper-Fahrzeuge arbeiten. Autotrans bekam zu dieser Zeit die ersten vier Computer PC 1715 vom Büromaschinenwerk Sömmerda, die für die Buchhaltung, Frachtabrechnung und Lagerwirtschaft eingesetzt werden sollten. Software dafür gab es aber nicht. Der Chef sagte zu mir: »Sie haben doch studiert, machen Sie uns mal Programme.« Zusammen mit einem älteren Kollegen um die 60 Jahre waren wir ab sofort die »Arbeitsgruppe Programmentwicklung«.

Nach dem Auspacken von zwei Geräten rätselten wir erst einmal, wie die einzelnen Komponenten Bildschirm, Laufwerk und Tastatur miteinander verbunden werden mussten. Niemand von uns beiden hatte solche Geräte vorher gesehen, geschweige denn bedient. Nachdem wir die Knöpfe zum Einschalten gefunden hatten, öffnete sich sogar der Bildschirm in der Farbe Grün. Mit Hilfe der mitgelieferten Broschüre fummelten wir uns langsam in die Bedienfunktionen ein, aber zum Schreiben von Programmen war das wenig hilfreich. Was vorinstalliert war, waren eine Art Word und Excel sowie ein paar Spiele.

Zum Glück hatte mein Kollege guten Kontakt zu einem Professor der Humboldt-Universität und bekam dadurch Bücher mit richtigen Anleitungen zum Programmieren. Also machten wir uns ans Werk und versuchten, mit der Programmiersprache von Redabas, der DDR-Version des Datenbank-Programms dBASE, über endlose Reihen mit sich immer weiter verzweigenden Wenn-Dann-Abfragen unser erstes Programm zu erstellen. Wenn uns nichts mehr einfiel und wir einfach eine »Denkpause« brauchten, sind wir zu den Spielen gewechselt, um uns abzulenken und wieder einen klaren Kopf zu bekommen. Und das passierte anfangs sehr oft.

Abends haben wir unsere Entwürfe über den Drucker laufen lassen; morgens lagen eine Menge leerer Seiten auf dem Fußboden. Warum auf den Blättern (es war ja damals noch dieses Endlospapier) nichts drauf war, haben wir uns immer wieder gefragt. Anscheinend gab es ein Verständigungsproblem zwischen Programm, Computer und Drucker: Das Papier lief einfach durch, ohne dass etwas gedruckt wurde. Was auch immer der Grund war, wir haben ihn nie erfahren. Weil das immer mal passierte, haben wir Unmengen dieser Stapel Endlospapier verbraucht.

Irgendwann waren wir aber so fit, dass wir sogar ausfüllbare Formulare entwerfen konnten, bei denen je nach Eintrag in die Felder der Cursor in das nächste zutreffende Feld sprang. Nach anderthalb Jahren mühsamer Kleinarbeit hatten wir es endlich geschafft, so dass die Computer in den entsprechenden Abteilungen ihre Arbeit aufnehmen konnten.

Aktive Mitarbeit in Volksvertretungen

Eine Diskette mit dem ersten Computerprogramm der auf Vorschlag seines Kreisverbandes geschaffenen kooperativen Einrichtung „Software-Service" für das Handwerk legte der **Kreissekretär des Verbandes Zwickau-Land, Wolfgang Fröbel,** dem Parteitag vor. Er unterbreitete Vorschläge zur besseren Nutzung der Rechentechnik, die auch die Verantwortung der zuständigen Ministerien betreffen.

BUCHHALTUNG MIT KARTEIKARTEN, MAGNETBÄNDERN UND DISKETTEN

Als Lohnbuchhalterin erlebt Elke Heintze die Einführung von Computern in ihrem Betrieb – und erfährt, wie wichtig es ist, regelmäßig zu speichern.

Ich habe in der Buchhaltung bei VEB Haushaltelectric Dresden gearbeitet, einem Kombinatsteil von Elektrogerätewerk Suhl. Besser bekannt durch den Markennamen AKA electric.

Die Lohnbuchhaltung lief bis zum Ende der DDR über Lochbandmaschinen. Wir schickten die bespielten Bänder nach Suhl und bekamen die Buchungsjournale zurück.

Der Rest, etwa Kosten und Material, lief über eine mechanische Ascota-Buchungsmaschine. Dort kamen noch Karteikarten in A4-Größe hinein.

Für jedes zu buchende Konto gab es eine Karte. Sie hatten Nummern entsprechend des Kontorahmens und unterteilt in die einzelnen Werkstätten. Die Karten steckte man in einen Kontokasten. Durch das Durchschlagsprinzip wurde der Buchungsvorgang auf die Karten und das Journal gleichzeitig gedruckt. Wehe, man hatte sich vertippt – dann musste man einen Storno-Buchungsbeleg schreiben, denn was einmal draufsteht, darf nicht mehr ohne Beleg geändert werden.

1988 bekamen wir die ersten Computer vom Typ PC 1715. Wir haben damit einen Großteil der Finanzbuchhaltung absolviert. Und heimlich »Kniffel« und »Snake« gespielt. Wenn man den ganzen Tag daran gearbeitet hat und abends die Augen zumachte, sah man immer noch die grünen Punkte des flimmernden Monitors.

Einmal gab es ein starkes Gewitter mit Stromausfall. Da Disketten rar waren, hatten wir nichts zwischengespeichert – und mussten den kompletten Monatsabschluss noch einmal machen. Das hat bedeutet: Ich habe meine Tochter aus der Krippe abgeholt, sie in ihren Kinderwagen zum Schlafen gesteckt und eine Nachtschicht eingelegt. Später hat unsere Firma im An- und Verkauf einen Schneider-PC gekauft. Das war natürlich sehr entspannend für die Augen – der war nämlich in Farbe.

Elektronischer Abrechnungsautomat EEA 385 mit Lochband-Technik aus Sömmerda

Neben Computern werden im VEB Büromaschinenwerk Sömmerda auch Drucker gefertigt. Besonders verbreitet sind die 9-Nadel-Drucker der Modellreihe K 631x. Mehr als 400.000 Stück werden produziert, ein Teil davon unter dem Markennamen Präsident exportiert.

Während man sie in Betrieben oft findet, sind ähnlich den Computern auch Drucker aus der DDR praktisch nicht für Privatpersonen erhältlich. Als Ersatz erweisen sich die elektronische Schreibmaschinen von Robotron Erfurt (die ebenfalls unter der Marke Präsident ihren Weg ins Ausland finden). Sie sind mit einer seriellen Schnittstelle ausgestattet, um Daten von außen zu empfangen. Tüftlern wie Andreas Jahn gelingt es, sie als einen Drucker für ihren Computer zu nutzen:

»Für meine elektronische Schreibmaschine vom Typ Erika 3004 baute ich ein Interface mit Hilfe von Optokopplern. Die Steuersoftware für die Grafik und Textausgabe hatte ich auch selbst geschrieben. Da die Erika nicht den ASCII-Code verstand, musste ich eine Tabelle erarbeiten, um die Zeichencodes von meinem Commodore Plus/4 umzuwandeln. Bei der Typenradschreibmaschine ließen sich sogar angegebene Positionen ansteuern und Punkte steuern. Mit Hilfe dieser Mikroschrittsteuerung konnte man sogar Schwarz-Weiß-Grafik mit unterschiedlichen Skalierungen aufs Papier bringen. Das dauerte allerdings bis zu einer Stunde je Ausdruck. Und nachts sollte man mit dieser Maschine nicht in einer Neubauwohnung drucken ...«

Bücher und Zeitschriften rund um Computer aus der BRD werden wie Schätze herumgereicht. Glücklich, wer in Leipzig wohnt: Die Deutsche Bücherei bietet nicht nur ein lückenloses Archiv westdeutscher Literatur auf Bestellung; im großen Lesesaal steht ein Regal mit Computerbüchern aus der Bundesrepublik. Auch größere Betriebe haben einen »Giftschrank« mit sogenannter Kontingent-Literatur von drüben.

Das Vervielfältigen von westlicher Literatur ist knifflig. Die DDR-Führung versucht, private Kopien jeder Art zu verhindern. Es gibt keine Kopierer zu kaufen, und es gibt keine öffentliche Kopierer, bei denen man gegen eine Gebühr Abzüge erstellen kann. Nur wenige Betriebe sind mit Kopierern aus gestattet; meist im unansehnlichen Thermotransferverfahren, etwa die Serie Pentacop von Pentagon Dresden. Erst 1988 geht in Sömmerda ein Laserdrucker in Produktion. Und die Verwendung von Kopierern muss protokolliert werden.

So ist es selbst mit Zugang zu einem Gerät riskant, Literatur zu vervielfältigen. Eine Alternative ist der Fotoapparat: Manches Buch wird Seite für Seite abfotografiert und entwickelt.

Eine mühsame (und sehr diskrete) Lösung ist es, Bücher und Programme abzuschreiben oder mit einer Schreibmaschine abzutippen. Letzteres erlaubt es, mehrere Durchschläge zu produzieren; zudem ist das Ergebnis lesbarer, was gerade für Computerprogramme sehr wichtig ist.

MC 80: EIN MICROCOMPUTER ALS DIPLOMARBEIT

Als Diplomarbeit entwickeln Studenten an der TH Ilmenau einen »Mikroprozessor-Experimentier- und Lehrautomat«. Daraus entsteht der universelle Microcombi, der als MC 80 später in Serienproduktion geht. Dr. Hartmut Schorrig blickt zurück.

Mit der Diplomarbeit hat sich gezeigt, dass man mit einer Zentralplatine mit Z80-Prozessor und TTL-Schaltkreisen für Display-Ansteuerung mehr machen kann, als einen relaisklapprigen Lehrautomaten für ein Elektronikschaltung-Praktikum abzulösen. Es entstand ein universeller Mikrocomputer. Prof. Michael Roth hat sich sehr stark für eine Kleinserie eingesetzt. Die ursprüngliche Oszilloskop-Anzeige des Lehrautomaten wurde mit einer ordentlichen Bildschirmanzeige ersetzt. Fündig wurden wir bei der Bildröhre eines russischen Kleinfernsehers Marke Junost, mit 23 Zentimeter Diagonale, die irgendwie als Bauteil zu haben war. Das Anzeigeprinzip wurde beibehalten: Der Strahl lief fünfmal in 20 Millisekunden von links nach rechts für Text und konnte auch eine Grafikkurve. Mit dem Bildschirm, einem Kassettenlaufwerk für Datenspeicherung und einer EPROM-Programmieranschaltung hatte man alles für einen Kleincomputer. Das war der Microcombi.

Michael Roth rührte die Werbetrommel, und einige andere Fachbereiche und Interessenten aus der Industrie haben sich an einer ersten Kleinserie von 20 Stück beteiligt. Es wurde ein schönes Gehäuse entworfen. Michael Roth hat seine Beziehungen spielen lassen und kam von einem Besuch einer Glühbirnenfabrik irgendwo im Inner-Thüringischen mit einer Flasche grüner Farbe zurück. Er hat die noch nicht verbauten Bildschirme persönlich übers Wochenende grün angemalt. Damit hatten wir, dem aktuellen Trend entsprechend, auch einen schönen grün-weiß leuchtenden Monitor im Gerät.

Der »MicroCombi« MC 80 aus Gera, Exponat im ZCOM Hoyerswerda

Der MC 80 hatte nie ein Diskettenlaufwerk. Den ersten Bandspeicher des Microcombi habe ich entwickelt. Wir haben ein einfaches Standard-Bandlaufwerk eingesetzt, ohne Elektronik. Später beim MC 80-2 gab es eine Robotron-Laufwerksmechanik mit 38 cm/s Bandgeschwindigkeit. Ein Inhaltsverzeichnis gab es anfangs nicht. Man musste sich auf einem Zettel notieren, mit welchem Segment mit Nummer die Daten anfangen. Die erste Software habe im Wesentlichen ich geschrieben – Betriebssystem, Editor.

Es gab im Nachbarbereich schon 1978 einige Exemplare des fertiges Rechnersystems Robotron K 1510 mit dem U 808 (einem Nachbau des Intel 8008) als Prozessor. Dort habe ich mir angeschaut, wie beim Hexa-Editieren auf dem Bildschirm der zugehörige Maschinenbefehl gleich mit ausgeschrieben wurde. Ich habe die Idee aufgegriffen und einen »Maschinencode-Editor« gebaut. In dieser Form haben wir bis fast 1990 auf dem MC 80 Assembler programmiert.

Im Fachbereich gab es ab 1980 ein »Zilog Development System«. Die DDR hat drei Stück zeitgleich eingekauft, eines für die TH Ilmenau, eines für TH Karl-Marx-Stadt und das dritte, durfte man nicht wissen, war für das Institut für Regelungstechnik. Der Unterschied: Bei Hochschulen haben auch Studenten damit gearbeitet – das konnte man nicht geheimhalten. Dass ein staatliches Forschungsinstitut auch sowas einsetzt, war natürlich Staatsgeheimnis.

Der Import lag unter Embargo! Der Verkäufer kam aus Liechtenstein. 180 Kilobyte auf 8"-Floppys mit Quelltext-Assembler oder wahlweise PL/M. Es war nicht so super toll, und wer es verwenden wollte, musste sich in eine Warteliste eintragen. Daher war es mir und anderen lieber, dass wir auch auf dem Microcombi programmieren und testen konnten.

Es gab eine relativ starke Aktivität, mit Diplomarbeiten und Dissertationen, in Richtung Simulation von Regelungstechnik. Komplette feldorientierte Regelungen von Drehstrommaschinen funktionierten. Auch Musik wurde mit dem Microcombi gespielt, dank Tonerzeugung über den CTC-Baustein (Counter/Timer) mit ein paar Analogfiltern. Bei einer Vorführung im Hörsaal hat ein Konzertmusiker, der die drehende Datenkassette gesehen hat, gefragt, von welcher Orgel das denn aufgenommen sei. Es war aber synthetisch. Auch auf der Messe der Meister von Morgen war der Microcombi zu sehen, mit einer Motorsteuerung, und auch mit elektronischer Musik. Der Aktivist für diese beiden Anwendungen war Reinhard Müller, damals »Bienchen« genannt wegen seines Fleißes und Einfallsreichtums, später Professor an der Hochschule für angewandte Wissenschaften München.

Ein Kollege fing an, aus der Zeitschrift *CHIP* den Hexacode eines BASIC abzutippen. Das konnte aber nicht funktionieren, weil das Betriebssystem ein anderes war. Ich habe das aufgegriffen und ein Echtzeit-orientiertes BASIC entwickelt. Das war dann meine Dissertation. Das BASIC wurde von vielen eingesetzt; ich habe oft Lehrgänge in der Kammer der Technik gehalten. BASIC war eine der Kernfunktionen im MC 80 und damals ein Hype.

Die Entwicklung und Produktion des MC 80 aus dem Microcombi heraus war von Prof. Roth und Dr. Dieter Brose von VEB Elektronik Gera getrieben. Gera hat Lückenfüller für Überkapazitäten gesucht und wollte sich (quasi als Konkurrent zu Robotron) auch in der neuen Mikroelektronik aktivieren. Es ist ja damals nicht nur »Planwirtschaft«, sondern eine lebendige Wirtschaft aus persönlichem Engagement vorhanden gewesen. Es ist nun nicht unbedingt nur Sozialismus-typisch, sondern trifft teils heute auch zu, dass eine Entwicklung im Vorfeld spektakulärer und schöner ist als dann mit offiziellem Auftrag. So war der erste MC 80 ein wenig klobig und größer; der MC 80-2 mit Vollgrafikkarte 512 x 256 Pixel war eigentlich schon veraltet. Die Geräte sind aber eingesetzt worden. Ich habe selbst für den VEB Werkstoffprüfmaschinenwerk Leipzig einiges an Zuarbeit getan. Der MC 80 war dort der Steuer- und Bedienrechner.

MASCHINENSTEUERUNGEN

Computer gibt es nicht nur auf Schreibtischen. Sie steuern auch Maschinen. Das Programmieren von Bewegungsabläufen von zum Beispiel einer Werkzeugmaschine, das Zusammenspiel zwischen Maschine und Werkstück, nennt man NC – Numerical Control. Ist das Programm nicht eine einfache Festverdrahtung, sondern steckt ein Computer dahinter, kommt ein C dazu: CNC. Das automatisiert den Fertigungsprozess. Man stelle sich eine Fräsmaschine vor, die immer wieder das Wort BERLIN in eine Blechplatte schreibt. Eine programmierte Maschine kann das schneller und genauer. Programme kommen z. B. über Lochkarten, Lochstreifen, Disketten oder USB-Sticks in die Maschine. Manche Geräte lassen sich auch vor Ort programmieren.

Eine verwandte Form ist die SPS – Speicherprogrammierbare Steuerung (englisch: PLC), die eher für nicht-bewegliche Aufgaben verwendet wird. Etwa das Abschalten eines Kessels bei Überdruck. Beides findet man oft in Kombination, wenn die SPS-Steuerung etwa die ganze Anlage steuert und nur ausgewählte Werte an die fest mit einer Maschine verbundene CNC weitergibt.

Für den Bedarf von Herstellern wie das Werkzeugmaschinenkombinat »Fritz Heckert« in Karl-Marx-Stadt entwickelt der VEB Starkstrom-Anlagenbau seit den siebziger Jahren Steuerungssysteme. 1978 wird das Werk in VEB Numerik umbenannt. Bis 1989 produziert Numerik

- 1.406 numerische NC- und CNC-Steuerungen
- 3.284 speicherprogrammierbare Steuerungen
- 183 Industrieroboter-Steuerungen

Ein frühes System ist BNC3 für die Steuerung von Dreh- und Fräsmaschinen mit mehreren Achsen. Es wird per Lochband gefüttert und arbeitet noch mit Transistoren und Dioden aus Germanium.

NC 400 von 1971 basiert bereits auf Schaltkreisen. Es eignet sich mit passenden Bausteinen für Mess-Systeme, Drehmaschinen sowie mehrachsige Bohr- und Fräsmaschinen.

NC 600 ist die erste Steuerung mit einem Mikroprozessor auf der Basis des K 1520, also mit einem U 880. Es ist ein modulares System für verschiedene Anwendungen.

Parallel entsteht die erste speicherprogrammierbare Steuerung der DDR, PS 2000. Der Spezialcomputer arbeitet veränderbare Programme von EPROMs ab; im Gegensatz zu früheren festverdrahteten Steuerungen. Sie kommt vor allem in der polygrafischen und Textil-Industrie zum Einsatz. Der Nachfolger ist die PS 600 auf der Basis des U 880.

Zur Programmierung solcher Anlagen verwendet man einen spezielles Gerät wie den PRG 600, der auf Diskette speichern und einen Lochkarten-Stanzer ansprechen kann. Als Sprache ist in der DDR Bool 600 gebräuchlich, die Anweisungen in Form boolscher Gleichungen formuliert.

Numerik entwickelt auch Steuerungen für Industrie-Roboter, etwa für die Montage und Bestückungen, wie die IRS 600.

MIKROCHIPS ÜBERALL

Computer haben nicht immer einen Bildschirm und eine Tastatur. Das Mikroelektronik-Zeitalter durchdringt vielfältigste Geräte und Anwendungen nicht nur in Büros und Haushalten; auch Industriebetriebe und Dienstleistungen werden mit Chips ausgestattet. Einige Beispiele.

Quarzuhren

Ab 1976 beginnt der VEB Uhren- und Maschinenfabrik Ruhla mit der Produktion von Quarzuhren, zunächst mit analoger Ziffern-Anzeige. Ein vergoldetes Vorserienmodell des Kaliber 28-40 wird Delegierten des IX. Parteitags der SED überreicht. Ebenfalls eine spezielle Edition tragen Sigmund Jähn und Waleri Bykowski bei ihrem Flug ins All.

1978 folgt die erste Quarzuhr mit Digitalanzeige der DDR: Ruhla Eurochron alias UMF 27-01; im Innern steckt allerdings noch Technik aus Japan. 1978 erscheinen die ersten Uhren-Schaltkreise U 113/114; 1982 gefolgt von einer kleinen Familie um den U 130. Die Nacktchips ohne Gehäuse sind direkt auf den Träger aufgebracht. Sie werden in den Folgejahren in Armbanduhren, Weckern, Stoppuhren und Tischuhren eingebaut.

Geldautomaten

1968 geht in Tübingen der erste Geldautomat in Westdeutschland in Betrieb. Die DDR folgt ein Jahrzehnt Jahre später: 1987 werden in Dresden die ersten zwei Geräte aufgestellt. Bis zum Ende der DDR, so Schätzungen, sind rund 700 im Einsatz.

Auftragnehmer für die Herstellung der Geldautomaten ist der VEB Kombinat Nagema. Er lässt das Gerät zusammen mit der Hochschule für Verkehrswesen Dresden entwickeln und ab 1985 in einer extra dafür errichteten Fabrik in seinem Betrieb Wägetechnik Rapido in Radebeul produzieren.

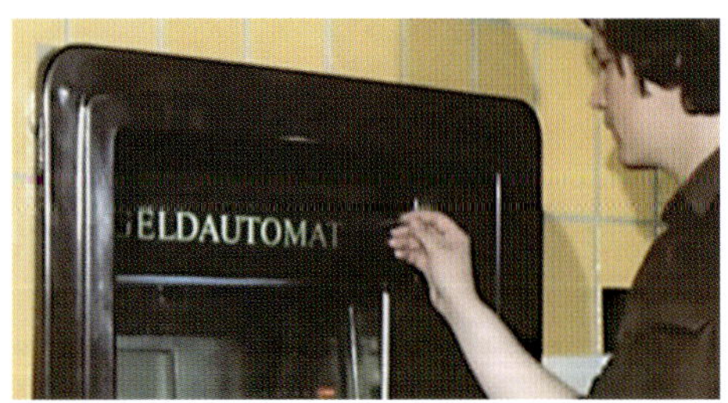

Rund 700 Geldautomaten werden in der DDR aufgestellt …

... und etwa 250.000 DDR-Bürger verfügen über eine Geldkarte

Die Rechentechnik stammt von Robotron: ein Computer mit einer Platine vom Typ K 1520 ist das Herzstück. Für die Bewegung der Banknoten aus dem Tresor im Automaten sorgen Einchip-Mikrorechner. Der Computer hat keine Festplatte: die Software wird von Diskette geladen. Der Schrank ist mit allerlei Sensoren ausgerüstet, um bei Einbruchsversuchen Alarm zu geben.

Mehr als 250.000 Geldkarten werden bis zum Ende der DDR ausgegeben. Damit lässt sich genau wie heute Bargeld abheben. Die Karten haben den noch heute üblichen Magnetstreifen; aber die Automaten sind nicht mit einem Zentralrechner verbunden. Sie kennen den Kontostand nicht, so dass Überziehungen möglich sind, drucken ein Journal aus und speichern Abhebungen auf Disketten.

Vor Missbrauch schützt eine vierstellige PIN, hier PBC genannt: Persönlicher Bankcode. Ein spezielles Sicherheitsmodul gleicht die eingegebene Geheimzahl mit dem Code ab, der verschlüsselt auf dem Magnetstreifen gespeichert ist.

Der Automat gibt nur Banknoten zu 20 oder 50 Mark aus. Mindestens 40, höchstens 500 Mark am Tag. Die abgehobene Summe wird auf dem Magnetstreifen der Karte gespeichert. So können Kunden das Tageslimit nicht aushebeln. Im Geschäft bezahlen kann man mit der Geldkarte nicht. Aber sie ist eine große Erleichterung, denn zuvor kommt man an Bargeld nur am Schalter in der Sparkasse.

Wetterberichte

Das Wetter der DDR wird beim Meteorologischen Dienst in Potsdam »gemacht«. Alle sechs Stunden gehen 10 Millionen Daten von mehr als 400 Stationen in Europa ein, davon 64 aus der DDR selbst; von Radarstationen, Radiosonden sowie Wettersatelliten aus der Sowjetunion, der USA und der Bundesrepublik.

Verarbeitet werden die Messergebnisse im 1970 errichteten Rechenzentrum. Hier steht eine sowjetische Anlage vom Typ BESM-6. Zwei Plotter-Systeme tragen die Analysen und Vorhersagen in eine topographische Karte ein, etwa Temperatur und Windgeschwindigkeit. Sie können so geschaltet werden, dass jedes Gerät eine Hälfte der Karte zeichnet. Beide Hälften werden danach zusammengeklebt. Das halbiert die Arbeitszeit.

Auskunftsterminals

In den achtziger Jahren gibt es rund 600 Fahrkarten-Automaten auf den Bahnhöfen der DDR; ausgestattet mit dem Mikrorechner-System K 1510 mit seinem U 808.

Ein Jugendkollektiv des Zentralen Forschungsinstituts des Verkehrswesens entwickelt ein Bildschirm-Informations-System (BIS), das ebenfalls für Bahnhöfe gedacht ist und vor allem Ortsunkundigen helfen soll, etwa Restaurants und Hotels zu finden. *Jugend+Technik* weiß weitere Beispiele für den Einsatz: »Wann ist das Sport- und Erholungszentrum geöffnet? Wie kommt man mit dem Nahverkehr zum Platz der Akademie? Wo gibt es in Berlin eine Schnell-Reparatur für Schuhe? Was kann ich in der näheren Umgebung vom Hauptbahnhof kaufen?« Rund 250 Tafeln in drei Sprachen gibt es dafür.

Im Innern steckt die Technik des Bürocomputers A 5120. Sie speichert auch, wie oft und welche Seiten am meisten abgerufen werden. Premiere und zugleich Teststart ist im April 1986 auf dem S-Bahnhof Berlin Alexanderplatz; im Dezember 1988 werden zwei der Computer auf dem Hauptbahnhof aufgestellt (wie der Ostbahnhof von 1987 bis 1998 heißt).

Auskunft über die Ankunfts- und Abfahrtszeiten gibt hingegen das aus Ungarn stammende System Visinform. Es steuert die Großanzeige in der Empfangshalle sowie die Tafeln auf den Bahnsteigen. Geplant ist, BIS mit Visinform zu vereinen und in allen Bezirkstädten einzusetzen. Auch Reisebüros und Interflug zeigen Interesse.

AUSKUNFT PER COMPUTER

Seit April dieses Jahres ist auf dem Berliner S-Bahnhof Alexanderplatz das Bildschirm-Informationssystem der Hauptstadt, kurz BIS, installiert. Es gibt den Unkundigen Auskünfte aller Art, angefangen von Verkehrsinformationen zum Nahverkehr über wichtige Adressen wie Hotel- und Zimmerreservierung sowie Wechselstellen bis hin zum Kulturangebot mit Theater und Museen.

Der Informationscomputer arbeitet rund um die Uhr und gibt seine Informationen in deutsch, russisch und englisch sehr schnell und auch übersichtlich per Farbgrafik. Das Funktionsprinzip der Dialogführung zeigt die enge Verwandtschaft zu dem „älteren" Bruder, dem mikrorechnergesteuerten Fahrkartendialogautomaten.

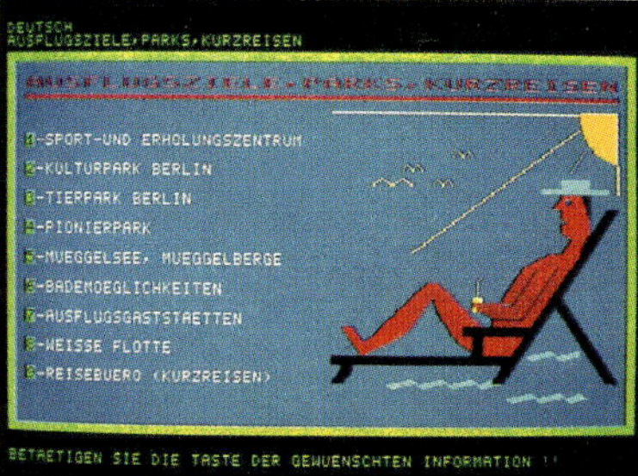

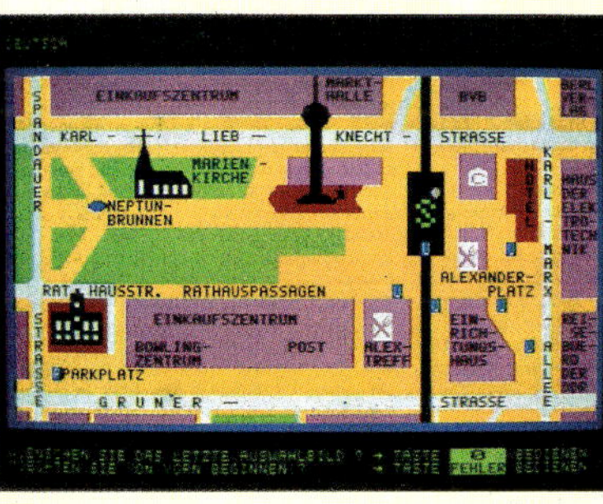

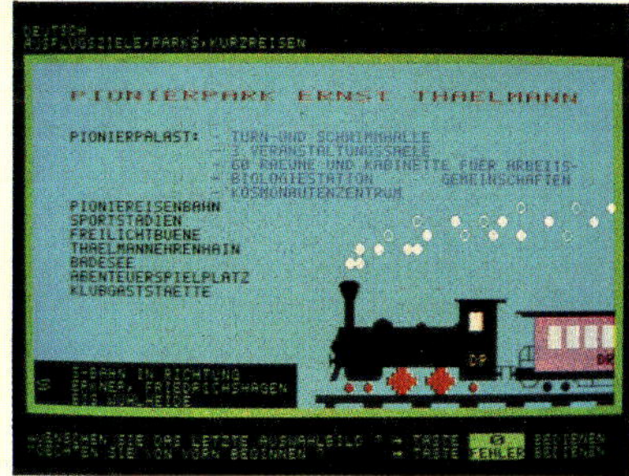

36 MEGA-BIT

Interflug

Die Fluggesellschaft der DDR, Interflug, muss für die Verarbeitung von Daten in der Verwaltung immer auf andere Betriebe ausweichen, bis sie 1974 ein eigenes Computer-System aus Ungarn anschafft. Es bringt mehr Arbeit als Nutzen mit sich, wie *DER SPIEGEL* schreibt: »Häufig fielen die Geräte aus. Die Start-Stop-Mechanik der Magnetbandmaschinen, die von den Sowjets zugeliefert wurden, lärmte derart, dass die Operatoren einen Gehörschutz beantragten.«

Ab 1977 nutzt die Interflug Computer für die Abfertigung der Flüge. Anhand der Anzahl der Passagiere und des Gepäcks, Post und Fracht sowie des Treibstoffs werden Schwerpunkt und Masseverteilung ermittelt, um das Flugzeug auszurichten, um es zu trimmen. Kurz vor dem Start wird für jeden Flug ein Flugplan erarbeitet. Er speist sich aus Daten wie Strecke, Wind und Temperatur. Den Ablauf des Flugbetriebs übernimmt ein System zur Zeitkontrolle. Es stellt die Prozesse der nächsten 15 Starts und 14 Landungen auf je einer nüchternen Zeile gleichzeitig dar, unter anderem

- geplante Flugzeit, Fluglinie
- tatsächliche Flugzeit
- Ausgang / Gepäckband
- Flugzeug-Typ
- Zielflughafen
- Betankungsmenge (in kg)
- Standplatz
- Anzahl Passagiere
- Fertigmeldung verschiedener Bereiche
- Frachtmenge (in kg)

In der Luft selbst kommt noch ein System dazu: GAMMA 1, seit 1980 im Einsatz. Es gleicht die Daten des Flugs mit denen des Radars ab. Alle sechs Sekunden wird der Bildschirm aktualisiert. Im Cockpit sind weitere kleine unabhängige Rechner, die unter anderem bei der Landung helfen.

Üben können Piloten auf dem Boden mit dem Flugsimulator KTS 134 für die Tu 134, das am meisten bei der Interflug eingesetzte Flugzeug.

Auf der Basis eines Systems aus der Sowjetunion setzt die Interflug seit 1981 zur Buchung RESI ein. Zugriff darauf haben Reisebüros in der DDR und Interflug-Büros im Ausland.

Ampelsteuerungen

Schon vor hundert Jahren gibt es einzelne Versuche, Ampeln so zu koordinieren, dass flüssiges Fahren möglich ist. Seit den fünfziger Jahren wird diese „grüne Welle" zunehmend ausgebaut; seit den sechziger Jahren mit Hilfe des Computers.

In der DDR produziert das Geräte- und Reglerwerk Leipzig für diesen Zweck das Steuergerät ES 3. Es regelt bis zu 108 Ampeln und hat eine Zeitschaltuhr eingebaut. Das System kann mit Induktionsschleifen kombiniert werden; den Drahtschleifen unter der Straßendecke, die beim Überfahren Impulse auslösen. Dadurch lässt sich ermitteln, wie stark zum Beispiel eine Kreuzung in Benutzung ist. ES 3 besteht aus einfachen Schaltkreisen; programmiert wird das Gerät durch Lötverbindungen auf einer Steckkarte.

Beim Nachfolger L 6000, der seit 1983 hergestellt wird, übernimmt ein Mikroprozessor das Auswerten der Schleifen. Er passt mit 16 Programmen die Ampelsignale an den Verkehrsfluss an. Während ein L 6000 nur für eine Kreuzung zuständig ist, lassen sich mit der Unterzentrale Z 500 bis zu 32 Steuergeräte miteinander verbinden.

Herzschrittmacher

Auch die Idee, durch elektrische Impulse das Herz zum Schlagen zu ermuntern, ist schon älter als hundert Jahre. 1957 entwickelt der Amerikaner Earl Bakken den ersten tragbaren, batteriebetriebenen Herzschrittmacher. In Deutschland wird 1961 in Düsseldorf der erste Herzschrittmacher eingesetzt. In der DDR 1963 an der Charité in Berlin; verwendet wird ein 150 Gramm schweres Gerät des niederländischen Herstellers Vitatron.

Da West-Importe teuer sind, bemüht sich die DDR um eigene Entwicklungen. Doch sie stocken wegen fehlender Bauteile und geplatzter

Lizenz-Verträge. Was entsteht, sind Einzellösungen, etwa 1974 in Form eines externen Herzschrittmachers.

Erst die DDR-eigene Halbleiterindustrie bringt die Wende. Mit Schaltkreisen lassen sich Herzschrittmacher fertigen, die kleiner sind und weniger oft einen Batteriewechsel erfordern – denn der ist mit einer Operation verbunden. Ab 1982 produziert der VEB Keramische Werke Hermsdorf den Schaltkreis U 115 für Langzeit-Herzschrittmacher; erdacht vom Zentrum für Forschung und Technologie Mikroelektronik Dresden. Er beherrscht drei Programme zur Stimulation der Herzkammer und des Vorhofes. Das Gehäuse kommt vom VEB Ultraschalltechnik Halle.

Gespeist wird der stromsparende CMOS-Chip durch eine Lithiumbatterie aus Pirna vom VEB Fahrzeugelektrik Pirna. Sie ist sehr langlebig: 2012 stoßen Mediziner bei einer Operation in einer Patientin auf einen 25 Jahre alten und immer noch funktionstüchtigen Herzschrittmacher aus DDR-Produktion.

Kreißsaal

Bei der Geburt lassen sich Mutter und Kind akustisch, per Ultraschall oder durch Elektrokardiographie überwachen. Einige Kliniken in der DDR nutzen bereits Computer und speichern und analysieren diese Daten, um Gefahren und Trends zu erkennen.

Nähroboter

1985 entwickelt ein Jugendkollektiv im Nähmaschinenwerk Altenburg den Prototypen eines Nähroboters: INA – Integrierter Näh-Arbeitsplatz. 1987 kommt ein zweites Modell dazu. Bewähren müssen sie sich im VEB Lößnitzer Bekleidungswerke.

Dort werden gemeinsam Verbesserungen erarbeitet; etwa mit welchem Kleber das Futter auf den Stoff fixiert wird, damit es beim Nähen nicht verrutscht. *Jugend+Technik* beschreibt die Funktion:

»Der Nähroboter INA 3/2 versäubert Hosenteile und näht gleichzeitig das Kniefutter ein. Ein Mikroprozessor steuert drei Hochleistungs-1-Nadel-Überwendlich-Nähmaschinen. Nähmaschine Nr. 1 verkettelt den Hosensaum. Dann wird mit einem textilen Klebepunkt der Oberstoff mit dem Futter verbunden. Durch Düsen auf dem Nähtisch strömt Luft, damit das Hosenteil automatisch zur Nähmaschine Nr. 2 und weiter zur Nähmaschine Nr. 3 transportiert wird, wo wechselweise das Versäubern der Seiten- bzw. Schrittnaht erfolgt. Sensoren (Lichtschranke) überwachen den Nähprozess und schalten bei Fadenriss den Roboter sofort ab. Zum Schluss wird das Hosenteil automatisch auf einem Großteilestapler abgelegt.«

Eine Fachkraft ist weiterhin nötig; doch schafft sie mit Hilfe der Maschine doppelt so viele Hosenteile wie manuell. Wenn alles gut läuft, 920 Teile in einer Schicht.

Chemie

Im VEB Chemische Werke Buna werden Mikrorechner für die Prozess-Automatisierung eingesetzt. Zunächst das System PAS 10 auf Basis des K 1510 mit seinem Prozessor U 808; danach das System DIPAS 20 auf der Basis des K 1520 mit seinem U 880. Damit können zahlreiche Messwerte gleichzeitig erfasst und ausgewertet werden, etwa Temperatur und Druck. *Jugend+Technik* listet Einsatzgebiete auf: Gasverdichter-Station, Herstellung von Phthalsäureanhydrid, Produktion von Tieftemperatur-Kautschuk und Karbid-Prozess.

Mit Hilfe von Computer Aided Molecular Design (CAMD) lassen sich chemische Verbindungen simulieren und dreidimensional darstellen. Um den Austausch zu fördern, bildet sich 1988 in der Chemischen Gesellschaft der Fachverband Computerchemie. Zu den Zielen schreibt *Urania*:

»Besondere Aufmerksamkeit gilt der Entwicklung und dem Einsatz von Expertensystemen, der computergestützten Syntheseplanung, Molekülgraphik, Design von Pharmaka und Pestiziden, Anwendung spezieller mathematischer Methoden auf chemische Fragestellungen.«

Patentrecherche

1985 beginnt das Patentamt mit dem Aufbau einer Datenbank aller seit 1983 in der DDR veröffentlichten Patente, mit monatlicher Aktualisierung. 1988 kommen eine Million weltweiter Patente dazu. Zugriff über ein Datennetz haben zunächst rund 25, später 50 Kombinate. Es kann in Feldern wie Anmeldung oder Beschreibung gesucht werden. Wer daran nicht angeschlossen ist, muss nach Berlin ins Patentamt in die Mohrenstraße. Dort stehen Arbeitsplätze bereit.

GRAFIK UND CAD/CAM

Im Westen sind selbst Heimcomputer wie der Commodore 64 mit einem Grafik- und Soundchip ausgerüstet. 1984 wird der Apple Macintosh mit grafischer Bedienoberfläche und Maus vorgestellt. Multimedia-Maschinen mit 32/16-Bit-Technik wie der Amiga und der Atari ST sind auch für Privatpersonen erschwinglich. Für Unternehmen gibt es potente Workstations.

Die Grafikfähigkeiten der DDR-Rechner sind hingegen überschaubar. Wohl ist CAD/CAM *das* Schlagwort, um den Nutzen von Computern in den Medien der DDR hervorzuheben: Computer-aided Design and Manufacturing, der kombinierte Entwurf und Fertigung mit Hilfe von Computern.

Scherzhaft wird CAD/CAM umgemünzt auf »Computer am Dienstag – Chaos am Mittwoch«. Denn schon für CAD mangelt es an allem: an 32-Bit-Rechnern mit hochauflösender Grafik, an Farbbildschirmen, an leistungsfähigen Plottern und an geeigneter Software. Bis zum Ende der DDR gibt es in vielen Büros nicht einmal einen Computer für Textarbeiten.

Sogar Wolfgang Schneider, im Robotron Büromaschinenwerk Sömmerda für das Aussehen von Rechnern wie dem PC 1715 und dem EC 1834 verantwortlich, zeichnet mit der Hand. Wenn ein CAD-System zu Verfügung steht, ist oftmals mit dem Ausdruck eines Entwurfs oder einer Materialliste das Ende der Computerbearbeitung erreicht. Peter Salomon erinnert sich:

»Vor allem die anfangs nicht ausreichende Hardware war ein großes Hindernis. Ein- und Ausgabegeräte fehlten in der für CAD notwendigen Qualität. Auch der für teures Geld und nur über langwierige Bilanzierungsverfahren vielleicht erhältliche Farbmonitor K7226 hatte eigentlich nicht die für CAD notwendige Auflösung. Es wurde dort eine normale Farbbildröhre aus der Serienproduktion des Werks für Fernsehelektronik eingebaut. Zwar wurden zum Ende der achtziger Jahre noch Untersuchungen angestellt, ob mit der vorhandenen Technologie auch höherauflösende Bildröhren und auch solche mit Flat Screen hergestellt werden könnten. Durch den Preisverfall auf internationalen Märkten, der geringen Stückzahl für den DDR-Bedarf und der Wende wurde dieses Thema nicht weiter bearbeitet. Der Begriff CAM wurde zwar im Zusammenhang mit CAD reichlich verwendet, aber bei weitem noch weniger eingesetzt als CAD. Mir ist keine Maschine bekannt, die damals schon – wie heutzutage üblich – direkt von einem CAD/CAM-Programm automatisch gesteuert werden konnte.«

GD'71 – 60 cm großer Grafik-Bildschirm aus Ungarn, der sich mit einem Lichtstift bedienen lässt

Gleichwohl: Es gibt CAD-Systeme in der DDR, und sie werden in manchen Betrieben genutzt, auch wenn oft nur auf niedrigem Niveau wie 2D-Entwürfe in Schwarz-Weiß, die im besten Fall als Arbeitsanweisung für eine steuerbare NC-Maschine auf Lochkarte gedruckt werden.

Das erste CAD-System der DDR ist der »Arbeitsplatz für Konstrukteure und Technologen« AKT 6454 von Robotron Dresden. Er basiert auf dem 16-Bit-Rechner K 1630, flankiert von Magnetbändern, Magnetplatten, mehreren PC 1715 und einer Software wie das (westliche) Standardprogramm AutoCAD. Eingesetzt wird er zum Beispiel für den Entwurf von Maschinenteilen und die Berechnung von zweidimensionalen Strömungsmodellen. Die Zeichnungen entstehen an einem Digitalisierungsgerät mit einer Arbeitsfläche von bis zu A0, das mit einem elektrischen Stift oder einer Art Maus bedient wird.

In kleinen Auflagen kommt ein rundes Display für Vektorgrafiken aus Ungarn zum Einsatz, das sich wie heutige Touchscreens mit einem Stift bedienen lässt. Dazu wird ein passender Computer zum Ansteuern der Grafiken und zum Speichern der Bilddaten verwendet. Der VEB Kombinat Umformtechnik »Herbert Warnke« Erfurt etwa setzt diese Kombination ein, um Kurvenscheiben zu berechnen und zu fertigen. Als Rechner dient ein betagter EC 1011 aus Ungarn, immerhin mit 1 Megabyte RAM und einer 50 Megabyte großen Festplatte.

Für ein zeitgemäßes 3D-Design erhält Robotron Ende 1985 den Auftrag, ein 32-Bit-System auf der Basis der VAX-Familie von DEC zu entwickeln. Zwei Jahre später ist der K 1840 in der Größe einer Anbauwand serienreif. Bis 1990 werden rund 220 Systeme verkauft – für je 1,9 Millionen Mark.

Eine günstigere Lösung ist es, Bürocomputer mit zusätzlichem Speicher, Vollgrafikkarten und speziellen Treibern fit für Layouts zu machen. Typischerweise steuern sie zwei Bildschirme an: einen für die Arbeit mit dem Computer und der CAD-Software, einen für das reine Darstellen der Grafik. Als Eingabegerät dient ein Tablett mit Stift, zur Ausgabe ein (A3-)Drucker oder ein Plotter. Verwendet wird unter anderem das Programm GEDIT für 2D-Konstruktionen in der Mechanik.

Bereits 1979 startet die Schuhfabrik Weißenfels das Projekt Grafis für den computergestützten Entwurf von Schuhformen, um sie für spätere Modelle zu speichern, leicht auf unterschiedliche Größen anzupassen und zu Papier zu bringen. Mitte der achtziger Jahre wird das System auf einen normalen (West-)PC umgestellt mit einem A3-Nadeldrucker und einem Plotter eingesetzt; auch Lochkarten für Steuersignale lassen sich drucken. Grafis wird noch heute weiterentwickelt – freilich nun für Windows-PCs.

Für viele Betriebe und Einrichtungen ist Technik aus dem Westen die einzige Möglichkeit, um überhaupt grafisch zu arbeiten. Selbst die Bauakademie der DDR verwendet zwei Commodore 64, die man für wenige hundert DM erhält.

So überrascht es nicht, dass Stefan Paubel, Leiter des auf Westtechnik spezialisierten Computerklubs im Haus der jungen Talente Berlin, eines Tages einen Anruf von einem Kulturoffizier der Nationalen Volksarmee erhält:

»Er lud mich zu einer Vorführung meiner Computer ein. Er wusste, was das für Geräte waren – Commodore 64 und Amiga 500. Zum verabredeten Termin wurde ich mit meiner Technik vom Haus der jungen Talente abgeholt. Es ging in ein Waldgebiet südlich von Berlin. Dort war ein Panzerregiment. In einem kleinen Saal führte ich vor ungefähr fünfzig Soldaten und Offizieren meine Programme vor, und es wurde darüber diskutiert. Das passierte zweimal. Beim dritten Mal wurde ich zur Führung der Luftverteidigung nach Berlin Schönefeld gebracht. Dort waren nur Offiziere bis in höhere Dienstränge anwesend. Vorher hatte man mich gebeten, besonders Kriegsspiele und Simulationen vorzuführen. Das war zum Beispiel F/A-18 Interceptor auf dem Amiga. Dort muss ein Kampfflugzeug von einem Flugzeugträger gestartet und wieder auf ihm gelandet werden. Für 1988 mit einer unglaublichen Grafik. Man brachte mich wieder zurück. Jedes Mal gab es ein Honorar.«

Auch Jochen Förster ist einer der Glücklichen, die in der DDR Zugang zur Traummaschine Amiga haben. Sein Vater ist Designer und arbeitet für das zentrale Entwicklungsbüro des Amtes für Industrielle Formgestaltung. Es entwirft Produkte, beginnend beim Kugelschreiber über Bohrmaschinen, Heckenscheren, Waffen bis zu größeren Maschinen für die Produktion und gar kompletten Industrieanlagen. Mit Tusche und Pinsel wäre das sehr aufwendig; und vor allem Korrekturen und Varianten wären kaum denkbar. So kann er zum Visualisieren auf einen Amiga 1000 von Commodore zurückgreifen, der auch im Westen Stand der Technik ist.

Um 1987 erfolgt der Umstieg auf einen Amiga 2000, mit Brückenkarte zur PC-Kompatibilität, 20 MB großer Festplatte und Farbmonitor. Die Ausrüstung wird über die KoKo besorgt und kostet rund 60.000 Mark. Irgendwie landet das Schmuckstück am Embargo vorbei in Dresden. Der Rechner arbeitet mit Deluxe Paint, einem beliebten Grafikprogramm (mit dem auch Spiele wie »Monkey Island« entstehen). Praktischerweise steht das Gerät zu Hause, und so kann sich Jochen Förster selbst an Animationen versuchen. Nach und nach kommen auch einige Spiele sowie das Musikprogramm Sonix ins Haus. Dem Amiga bleibt er erhalten:

»Nach der Wende ging natürlich alles einfacher. 1991 habe ich mir statt eines üblichen PCs einen Amiga 500 vom ersten Lehrgeld geholt. Kontakte hatte ich da noch keine, aber Vaters Spiele liefen darauf ja schon mal.«

Heute betreut er die Community Amiga-Dresden.de.

DIE EINZIGE SPIELKONSOLE DER DDR

Pong, zwei Schläger und ein Ball, ist das erste kommerzielle Videospiel. Der aus Deutschland stammende Ralph Baer, Mitarbeiter eines amerikanischen Militär-Zulieferers, entwickelt es ab 1966 als Prototyp; 1972 erscheint die erste Spielkonsole im Handel: Odyssey von der Firma Magnavox. Mit großem Marketingaufwand eingeführt, bleibt man mit dem Verkauf von etwa 350.000 Geräten weit hinter den Erwartungen zurück. Doch die frisch gegründete Firma Atari übernimmt die Idee des einfachen, aber fesselnden Tennisspiels im gleichen Jahr zunächst für einen Münzspielautomaten und ab Weihnachten 1975 für eine Heimkonsole.

In Westdeutschland erhält das Spiel ab 1977 besonderen Schub durch die Abendsendung »Telespiele« mit Thomas Gottschalk, bei der zugeschaltete Kandidaten am Telefon mit ihrer Stimme den Schläger steuern.

Die ersten Konsolen beherrschen nur Pong. Später lassen sich per Knopf oder Schieber mehrere Varianten auswählen, etwa vier Schläger statt zwei oder eine Solo-Variante. Das Telespiel wird ein großer Erfolg und sorgt für zahllose Nachahmer.

Bildschirmspiel 01, auf einer Ausstellung in der Universität Leipzig 2022

Auftrieb gibt der Mikrochip AY-3-8500 von General Instrument. Auf ihm sind sieben Varianten des Spiels implementiert. Daraus lässt sich mit wenig Aufwand eine fertige Konsole entwickeln. Es fehlen nur noch ein Antennenausgang zum Anschluss an einen Fernseher, Gehäuse, Bedienelemente und ein Netzteil. Auf dieser Basis erscheinen in den späten siebziger Jahren zahllose Pong-Klone.

Eine solcher Chip aus dem Westen liegt um 1976/77 auf einem Beratungstisch im VEB Halbleiterwerk Frankfurt. Mitgebracht hat ihn der Staatssekretär für Mikroelektronik Karl Nendel. Der Auftrag: Frankfurt soll die Konsole nachbauen. Die Idee dazu entsteht offenbar nach dem Besuch der Hannover-Messe.

Bedienungsanleitung Bildschirmspiel 01

Mit dem Bildschirmspielgerät BSS 01 können auf dem Bildschirm von Fernsehgeräten Sportspiele nachgebildet werden, an denen ein oder zwei Spieler teilnehmen können.

1. EIN und AUS-Schalter
2. Spielwahltasten
   a Pelota
   b Squash
   c Fußball
   d Tennis
3. Handregler (aus dem Fach leicht herauszunehmen)
   a rechts
   b links
4. Handicaptasten
   a Ablenkwinkel
   b Ballgeschwindigkeit
   c Schlägergröße
5. Hand/Automatik
6. Balleinwurf
7. Nullstellung (0 : 0)
8. Antennenkabel; zur Verbindung mit dem Fernsehgerät
9. Netzkabel mit Netzstecker

Da das Nachempfinden des Chips zu aufwendig wäre, werden mit Valuta-Mitteln 1.000 Pong-Chips importiert. Der Rest ist leicht umzusetzen: Gehäuse mit Tasten, Netzteil, Fernsehausgang, Lautsprecher. Die fertige Konsole heißt Bildschirmspiel 01, kurz BSS 01. Oder, so steht es auf dem Gehäuse, TV-Spiel. Stolze 550 Mark kostet sie. Viele Haushalte können sie sich nicht leisten. Trotz der geringen Auflage von 1.000 Stück wird sie in verschiedenen Ausführungen produziert; wohl ein Ergebnis des Materialmangels. So gibt es schwarze und hellgraue Gehäuse, und die vier Spielarten-Knöpfe sind mal schwarz, mal orange und mal gelb.

Vier Spiele sind auswählbar:

- Tennis: das originale Pong
- Fußball: jeder Spieler hat zwei Schläger, auf jeder Seite einen
- Squash: beide Spieler spielen gegen die gleiche Wand
- Pelota: Squash für einen Spieler

Ist keine der vier Spielarten-Tasten eingedrückt, erscheint ein verstecktes fünftes Spiel: Fußball mit Handicap. Hier hat der linke Spieler zwei Schläger, der rechte jedoch drei.

Das BSS 01 ist komfortabel, auch im Vergleich mit ähnlichen Geräten aus dem Westen. Über drei weitere Tasten werden die Ballgeschwindigkeit erhöht, der Ablenkwinkel verändert und die Schläger verkleinert. Das typische Piep kommt vom eingebauten Lautsprecher.

Gut zu sehen: der schwarze Pong-Chip AY-3-8500 von General Instrument (GI)

Wie bei den meisten Pong-Konsolen bleiben die beiden restlichen Spiele des Pong-Chips ungenutzt. Sie sind für die Verwendung einer Lightgun ausgelegt; einer Art Spielzeug-Pistole, die mit Hilfe einer Fotozelle die Position einer Lichtquelle auf dem Bildschirm feststellt und dadurch ermittelt, ob die Pistole das Ziel trifft. Eine Lichtpistole ist technisch sehr einfach und wird bereits bei der ersten Spielkonsole von 1972 umgesetzt.

Klaus Schlenzig veröffentlicht 1982 in einer Zeitschrift eine Bauanleitung, wie man das Telespiel um die beiden Jagdspiele erweitert und dazu ein Lichtgewehr konstruiert. Er beschreibt auch, auf der Basis eines vier Jahre zuvor erschienenen amerikanischen Artikels, wie man den Pong-Chip so erweitert, dass man gegen die Maschine spielen kann, im sogenannten »Cybernetic Mode«.

Es bleibt die einzige Spielkonsole der DDR. Zu einem Bildschirmspiel 02 kommt es nicht mehr. Mittlerweile gibt es Heimcomputer, die viel bessere Spiele erlauben.

EIN OST-TELESPIEL MIT WEST-CHIP

Auf einer Dienstreise ins Halbleiterwerk Frankfurt (Oder) erlebt Peter Salomon die Geburtsstunde des Bildschirmspiels 01 hautnah mit.

Es muss etwa 1976/77 gewesen sein, als ich in meiner Eigenschaft als Industriezweig-Bearbeiter für Konsumgüterelektronik an einer hochkarätigen Beratung im VEB Halbleiterwerk Frankfurt (Oder), kurz HFO, teilnehmen konnte. Hochkarätig deshalb, weil die Leitung der Beratung durch den stellvertretenden Minister Elektrotechnik-Elektronik (MEE), seines Zeichens Staatssekretär, Karl Nendel wahrgenommen wurde. In der Runde saßen neben meinem Direktor vom VEB Applikationszentrum Elektronik Berlin (AEB) der HFO-Betriebsdirektor Elmar Sommer, der F/E-Leiter Edgar Bott und weitere Mitglieder der HFO-Betriebsleitung.

Vor Nendel auf dem Tisch lagen eine kleine schwarze Kiste und daneben ein vielbeiniger Schaltkreis. Thema der Beratung war: Die unverzügliche Realisierung von Bildschirmspielen als Konsumgüterproduktion für das Halbleiterwerk Frankfurt (Oder).

Da der Minister höchstpersönlich am Tisch saß, galt das bereits als unumstößliche Aufgabe von »Partei und Regierung«. Zunächst wurden die Möglichkeiten diskutiert, solch ein Erzeugnis in Eigenentwicklung herzustellen.

Nun muss man dazu wissen, dass entsprechend der Staatsaufgabe, dass alle Betriebe einen gewissen Prozentsatz ihrer Warenproduktion in Konsumgütern zu erbringen hatten, bereits nicht unerhebliche Ressourcen des HFO für Entwicklung und Produktion solcher Erzeugnisse eingesetzt wurden. Eine eigene Entwicklung auf der Basis des in der DDR beziehungsweise im RGW vorhandenen Sortiments an Bauelementen, z. B. mit TTL-Schaltkreisen, wurde von vornherein wegen des zu hohen ökonomischen Aufwands von ca. 30-50 TTL verworfen.

Danach wurde die Nachentwicklung des auf dem Tisch liegenden Schaltkreis-Musters der US-amerikanischen Firma General Instrument diskutiert. Dabei handelte es sich um einen hochintegrierten MOS-Schaltkreis, zu dessen Nachentwicklung – eine in der DDR-Halbleiterindustrie mit hoher Perfektion vorhandenen Praxis – jedoch in diesem Fall die technologischen Grundlagen im HFO fehlten. Das HFO hatte sich im Rahmen der Arbeitsteilung in der DDR mehr auf die bipolaren Technologien spezialisiert. Unipolare Technologien (MOS) wurden im VEB Funkwerk Erfurt verfolgt und dort war man gerade dabei, mit Hochdruck und unter höchster Geheimhaltung eine ganz neue Schaltkreis-Generation, nämlich die Mikroprozessor-Technik, zu entwickeln und in die Produktion überzuleiten.

Der einzige Ausweg war, die Original-Schaltkreise sowohl für den F/E-Bedarf als auch für den gesamten Produktionsbedarf aus dem Westen zu importieren. Mir schauderte es bei diesem Gedanken, weil gerade wir im AEB als dem MEE nachgeschaltetes Organ die Aufgabe hatten, wegen der chronischen Devisenknappheit der DDR an Valuta, Importe zu verhindern. Aber wenn es der Minister persönlich verlangt – ein Ministerwort war halt Gesetz.

In der anschließenden Mittagspause fragte ich den Genossen Staatssekretär (so als »Stimme des Volkes«), ob es denn wirklich wichtiger wäre für diese – im wahrsten Sinne des Wortes Spielerei – unsere für andere volkswirtschaftlich bedeutendere Vorhaben sicher notwendiger einzusetzende NSW-Valutamittel zu verwenden. Na, da hatte ich einen Eklat ausgelöst. Erstens, weil ich als »Unterster« in der Leitungshierarchie so einfach einen Minister angesprochen hatte. Und zweitens weil ich damit seine Worte in Zweifel gezogen hatte. Nendel antwortete in seiner ganz persönlichen Art, ich hätte wohl als Nicht-Genosse (schon aus Sicherheitsgründen wurde er von der Stasi im Vorfeld immer sehr gut über die Leute informiert, mit denen er zusammenkam) die Aufgaben von Partei und Regierung nicht richtig verstanden und gab somit den Part an meinen Direktor weiter.

Dieser Vorfall hatte natürlich zu Hause in Berlin noch ein Nachspiel; und fortan wurde ich zu solchen Veranstaltungen nicht mehr geladen.

Das Bildschirmspiel wurde nach einigem Hin und Her dann doch noch vom HFO in der Konsumgüterproduktion gebaut. Die Pong-Schaltkreise wurden importiert, die dazu notwendigen Valuta-Mittel wurden aus den Topf für »Ausgleichsimporte« (Importe für Bauelemente, die zwar in der DDR hergestellt wurden, aber dessen Aufkommen, aus welchen Grund auch immer, für den dringenden

Bedarf der Industrie der DDR nicht ausreichte) genommen, die dann dafür natürlich fehlten.

Der RFT-Handel und die DDR-Bevölkerung sahen das mit dem Bildschirmspiel ganz anders. Das ganze wurde schon vom Preis-Leistungs-Verhältnis her ein Flop und – ein Glück – zu einer Produktionserweiterung der ersten Serie von 1.000 Stück kam es dann nicht mehr. Stattdessen baute RFT nun Radiowecker. Soweit ich mich erinnere, geht das auf eine FDJ-Initiative aus dem Halbleiterwerk zurück, wonach es zweckmäßiger wäre, ein Erzeugnis zu entwickeln, was die Pünktlichkeit früh am Arbeitsplatz unterstützt, als nächtelange Spielsucht-Arien. Außerdem gab es ja bald die neuen »Spielzeuge«, die Heimcomputer, und das war ja dann schon etwas ganz anderes ...

SPIELE ALS EINSTIEG IN DIE WELT DER COMPUTER

Inspiriert durch alle Kanäle, lässt sich die Bevölkerung in den achtziger Jahren auf das digitale Zeitalter ein. Unbefangener als in der Bundesrepublik, wo Computer den Beigeschmack von Überwachung und Vernichtung von Arbeitsplätzen haben.

Die unterschiedliche Wahrnehmung in Ost und West lässt sich am prägnantesten bei Videospielen beobachten: Während die DDR zahlreiche Poly-Play-Automaten aus eigener Produktion aufstellt, werden in der Bundesrepublik Münzspielgeräte aus dem öffentlichen Raum entfernt.

Bereits 1983, bevor es Kleincomputer in der DDR gibt, äußert sich Ernö Rubik im *Neuen Deutschland* wohlwollend zu Spielen. Der Erfinder des Zauberwürfels ist der Auffassung,

»dass diese neue Spielegeneration unbedingt zum Leben unserer Generation gehört. [...] Die Computertechnik habe aber in jedem Falle bisher nicht gekannte Spielmöglichkeiten eröffnet. Künftige Spiele müssen dem hohen Bildungsstand entsprechen und — die Entwicklung geht dorthin — zum Problemlösen herausfordern sowie an die Beherrschung der Technik der kommenden Jahre heranführen. Ob groß oder klein. Das aktive Handeln habe stets Im Vordergrund zu stehen und auch ein Zusammenspiel mehrerer Personen.«

Selbst das Bildungswesen sympathisiert mit dem neuen Medium und seinen Möglichkeiten zur Unterhaltung und zum Lernen. Der Germanist Gerhard Wazel, Pionier bei der Entwicklung von Lernsoftware, schreibt 1987:

»Dass Computersprachspiele, wenn sie gut gestaltet sind, im Grunde genommen auf allen Sprachstufen einsetzbar sind, den Lehrgang aufzulockern und die Lerner für das Sprachlernen motivieren, kann als bewiesen gelten. [...] Computerspiele eignen sich besonders als Einstieg in die Arbeit mit dem Computer.«

In der DDR ist der Pädagoge Hannes Gutzer neben Horst Volz der bekannteste Ideengeber für einen spielerisch-kreativen Einstieg in die Welt der Computer. Über Kontakte seines Schwiegervaters in den Westen erhält er Anfang der achtziger Jahre einen ZX Spectrum; später wechselt er zum KC 85:

»Die Computerbegeisterung war riesig. Einige verdeckten sogar auf Vorträgen ihre Hardware von Commodore und Co. mit Pappen, so dass man den Hersteller nicht erkennen konnte. Das änderte sich, als die DDR-Heimcomputer aus Dresden und Mühlhausen aufkamen. Mir wurde bewusst, dass die Heimcomputer universelle Maschinen für Kreativität und Spielelust darstellten. Die Computerspiele entstanden im Rahmen der technischen Möglichkeiten auf den verschiedenen Hardware-Plattformen. Sie wurden vorwiegend getauscht, ohne eine professionelle Vermarktung zu erreichen. Ab etwa 1985 setzte die Computernutzung auch in der Schule für das Lernen ein. An den Universitäten bastelten die Mitarbeiter an Lernprogrammen, die aber auch aus Mangel an Hardware nie so recht zum Tragen kamen.«

Gutzer schreibt eine Reihe von Büchern, die viele BASIC-Programme zum Abtippen, Ausprobieren und Anpassen enthalten:

- »Das kann der Mikrocomputer«
- »Computer im Vormarsch?«
- »Wenn Kepler einen Computer gehabt hätte«
- »Spiel und Spaß mit dem Computer«
- »Kreativ mit dem Computer«

Die Titel sind Programm: Der Einstieg in die Computerei beginnt besonders leicht mit kleinen Spielereien, die rasche Erfolgserlebnisse bieten. Bereits mit wenigen Programmzeilen in der einfach zu erlernenden Sprache BASIC gelingen kleine Kunstwerke auf dem Bildschirm. Wie Zauberei zeichnen Befehle wie CIRCLE und LINE Kreise und Linien auf den Bildschirm.

Auch das beliebte Buch *Kleincomputer leichtverständlich* von Uwe Bückner enthält zahlreiche BASIC-Listings, darunter das Spiel »Mondlandung«.

Die meisten, die Zugriff auf einen Heimcomputer haben, können zumindest ein bisschen programmieren. Der Rechner ist nach dem Einschalten »leer«; und Unterhaltung ist nicht wie heute nur einen Mausklick entfernt. Software muss entweder eingegeben oder von Kassette geladen und gestartet werden – wofür Befehle nötig sind. Der Weg zum ersten kleinen Programm ist davon nicht weit entfernt.

Während der Westen weltweit vertriebene Computer wie den Commodore nutzt, mit einer enormen Auswahl an Software zum Spielen, kreativen Schaffen und Arbeiten, und der Ostblock meist zu westlichen Computern kompatible Geräte verwendet, haben die Kleincomputer aus der DDR keine Vorbilder.

Es gibt sie nur in der DDR; und sämtliche Software wird in der DDR entwickelt. Es entwickelt sich ein einmaliges Biotop. Dessen Spiele haben freilich überwiegend bekannte Vorbilder wie »Pac-Man«; es bringt aber auch einzigartige Titel wie »Bennion Geppy« hervor.

Viele Entwickler nennen im Vorspann ihrer Spiele nicht nur ihren Namen, sondern die komplette Anschrift: Ein Brief oder eine Postkarte ist oft der einzige Weg, mit Gleichgesinnten aus der Republik Kontakt aufzunehmen.

Dass Computer und Videospiele in der DDR weniger Risiko als vielmehr Chance sind, wird erst in jüngerer Zeit vom Diskurs gewürdigt. Gerade Spiele gelten mittlerweile als Wirtschaftsfaktor und Kulturgut – aber die jahrzehntelange Vernachlässigung führt dazu, dass im vereinten Deutschland zwar viele Spiele gekauft, aber nur wenige entwickelt werden.

So weist die Historikerin Angela Schwarz 2021 rückblickend daraufhin, dass das Programmieren von Computerspielen in der DDR als »sinnvolle Freizeitbeschäftigung« gilt:

»Im Unterschied zum zeitgenössischen westdeutschen Diskurs war der ostdeutsche über Computerspiele für Kinder und Jugendliche ebenso wie für Erwachsene offenbar frei von Berührungsängsten.«

Kery Ahmad ergänzt 2024 in seiner Masterarbeit über die Haltung der DDR zu Computern:

»Die DDR sah in der Verbreitung der Computerklubs und Computerspiele die Möglichkeit, die Jugendlichen noch stärker für den Computer zu begeistern, um zukünftige Fachkräfte in dem Bereich zu gewinnen. […] Statt Angst und Schrecken verbreiteten die Computer eher eine Euphorie und Begeisterung in der DDR. Auch wenn die Computertechnologie nicht auf dem neuesten Stand war und noch nicht in allen Betrieben effektiv genutzt wurde, waren die Bemühungen der DDR stark, einen Wirtschaftaufschwung mithilfe der Computer zu schaffen.«

Auch Henner Thomsen kommt 2024 am Ende der Folge »Computer in der DDR« des Podcasts *Stay Forever* zu einem positiven Fazit:

»Ja, die Computertechnik lag viele Jahre hinter der des Westens. […] Etwas anderes hat mich aber überrascht, denn in einer anderen Hinsicht war die DDR vielen westlichen Ländern und insbesondere der BRD weit voraus: Bei der gesellschaftlichen Akzeptanz des Computers als Massenmedium. Es gibt diese frühe Informatik-Förderung über verschiedenste Einrichtungen, quasi-staatliche Computerklubs, die Code-Verbreitung per Radio. Heimcomputer und Spiele von staatseigenen Betrieben. Von all dem war Westdeutschland damals weit entfernt. Hier fand sehr vieles im Privaten und im Verborgenen statt, was in der DDR einer sehr breiten Öffentlichkeit zugänglich war. [...] Im Ergebnis stand eine Offenheit und Akzeptanz für die neue Technik, die sich bei uns im Westen erst später entwickelt hat. Veraltete Computer hin oder her.«

DIE 20 BESTEN KC-SPIELE

1. Mad Breakin'
2. Jungle
3. Pengo
4. Enterprise
5. Vollgas
6. Digger
7. Boulder Dash
8. Gatecrasher
9. Bennion Geppy
10. Gunship 3000
11. Bellum
12. Breakout
13. Karate
14. Bomb Jack
15. Cave
16. Mach 1
17. Taktik
18. Busy Molec
19. House
20. The Name of the Rose

(zusammengestellt von Mario Donick für die Zeitschrift RETRO GAMER 4/2014)

Spiele für den KC 85 aus Mühlhausen

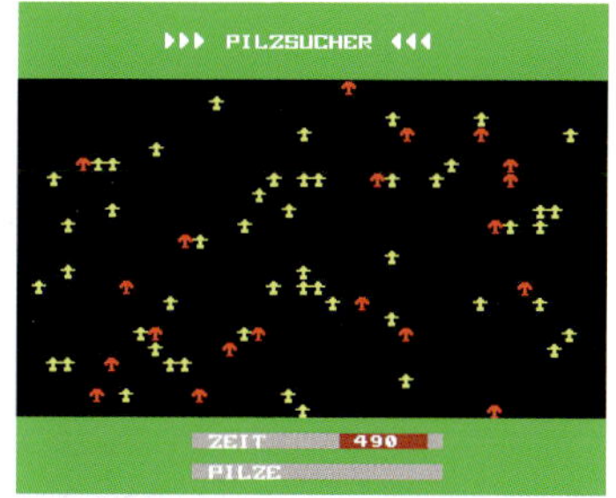
PILZSUCHER
ZEIT 490
PILZE
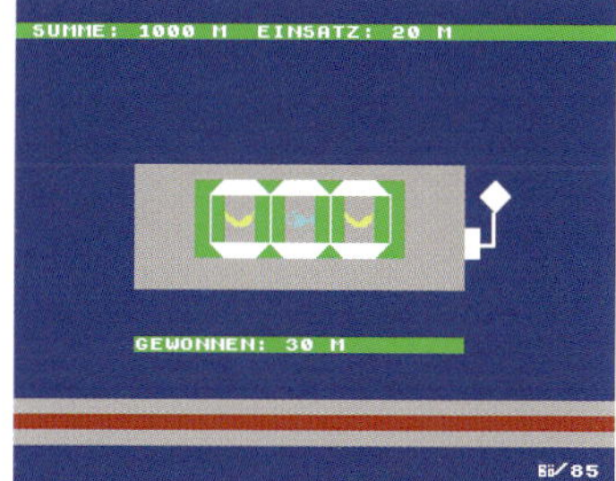
SUMME: 1000 M EINSATZ: 20 M
GEWONNEN: 30 M

9
8
7
6
5
4
3
2
1
0
0123456789
Y
X
X:
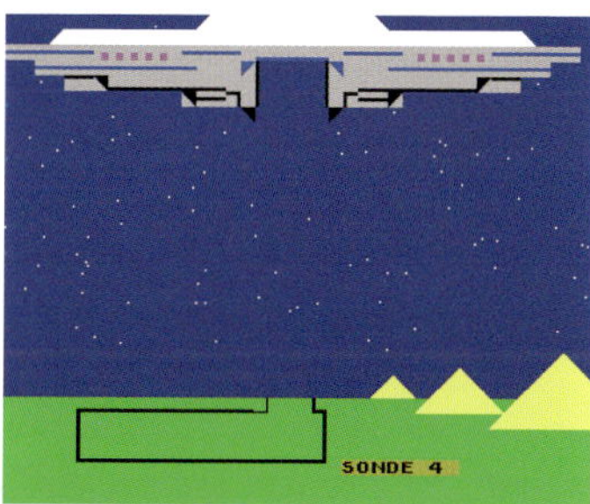
SONDE 4

EINSCHLAEGE 3
RS-
10
0

TREFFER
-10
GELANDET
10
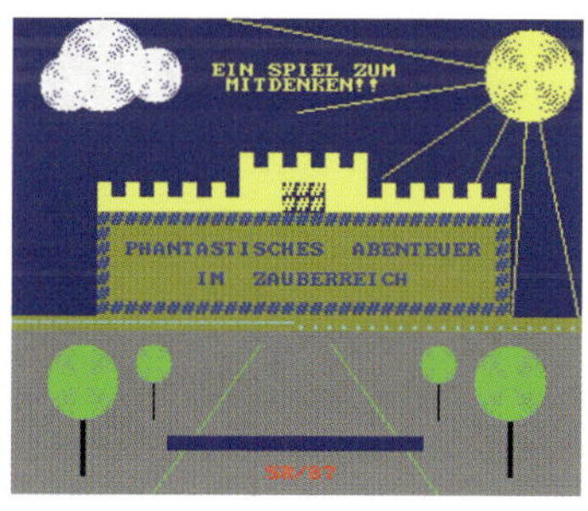
EIN SPIEL ZUM
MITDENKEN!!
PHANTASTISCHES ABENTEUER
IM ZAUBERREICH

Cavern 5 / Leben 1

Beschreibung zu C0162 SPIELE 1

Nr.	Name	Zählerstand
1	PILZE	10
2	STADT	30
3	LABY	50
4	RENNEN	70
5	LOCH	90
6	PERLEN	110
7	PINGUIN	140

veb mikroelektronik "wilhelm pieck" mühlhausen

COMPUTERSPIELE UND PÄDAGOGIK

Tagung zur »Computernutzung in der außerunterrichtlichen Tätigkeit« an der Pädagogischen Hochschule Halle (Saale) im Oktober 1988

»Gerade für jüngere Schüler stellen die Computerspiele eine Möglichkeit dar, sich ohne Vorkenntnisse mit informationsverarbeitender Technik zu befassen, wobei gute Grafik und Bildgestaltung den Anreiz eines Spieles steigern. Selbst Erwachsene erliegen oft dieser Faszination und können sich vom Computer kaum trennen. Die erzieherischen Potenzen hinsichtlich Akzeptanz von und Gewöhnung an informationsverarbeitende Technik sind nicht zu unterschätzen.«

Ulrich Beer, Pionierpalast »Ernst Thälmann« Berlin

»Mit der zunehmenden Anzahl von Spielen, die in der DDR entwickelt worden sind (und das sind leider immer noch zu wenig), gingen auch Bedenken und Unsicherheit der Pädagogen zurück, ob der Einsatz von Computerspielen eine legitime Variante außerunterrichtlicher Beschäftigung sei.«

Gerd Hutterer, Pädagogische Hochschule Halle/Köthen

»Wir brauchen mehr Ideen! Mir scheint so etwas wie eine Computer-Kultur notwendig zu sein. [...] Es ist die Anwendung des Computers für ästhetische Zwecke, die von der einfachen kulturellen Selbstbetätigung bis zur hochkommerziellen Anwendung reicht. [...] Zum anderen meine ich, dass der Computer auch ein Kulturgut, wie jedes andere vom Menschen geschaffene Objekt, ist. Doch dies betrifft nicht nur das Gerät selbst. Auch die Software gehört dazu.«

Horst Völz, Akademie der Wissenschaften

»Der Computer ist kein Gerät, das uns lediglich Wissen vermittelt oder unsere Kenntnisse abfragt bzw. der prüft, ob wir konkrete Fragen richtig beantworten können. Er ist vielmehr ein Gerät, das unsere Kreativität fördert. Das ist auch der Grund dafür, dass der Computer wohl schneller als irgendeine andere Basisinnovation und mit nachhaltigerer Wirkung seinen Platz in der außerunterrichtlichen Tätigkeit und im Bereich der Freizeit der Kinder gefunden hat. Heute können wir wohl eindeutig sagen, dass der Computer in der außerunterrichtlichen Tätigkeit zu einem bevorzugten Gegenstand der Tätigkeit der Schüler im Prozess der Auseinandersetzung mit Wissenschaft und Technik zu werden beginnt. Unsere Erfahrungen besagen, dass die Beschäftigung mit dem Computer für unsere Kinder einen hohen Freizeitwert hat und dass der Computer ein wichtiges Mittel zur Förderung der geistigen Entwicklung Heranwachsender sein kann.«

Edeltraud Keßler / Christine Krätzschmar, Pädagogische Hochschule Halle/Köthen

»Was wir dringend benötigen, ist eine Anerkennung eines der menschlichsten Bedürfnisse, des Spielens, auch bei unseren großen Kindern, und zweitens vielfältige Anstrengungen, unter Einbeziehung des Adressaten-Kreises genau solche Spiele zu entwickeln, die mit unseren aktuellen ökonomischen Möglichkeiten und unseren Bildungs- und Erziehungsabsichten harmonieren. Dazu bedarf es ganz erheblich gesteigerter Zusammenarbeit zwischen der Industrie, Mitarbeitern außerschulischer Einrichtungen sowie Erziehungswissenschaftlern.«

Frank Hille, Pädagogische Hochschule Halle/Köthen

DER SPIELAUTOMAT POLY-PLAY

Spielautomat Poly-Play

Ende 1984 geht eines der interessantesten und zugleich mysteriösesten Geräte der DDR in die Produktion: der Videospielautomat Poly-Play. Er ist in der zweiten Hälfte der achtziger Jahre in Ferienheimen, Hotels und großen Freizeiteinrichtungen zu finden. Gleich seinen westlichen Brüdern muss zum Spielen eine 50-Pfennig-Münze eingeworfen werden.

Wie beim Bildschirmspiel 01 kommt die Order von ganz oben, von Wirtschaftschef Günter Mittag. Eine entscheidende Rolle bei den Entwicklungsarbeiten spielt … die Stasi. Sie richtet 1983 in Karl-Marx-Stadt eine geheime Forschungswerkstätte namens »Kartell« ein, die neue Verfahren und Produkte für Industrie und Bevölkerung erforscht und als Muster fertigt. Als Alternative zu einem Spielcomputer werden auch »elektronische Kleinspiele« und »Bordcomputer für PKW« diskutiert, aber nicht weiter verfolgt.

Auf Anweisung des Ministeriums für Staatssicherheit werden zunächst vier Mitarbeiter des Robotron-Buchungsmaschinenwerks abgezogen. Sie werden auf Basis eines Honorarvertrags mit der Entwicklung eines Prototypen beauftragt. Als Vorlage dient ein Heimcomputer Sinclair ZX 81. Er arbeitet mit dem Z80-Prozessor, den die DDR kopiert hat und der somit in größeren Stückzahlen zur Verfügung steht. Offenbar als Inspiration für umzusetzende Spiele wird außerdem eine Atari-Konsole VCS 2600 angeschafft. Mit ihr lassen sich beliebte Spielhallen-Titel wie »Pac-Man«, »Frogger« und »Space Invaders« zu Hause spielen.

Das Gehäuse stellt der VEB Raumkunst Mosel in Zwickau her. Als Bildschirm werden abgespeckte Fernseher aus Staßfurt verwendet. Kern der Anlage ist ein Mikrorechner mit einem U 880. Der Automat wird im VEB Polytechnik Karl-Marx-Stadt gefertigt – Stasi-Unterlagen zufolge wohl mit dem konkreten Ziel, Wirtschaftspläne zu erfüllen.

Eingebaut ist nicht nur ein Spiel, sondern es kann aus einer Liste ausgewählt werden. Die meisten Poly-Play fassen höchstens acht Spiele, die letzte Bauform zehn. Sie sind in Maschinensprache programmiert. Insgesamt gibt es 16 Spiele; eines davon in zwei Versionen: Der Name des Weltraum-Ballerspiels »Ufo« muss nach der Eingabe eines Lehrers in das harmlosere »Hagelnde Wolken« geändert werden.

Bis zur Wende werden rund 2.000 Stück des Poly-Play hergestellt. In dieser Zeit wird das Gerät mehrfach überarbeitet. Bei den ersten Exemplaren gibt es Knöpfe zum Auswählen eines Spiels. Das wird später in ein Bildschirmmenü geändert, so dass nur noch ein Spielhebel und ein Feuerknopf nötig sind. Auch die bunte Leuchtschrift wird mehrmals geändert.

Der Automat wird in Ferienheimen, Jugendclubs, Hotels und Gaststätten aufgestellt, die Einrichtungen müssen für den Poly-Play 21.950 DDR-Mark zahlen. Die Spiele sind extra zu erwerben und kosten zwischen 400 und 750 Mark. Während der Erprobung werden 80 bis 140 Mark eingespielt – pro Tag.

Die Polytechnik strebt den Export des Automaten an – vor allem ins sozialistische Ausland. Unterlagen im Sächsischen Staatsarchiv Chemnitz deuten auf eine Produktion für Rumänien und Tschechien hin. Neben deutschen Texten werden dazu weitere Sprachen vorbereitet.

Der Poly-Play ist sehr beliebt und ist heute ein begehrtes Sammlerstück. Nur wenige sind erhalten geblieben. Die meisten sind in Privatbesitz. Zwei stehen im RECHENWERK Computermuseum Halle, einer in den Technischen

Sammlungen Dresden, einer im Computerspielemuseum Berlin, einer im Flippermuseum Schwerin, und einer findet sich im Bestand des Elektromuseums Erfurt. Ein seltenes tschechisches Modell pflegt das Flipper- und Arcademuseum Seligenstadt.

ALLE SPIELE FÜR DEN POLY-PLAY

- Hirschjagd
- Hase und Wolf
- Abfahrtslauf
- Schmetterlinge
- Schießbude
- Autorennen
- Merkspiel
- Wasserrohrbruch
- UFO / Hagelnde Wolken
- Der Taucher
- Der Gärtner
- Im Gewächshaus
- Im Irrgarten
- AFU
- Der Lindwurm
- Fly

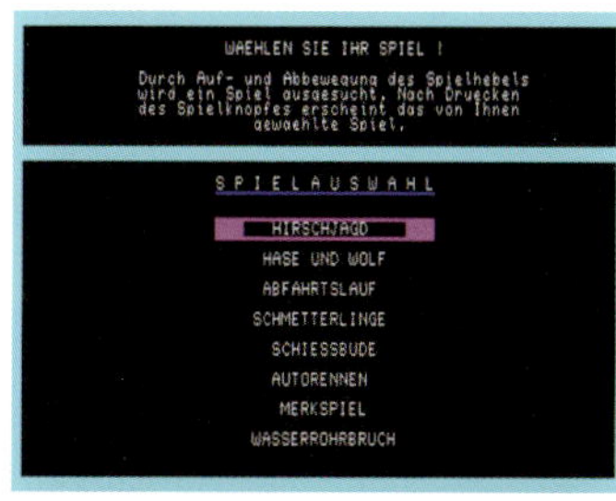

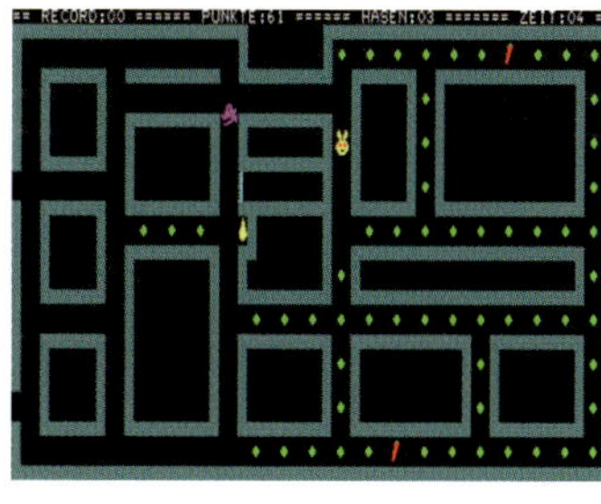

Spiele für den Poly-Play

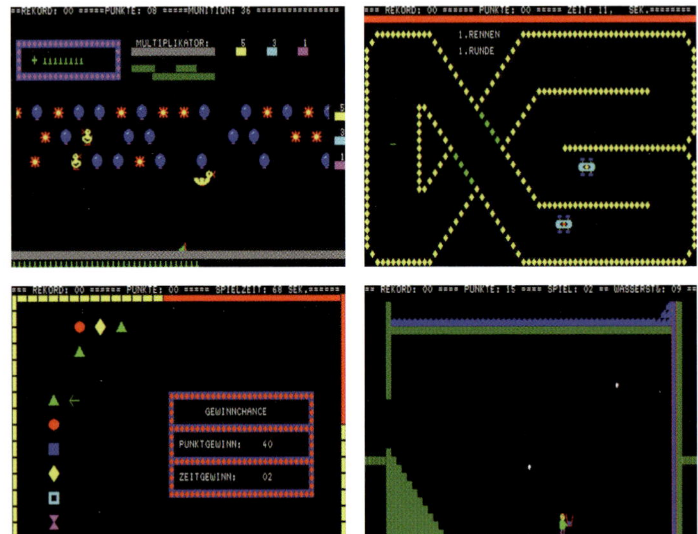

Spiele für den Poly-Play

DIE SOMMER DER SPIELE

Während des Urlaubs, im Sommerkurs und im Ferienlager lernt Tilo Wallis aus Wurzen Videospiele kennen – und lieben.

Eine meiner ersten Erinnerungen war ein Bildschirmspiel 01 im Fernsehraum einer Urlaubsunterkunft. An Geräte in jedem Zimmer war noch nicht zu denken; und so trafen wir uns in einem Gemeinschaftsraum zum Fernsehen. Bei nur zwei Programmen gab es keine Diskussionen, was geschaut wird. Nachdem die anderen im Bett waren, entdeckten mein Bruder und ich die Konsole und probierten sie aus. Sie stand da offensichtlich schon eine Weile und wirkte etwas verstaubt und vergessen. Wir müssen bereits gewusst haben, dass es Videospiele gab und dass man noch etwas anderes als eine Antenne an einen Fernseher anschließen kann. Sonst wären wir wohl ziemlich überfordert gewesen? Auf der anderen Seite waren wir probierfreudig und neugierig. Jedenfalls hat es uns viel Spaß gemacht; und eine Runde Pong spiele ich heute noch gern.

Im ESP-Unterricht der 9. und 10. Klasse wurden Rechner und digitale Steuerungen zwar theoretisch behandelt; Computer gab es an meiner Schule aber noch keine. Doch auf den Rummelplätzen stand immer irgendein Wagen mit Videospielen, teilweise uralten mechanischen Geldspielautomaten und Flippern. Das war für mich das Highlight. Es gab dort nichts anderes, was mich auch nur annähernd so interessiert hat. In meinem Lieblingswagen standen »Pengo« und »Phoenix«, die ich ausgiebig gespielt habe. Die Musik habe ich heute noch im Ohr.

Im Ferienlager 1987 waren wir an der polnischen Ostsee. Wir wohnten in einem Plattenbau irgendwo in Stettin. Vieles ist mir nicht mehr im Gedächtnis. Neben einer Kino-Vorstellung von »Die unendliche Geschichte«, die wunderbar aussah, die wir aber mangels Sprachkenntnissen überhaupt nicht verstanden, ist es vor allem der Besuch einer Spielhalle. Das war von außen eine flache graue Betonbaracke; aber hinter einer kleinen Stahltür verbarg sich eine vollkommen andere Welt. Faszinierend und bunt. Ein schmaler und durch schwere Vorhänge verdunkelter Raum voller Arcade-Automaten. Neben älteren Raumschiff-Spielen aller Art gab es auch ziemlich aktuelle. Ich kann mich noch an »Indiana Jones and the Temple of Doom« oder »Gun Smoke« erinnern.

Ich glaube, es war im Sommer 1988, als ich an einem Computer-Kurs unserer Landwirtschaftsschule teilgenommen habe. Es gab ein Kabinett mit Kleincomputern und Schwarz-Weiß-Fernsehern der Marke Junost. Wir programmierten hauptsächlich in BASIC. Darunter grafische Spielereien. Abgespeichert habe ich die Befehlszeilen auf einem LCR-Kassettenrekorder. Vor allem ein Spiel blieb hängen: Man lief mit einem kleinen Männchen auf einer Burgmauer hin und her, nahm Steine auf und warf sie auf Angreifer, die auf Leitern nach oben wollten. Ein Kursteilnehmer meinte jedoch, dass der Commodore 64 aus dem Westen viel besser sei. So einen C64, für den es wohl viele lustige Spiele geben sollte, wollte ich damals unbedingt; und er wurde mein erster eigener Computer. Aber erst nach der Wende, 1991.

Ich träumte davon, selbst Videospiele zu entwickeln. Ich hatte ein Schulheft, in dem ich Skizzen zeichnete und Ideen aufschrieb. Dabei ist es aber geblieben. Als ich später die Möglichkeit gehabt hätte, waren in der aufregenden Nachwendezeit andere Sachen interessanter.

IM TAL DES KÖNIGS

Alexander S. aus Frankfurt (Oder) bietet sein Spiel »King's Valley« für den Z 1013 im Magazin Funkamateur an – und erhält bergeweise Post.

»King's Valley« auf der Langen Nacht der Computerspiele Leipzig (2013)

Mein Spiel war dem für den MSX-Computer angebotenen »King's Valley« des japanischen Entwicklers Konami aus dem Jahr 1985 nachempfunden, zumindest soweit ich es nach einem mehrwöchigen Aufenthalt in einer Programmierschule bei Nowosibirsk im Sommer 1986 noch in Erinnerung hatte.

Aus dem Kopf schnell auf Notizzettel gebracht und dann zu Hause mit viel Liebe zum Detail auf einem Z 1013 in schwarz-weißer Pseudo-Grafik neu programmiert, wobei mir besonders viel an einer ansprechenden Spielmusik und einem unterhaltsamen Spielsound und auch an einer möglichst realistischen Bewegung der Spielfiguren gelegen hatte. Ich meine sogar, dass mir das unnatürlich schnelle Treppengeflitze der Originalvorlage damals etwas missfallen haben muss. Meine Spielfiguren waren nämlich auf den Treppen auch nicht schneller unterwegs als auf den geraden Abschnitten. Wieso auch, das ist in der Realität ja auch nicht der Fall und würde etwas komisch aussehen.

Die schöne orientalisch angehauchte Spielmusik war dann auch das Erste, was nach ein paar Wochen Schweißarbeit vorzeigbar fertiggeworden war. Bei der technischen Umsetzung der Sounderzeugung konnte ich hier auf meine Erfahrungen beim Schreiben des Shooting-Games »Raketenabwehr« zurückgreifen, das ich wenige Monate vorher für den LC 80 geschrieben hatte. Zumindest zum damaligen Zeitpunkt (1986) war es das Einzige mir bekannte Action-Spiel mit

Sound auf dem LC 80. Für die Grafik meines »King's Valley«-Nachbaus kamen mir unter anderem die witzigen Schachfiguren-Hälften des Z 1013 sehr gelegen.

Für das Spiel hatte ich keinen Aufwand gescheut, wusste ich doch, dass ich mir ohne West-Verwandtschaft und damit ohne Zugang zu Devisen sowieso nie einen Commodore oder Ähnliches leisten können würde. Also wurde das Spiel von mir üppig ausgestattet: Mit auftauchenden Geistern, die immer nur für wenige Sekunden durch geschickten Schwertwurf ausgeschaltet werden konnten, mit der notwendigen Intelligenz der Geister, funkelnden Diamanten, Waffen (Schwert) und Werkzeugen (hier nahm ich einen Presslufthammer statt der Spitzhacke), Drehtüren, herunterwachsenden Wänden, Eingangs- und Ausgangsportalen, Sprungfähigkeit des Protagonisten, Spiellandschaften, die über die Bildschirmgrenze hinausgingen, Titelbild mit zweistimmiger (!) Posaunen-Fanfare, Intro-Filmsequenz mit Eingangsmusik für das Betreten der Pyramidenschatzkammer, dann eine Begleitmusik für den Weg zum Ausgangsportal, Outro-Filmsequenz für das Verlassen der Schatzkammer, Zwischenanimation der Karte mit entsprechender immer wiederkehrender Musik für den Level-Wechsel, Ziel-Filmsequenz mit dem Triumph-Marsch aus der »Aida«, Verwaltung wichtiger Kenndaten wie dem Zustand aller Objekte, der verbleibenden Leben, Punkte, Bonus-Punkte und der Bestenliste. Man konnte sogar in bereits ausgeraubte Pyramiden zurückkehren und dort mit den Geistern seinen Schabernack treiben.

Das Spiel war in den höheren Pyramiden ganz schön anspruchsvoll zu spielen, was das richtige Timing anbetrifft. Es tatsächlich von der 1. bis zur 16. Pyramide durchzuspielen, ist mir, glaube ich, auch erst mit sehr viel Spielerfahrung gelungen. Es war alles Handarbeit, komplett in Maschinensprache geschrieben, also ohne Assembler, der in den mir insgesamt zur Verfügung stehenden 16 Kilobyte sowieso keinen Platz mehr gehabt hätte, ich habe jedes Byte gebraucht. Die Spielpläne hatte ich deshalb sogar komprimiert abgespeichert gehabt. Ich habe mich mit Papier und Bleistift (und Radiergummi) und vielen um mich herum aufgehängten DIN-A4-Blättern um alles selbst gekümmert, inklusive der Speicher- und Registerbelegungen, Sprungadressen- und Sprungweitenberechnung.

Und das über einen Zeitraum von insgesamt drei Jahren hinweg – von Herbst 1986, da kam ich gerade in die 11. Klasse der Frankfurter Spezialschule »Carl Friedrich Gauß« mit mathematisch naturwissenschaftlich technischer Richtung, bis hin zur Wende. Neuland war es sowieso gewesen, da zum damaligen Zeitpunkt kein wirkliches, in Echtzeit ablaufendes Action-Adventure mit Spielmusik und Sound für die in der DDR produzierten Heimcomputer existierte.

LCD-SPIELE

Neben Quarzuhren, Taschenrechnern und tragbaren Kassettenspielern sind in den achtziger Jahren LCD-Spiele beliebte Mitbringsel aus dem Westen. Der Game Boy ist noch nicht erfunden (er erscheint erst 1990 in Europa); und so vergnügt man sich unterwegs mit kleinen Geräten, die ein einfaches Spiel eingebaut haben. Der Hintergrund ist durch farbige Folien gestaltet. So fällt es weniger auf, dass sich das eigentliche Spielgeschehen auf einige Elemente beschränkt, die sich auf festgelegten Positionen bewegen. Manche Geräte haben zwei oder drei Bildschirme, die verschiedene Levels darstellen. Die Geräte sind nicht so teuer, 20 bis 50 DM, und lassen sich unauffällig in die DDR einführen.

Besonders gefragt ist die Game&Watch-Serie von Nintendo. Sie hat, der Name deutet es an, neben dem Spiel eine Uhr mit Wecker integriert. Sie ist in Westdeutschland auch unter dem Handelsnamen tricOtronic bekannt. Die Serie wird in der Sowjetunion nachgebaut und unter der Marke Elektronika im Handel angeboten. Die Spielzeuge werden gern von Reisen mitgebracht; zu Preisen um die 20-40 Rubel – ungefähr 30-60 Euro nach heutiger Rechnung. Michael Ulrich aus Leipzig:

»Ich war ab Mitte der achtziger Jahre mehrmals auf Montage in Moskau, um als Schlosser im neuen Moskwitsch-Werk Drehautomaten aufzubauen. In der Freizeit suchten wir regelmäßig bestimmte Geschäfte auf. Für den einzigen Elektronikladen mussten wir mit der Metro eine dreiviertel Stunde durch die Stadt fahren, in der Hoffnung, dort Interessantes zu bekommen: Fotoapparate, Blitzlichtgeräte, Schmalfilm-Projektoren (mit Filmen wie »Hase und Wolf«) und Elektro-Heizgeräte (sehr nützlich für den kalten Winter). Vor allem reizten uns die kleinen LCD-Spiele, die es ab und zu gab. Das waren begehrte Mitbringsel nach Hause. Ich war (und bin) nicht so der Spielefan, aber für die Kollegen war es auch ein netter Zeitvertreib für die langen Abende im Wohnblock.«

In den sogenannten »Russenmagazinen«, den eigentlich nur den in der DDR stationierten Streitkräften vorbehaltenen Kaufhallen, die neben Nahrungsmitteln auch Schuhe und Schmuck anbieten, sind die kleinen Spielzeuge nicht zu finden. Außer Fernsehern wird an Technik eher nichts geboten, wie sich Jutta Anschütz erinnert, langjährige Mitarbeiterin der Druschba, dem weit über die Grenzen Thüringens hinaus bekannten Konsumtempel mit feinsten sowjetischen, aber auch westdeutschen Waren in Ohrdruf bei Gotha.

Am Ende umfasst die Serie rund hundert LCD-Spiele. Besonders beliebt: »Ну, погоди!«, russisch für »Na, warte!«, nach der auch in der DDR gern gesehenen Trickfilmserie »Hase und Wolf«. Es ist praktisch identisch mit zwei LCD-Spielen von Nintendo, die beide seit 1981 erhältlich sind: einmal mit Lizenz von Disney für den japanischen Markt als *Mickey Mouse*, einmal ohne Lizenz für den weltweiten Markt als *Egg*. Passenderweise ist bereits dort ein Wolf die zu steuernde Spielfigur, die herunterfallende Eier einsammeln muss; und vielleicht entsteht so der Gedanke, die Spielidee mit den beliebten Zeichentrickfiguren zu verbinden. Das Spiel wird auch als »Fang die Eier!« für den KC 85 umgesetzt.

LCD-Spiele im Genex-Katalog 1988

LCD-Spiele aus der Sowjetunion

SCHACHCOMPUTER

Seit es Computer gibt, gibt es Computerspiele. Und seit es Computerspiele gibt, gibt es Schach auf dem Computer. Eigentlich noch viel eher: Bereits 1769 verzaubert der »Schachtürke« von Wolfgang von Kempelen die Zuschauer. Ein Apparat, der Schach spielen kann, der aber tatsächlich von einem Menschen bedient wird, welcher im Inneren verborgen ist.

Zwischen 1890 und 1912 konstruiert der spanische Erfinder Leonardo Torres Quevedo den ersten wirklichen Schachautomaten. Er ist allerdings beschränkt auf das Endspiel: Der menschliche Spieler hat nur noch den schwarzen König, den der Automat, auf der weißen Seite, mit König und Turm matt setzt. Dafür braucht es keine ausgetüftelte Strategie. König und Turm können immer den gegnerischen König besiegen, indem sie ihn Schritt für Schritt in eine immer kleiner werdende Ecke drängen. Der Automat erkennt die Position des zu schlagenden Königs, dessen elektrisch leitender Fuß seine Reihe und Linie verrät. Falsche Züge das Spielers bemerkt das Gerät. Selbst bewegt der Automat seine Figuren durch Elektromagnete, die unter dem Schachbrett angebracht sind. Gibt er Schach, ruft er »Jaque al Rey« – »Schach dem König«. Möglich macht dies ein angeschlossenes Grammofon.

Einen Vorläufer moderner Schachprogramme entwickelt Alan Turing mit seiner »Papiermaschine«. Sie besteht aus einem Satz von Anleitungen, nach denen alle möglichen Züge geprüft und mit einer Zahl versehen werden. Dazu werden die Figuren mit Wert versehen: Bauer 1, Springer 3, Läufer 3,5, Turm 5, Dame 10. Somit lässt sich nur mit Papier und Stift berechnen, ob sich ein Schlagabtausch lohnt. Zudem gibt es Punkte für bestimmte Bewegungen wie Züge von Bauern oder Rochade. 1952 muss sich die Papiermaschine gegen einen menschlichen Spieler beweisen – und scheitert an den Schwierigkeiten, eine erfolgreiche Strategie zu formulieren und von einer Maschine ausführen zu lassen.

1956 besiegt zum ersten Mal eine Maschine einen Menschen im Schach. Ein Team um John von Neumann entwickelt für den Röhrencomputer MANIAC I ein Schachprogramm. Um die Aufgabe zu vereinfachen, wird das Brett auf 6x6 Felder verkleinert; die Läufer fallen weg. Genauso die Doppelschritte der Bauern und die Rochade.

Zehn Jahre später schreibt Richard D. Greenblatt am MIT (Massachusetts

Institute of Technology) das erste moderne Schachprogramm: Mac Hack. Es prüft mehrere Halbzüge für eine günstige Strategie und kann auf ein Eröffnungsbuch und eine Stellungstabelle zurückgreifen. Es nimmt 1967 als erstes Schachprogramm an einem Turnier teil und ist das erste Programm, das gegen einen Menschen unter Turnierbedingungen gewinnt.

Mit dem Durchbruch des Heimcomputers 1977 kann jedermann zu Hause trainieren – eine Fülle von Schachprogrammen erscheint, etwa das beliebte Microchess, das für zahlreiche Systeme wie Apple II und Commodore 64 zu haben ist und sich als erste Software überhaupt 50.000 Mal verkauft.

Gleichzeitig kommt der erste Schachcomputer für den Heimbedarf auf den Markt, der Chess Challenger von Fidelity. Er besteht aus einem Schachbrett, neben dem eine Folientastatur zum Eingeben von Zügen und eine LED-Anzeige zum Anzeigen der Züge des Computer angebracht sind. Der Chess Challenger sorgt für zahlreiche Nachahmer. Zunächst müssen die Züge noch eingetippt werden; spätere Modelle erkennen die Stellung der Figuren von allein.

Schachcomputer werden ein Verkaufsschlager. Auch in der Bundesrepublik. Innerhalb von zwei Jahren werden 50.000 Stück verkauft, zu Preisen zwischen 200 und 900 DM.

SCHACHCOMPUTER DER DDR

Das weckt im Schachland DDR Begehrlichkeiten. Der VEB Mikroelektronik Erfurt beginnt mit der Entwicklung von Schachcomputern. Das erste Modell, der SC-1, wird 1981 nur in kleiner Auflage von Berufsschülern produziert. Schachexperte Wolfgang Pähtz (der Onkel der Erfurter Jugendweltmeisterin Elisabeth Pähtz), der später zum Team stößt: »Der enthaltene Mikrocomputer auf der Basis des U 808 (entspricht dem Intel 8008) erweckte das Interesse vieler anderer Firmen, die ihn wieder ausschlachteten für eigene Steuerungen, so dass der SC-1 einer der seltensten Schachcomputer der DDR – und auf der ganzen Welt – ist.« Das Tastenfeld besteht aus dem Oberteil eines Taschenrechners; das Netzteil ist separat. Die Software wird kurzerhand von einem Gerät des US-Vorreiters Fidelity kopiert.

Die gesammelten Erfahrungen fließen in den SC-2. Er hat das Netzteil bereits eingebaut und berechnet seine Züge durch einen etwas höher getakteten Prozessor U 880 schneller. Stattliche 2180 Mark der DDR kostet das Gerät. Auf der Leipziger Messe gewinnt es eine Goldmedaille.

Schach als Programm für den KC 85

Der dritte Schachcomputer wird völlig neu gestaltet. Da die DDR bei der Herstellung immer an einen möglichen Export denkt, erhält er mit Chess-Master einen englischen Namen. Seine Software basiert auf dem Programm Sargon 2.5, dessen Code auf den U 880 umgeschrieben wird. Entwickler Rüdiger Worbs erklärt in *Jugend+Technik*:

»Der Chess-Master ist keine Weiterentwicklung des SC-2, sondern ein völlig neues Programm. Der sicher wesentlichste Gesichtspunkt für den Käufer ist die Spielstärke. Diese liegt beim Chess-Master bedeutend höher, denn das neue Programm (10 Kilobyte ROM) benötigt einen doppelt so großen Rechenspeicher (2 Kilobyte RAM), kann also wesentlich mehr Züge und Varianten speichern. So enthält die Eröffnungsbibliothek anstatt 5 nun 180 Eröffnungsvarianten mit einer Tiefe von 3 bis 6 Zügen. Durch die Anwendung einer Sensor-Technologie – in der Bedienungstechnik gibt es international nichts Besseres – ist zugleich das Schachbrett Bestandteil des eigentlichen Rechners. Es fällt die beim SC-2 noch übliche Handcodierung weg. Durch in die Figuren eingesetzte Magnete sowie Sensorschaltkreise (Hall-Elemente), die sich unter jedem einzelnen Schachfeld befinden, ist der Chess-Master in der Lage, automatisch Zugbewegungen zu registrieren und zu verarbeiten. Weiterhin ist auf jedem Feld eine Leuchtdiode, über die der Computer seinen Antwortzug mitteilt. Eine weitere Besonderheit des Programms ist das »Permanent Brain«. Ist der Computer nicht am Zug, so kann er automatisch die gegnerische Bedenkzeit für die eigene Zugvorausberechnung nutzen.«

Chess-Master

Viel hilft es offenbar nicht: Der Chess-Master tritt im Oktober 1983 in Budapest bei der dritten Weltmeisterschaft von Schachprogrammen mit Mikroprozessoren an (bei der Großcomputer nicht zugelassen sind); erreicht dort aber nur den 16. Platz von 18 Teilnehmern.

Auf der Basis des Chess-Master baut Erfurt einen exklusiven Schachtisch aus Holz, mit handgeschnitzten Figuren und einem ausziehbaren Bedienpult. Es werden weniger als hundert Exemplare vom Chess Computer Table gefertigt. Sie kosten rund 3.200 Mark und werden auch als Staatsgeschenke verwendet. Auch der kubanische Regierungschef Fidel Castro soll zu den Empfängern gehören.

Die Software für den Chess-Master erscheint auch für den Kleincomputer KC 85. Wolfgang Pähtz passt die Software an die Bedienung mit der Tastatur und die Ausgabe an einen Fernseher an. Mühlhausen verkauft es für 89 Mark unter dem schlichten Namen »Schach«, aber natürlich wird es vor allem unter der Hand kopiert. Es wird eines der beliebtesten Computerspiele in der DDR.

Die Serie endet 1987 mit dem Chess-Master Diamond, dessen Software durch Rüdiger Worbs weiterentwickelt wird. Wolfgang Pähtz schreibt die Software für die Bedienung und die Eröffnungsbibliotheken.

DDR-Schachcomputer aus der Sammlung von Axel Ehrich / Harzretro

Der Programmspeicher steigt von 10 auf 16 Kilobyte; der Arbeitsspeicher von 2 auf 3 Kilobyte. Das Gerät hat eine vierstellige LCD-Anzeige und kann durch zwei Module für Eröffnungen und Endspiele erweitert werden.

Großmeister Wolfgang Uhlmann gibt 1989 gegenüber dem *Neuen Deutschland* ein Fazit:

»In der DDR war der erste Schachcomputer vom VEB Funkwerk Erfurt auf der Leipziger Frühjahrsmesse 1981 zu sehen. Er arbeitete mit zehn unterschiedlichen Spielstärken, war mit Bedenkzeiten von 10 Sekunden pro Zug bis zu 24 Stunden pro Zug für Fernschachspieler gespeist und wurde vornehmlich für Ausbildung und Training genutzt. Sein wirkliches spielerisches Vermögen entsprach dem Niveau von Schülern, die gerade mit dem Schachspielen intensiv begonnen hatten. Inzwischen ist aber die dritte Computer-Generation entwickelt worden, und deren Leistungsstärke ließe sich am ehesten mit der von DDR-Ligaspielern vergleichen.«

Mit den Schachcomputern der DDR werden gern öffentliche Auftritte geschmückt, bei denen sich Besucher im Spiel der Könige messen. Vor allem kommen sie im Berliner Sport- und Erholungszentrum (SEZ) zum Einsatz, in dem ein Schachcafé eingerichtet ist. Dort gibt es regelmäßig Veranstaltungen: Vorstellung neuer Schachcomputer und von Schachliteratur, Ausstellung der schönsten Schachbriefmarken und natürlich Schachturniere, etwa eine Simultan-Schachveranstaltung mit dem sowjetischen Großmeister Waleri Tschechow und ein Blitzturnier, bei dem auch Computer teilnehmen. So ist der Schachcomputer aus Erfurt fester Programmpunkt des Berliner Schachfestivals im Oktober 1982, wo er gegen Besucher antritt.

Schachcomputer SC1

AUFGEWACHSEN MIT COMPUTERN

Als Schüler, Auszubildender und Student lernt André Füchsel in nur zehn Jahren eine beeindruckende Zahl verschiedenster Computer-Typen kennen – und lieben.

Das erste Mal kam ich mit einem Computer in Berührung, als ich meinen Vater im Rechenzentrum der Technischen Hochschule Leipzig besuchte. Es muss Anfang der achtziger Jahre gewesen sein; ich war ungefähr zwölf. Ein riesiger Saal voll mit blauen Schränken der ESER-Anlage. Man konnte Lochkarten stanzen; und an grünen Bildschirmen mit kyrillischen Tastaturen habe ich mein erstes Computerspiel gespielt: Mondlandung.

Im Haus der Pioniere besuchte ich einige Jahre eine Elektronik-AG – mein eigentliches Hobby. Hier brachte irgendwann jemand einen Poly-Computer mit. Man konnte eigentlich nur den Maschinencode hexadezimal eingeben und laufen lassen; zur Ausgabe gab es nur eine Reihe von 7-Segment-Anzeigen. Wir erstellten Assembler-Programme auf dem Papier, übersetzten sie manuell in

Maschinencode und gaben sie mühsam über die Taschenrechner-Tastatur ein: 4D 4F 47 45 4C 50 4F 57 45 52 … Das war nicht sonderlich spannend.

Mitte der Achtziger besuchte ich als Schüler die Leipziger Frühjahrsmesse – und dort standen sie, die nagelneuen Heimcomputer: der Z 9001 von Robotron und der HC 900 aus Mühlhausen. Zusammen mit meinem Freund erkämpfte ich mir einen Platz an einem Computer. Und nun? Wir rätselten ein wenig, bis uns jemand den entscheidenden Tipp gab, es einfach mal damit zu versuchen:

10 PRINT »HALLO«

20 GOTO 10

RUN

Wow! Der Computer schrieb ein HALLO nach dem anderen auf den Bildschirm. *Zeile 10: Gib »HALLO« aus. Zeile 20: Springe zurück zu Zeile 10. RUN: Starte das Programm.* Wie zum Teufel bricht man das ab? Da oben die rote RESET-Taste. Uff! Wo war jetzt unser Programm? Weg. Mit Hilfe weiterer Bekannter machte ich meine ersten Schritte in der Welt der Programmiersprachen, abseits von Assembler und Maschinencode – jetzt in BASIC! Jeden Tag waren wir auf der Messe und hatten bald ein kleines Programm zum Raten von Zahlen geschrieben. Es war so faszinierend. Wir vergaßen alles um uns herum. Leider war die Messe schneller zu Ende, als uns lieb war. Und wo bekam man jetzt diese tollen Computer her? Es stellte sich leider schnell heraus – eigentlich gar nicht.

Im Büro meines Vaters gab es wenig später einen Kleinrechner – den MC 80 mit eingebautem Kassetten-Laufwerk. Hier schrieb ich weiter in BASIC und Assembler. Mit dem MC 80 konnte man komfortabel in Assembler programmieren und mathematische Funktionen grafisch darstellen. Mit BASIC habe ich ein Programm des Nimm-Spiels erstellt, das bei einem Preisausschreiben der Zeitschrift *Jugend+Technik* den zweiten Platz belegte und mir einen Bücher-Gutschein über 30 Mark einbrachte.

Ich brauchte einen Computer. Unbedingt. Nur – woher nehmen? Es gab praktisch keine zu kaufen. Die Zeitschrift *Funkamateur* entwickelte die Bauanleitung für den Amateurcomputer AC 1; und ich bestellte mir die dazugehörige Platine. Die bekam ich auch irgendwann, aber weiter bin ich nie gekommen. Es war schier unmöglich, Prozessor, Speicher und andere Chips zu bekommen. Ich gab bald auf und kehrte zu meiner großen Modelleisenbahn zurück, die ich mit Hilfe vieler russischer Relais elektromechanisch steuerte. In ein Gleisbildschaltpult baute ich bunte Leuchttasten aus alten russischen Großrechnern ein – die einzige Referenz zur Computertechnik.

Trotzdem – ich brauchte einen Computer. Der *Funkamateur* bot in den Kleinanzeigen auch einige Computer aus dem Westen an; doch die meisten waren für mich als Schüler unerschwinglich: ein C 64 für 10.000 Mark – soviel hatte mein Vater nicht mal für unseren ersten Trabant bezahlt. Das Einzige, was ich mir gerade so noch leisten konnte, war ein Sinclair ZX 81 mit einer Erweiterung auf 16 Kilobyte RAM (eingebaut hatte die kleine Plastikkiste nur 1 KB!). Mit meinem Vater fuhr ich nach Halle/Neustadt; und wir kauften in einer Wohnung eine klitzekleine Plastikkiste für sagenhafte 2.000 Mark – fast mein ganzes erspartes Geld. Weitere 600 Mark gingen für den kleinen russischen Schwarz-Weiß-Fernseher Junost drauf. Einen Kassettenrekorder KR 450 hatte ich glücklicherweise schon zur Jugendweihe 1984 bekommen. Ich war startklar.

Im Vergleich zu den DDR-Computern, die mittlerweile in KC 85/1 und KC 85/2 umbenannt, aber immer noch nicht frei zu kaufen waren, war diese kleine Kiste aus dem Westen enttäuschend einfach aufgebaut. Vor allem die Folientastatur war ein Graus. Aber der Computer hatte Potential! In der deutschen Bücherei verbrachte ich Tage, um mir aus westlicher Literatur alles anzueignen, was es über diesen Computer zu wissen gab. Antiquarisch trieb ich ein Buch auf, in dem das gesamte Betriebssystem der kleinen Kiste als kommentierter Assemblercode abgedruckt war – es war erstaunlich, wie man mit nur einem einzigen Kilobyte an Speicher gleichzeitig ein paar Zeilen BASIC und die gesamte Bildschirmdarstellung quetschen konnte. Aber ich hatte ja 16 KB RAM – so viel mehr.

Ich schrieb tagelang BASIC-Programme, suchte und fand Leute, die ebenfalls so einen Computer besaßen und wir kopierten Kassetten mit Programmen. Es gab vieles für das kleine Ding: Spiele ohne Ende, eine Programmier-Umgebung für Assembler, die der des MC 80 nachempfunden war, es gab sogar so etwas Exotisches wie einen Interpreter für die Sprache Forth. So lernte ich weitere Sprachen kennen. Mit SuperTape (einem Programm, das ursprünglich in einer Zeitschrift abgedruckt war) konnte man die lahmen 300 Baud für die Ein- und Ausgabe mit Kassette auf 2.400 bzw. 4.800 Baud hochschrauben, so dass das Laden und Speichern auch endlich schneller ging und nicht eine Viertelstunde für 16 Kilobyte brauchte.

Grafikfähig war der ZX 81 von Haus aus nicht. Aber da die gesamte Bildschirmsteuerung vom Prozessor erledigt wurde, konnte man ihn dazu überreden, 192 x 256 Pixel auszugeben – wenn auch ein paar Pixel fehlten, die während des Refresh-Zyklus vom Prozessor nicht ausgelesen werden konnten. Zwei Dioden und ein wenig Lötarbeit, und schon war das Problem behoben.

Leider »vergaß« mein RAM-Modul in höheren Speicherbereichen immer wieder Werte. Bit 7 war defekt. Zum Glück konnte mein Vater einen Pin-kompatiblen russischen Speicherchip besorgen. Den lötete er in filigraner Feinarbeit über den kaputten Chip – und es funktionierte. Bei dieser Gelegenheit ersetzten wir die längst durchgescheuerte Shift-Taste der Folientastatur durch einen kleinen mechanischen Microtaster, der unten links aus dem Gehäuse schaute. Auch das funktionierte! Mein eigener Computer, leider kein KC 85, aber wenigstens meiner!

Wo findet man Gleichgesinnte – noch dazu für einen Westcomputer? Der Kulturbund der DDR bot einige Kurse und Arbeitsgemeinschaften an. Leider gab es nichts Passendes für den ZX 81. Ich fragte nach, als Fünfzehnjähriger, und man sagte mir, dass es eine solche AG noch nicht gäbe, ich aber gern eine gründen könnte. Was?! Na klar, das mach ich doch! Die AG wurde gegründet, beim Kulturbund im Monatsprogramm eingetragen, und ich bekam sogar einen Schlüssel (!) für einen Raum im Uni-Riesen (!) in der Leipziger Innenstadt. Als ich das erste Mal dort hereinkam, fand ich einen Raum mit sechs KC 85/2 mit passenden Fernsehern und Kassetten-Rekordern der Marke Geracord vor. Der Himmel auf Erden. Und alles nur für mich und meine AG!

Es kamen ein paar Leute, die genauso erfreut waren. Natürlich tauschten wir uns über den ZX 81 aus – der eigentliche Grund für die AG. Aber wir nutzten wir auch die vorhandenen Kleincomputer. Sie sollten ja nicht einstauben. Leider merkte man schnell, dass der ZX 81 trotz aller technischen Raffinessen im Vergleich zum KC 85 ziemlich veraltet und leistungsschwach war. Der Begeisterung für die Computerei brachte das aber keinen Abbruch.

1986 begann ich eine Berufsausbildung mit Abitur zum Elektronikfacharbeiter am Fernmeldewerk Leipzig (eigentlich der VEB RFT Nachrichtenelektronik Leipzig »Albert Norden« – aber alle sagten weiterhin Fernmeldewerk).

Die Praxistage brachten mich in die Abteilung EK34, die sich mit dem Entwurf von Schaltkreisen beschäftigte. Dort war es ziemlich geheimnisvoll. Eine Tür hatte ein elektronisches Codeschloss; und im Chefbüro stand ein großes graugrünes Ungetüm von Robotron – es war aber offensichtlich kein Computer. Es hatte zwar einen Bildschirm, aber keine der üblichen Diskettenlaufwerke. Es war offensichtlich nur ein Terminal – aber wofür? Wenn man es einschaltete, stand da nur:

DIGITAL EQUIPMENT CORPORATION

VAX/VMS

Username:

Das klang nicht nach Robotron. Ich musste unterschreiben, dass ich keine West-Verwandtschaft habe. Dann bekam ich den Code für die geheimnisvolle Tür. Der wurde täglich geändert!

Das erste Mal, als ich durch die Tür ging, war es wie ein Traum: ein Raum, der roch wie im Intershop, gedämpfte Geräusche, leise klickende Tasten an rund zehn Terminals, die allesamt eleganter aussahen als die graugrünen Monster von Robotron. Es waren alles VT220- und VT240-Terminals von DEC. Aus den USA. Zusätzlich gab es zwei große Grafik-Workstations von Tektronix. Sie liefen wohl mit CP/M-86 und hatten ein Grafiktablett angeschlossen. Hier fand der Schaltkreis-Entwurf also statt.

Der eigentliche Rechner, eine VAX-11/780, stand in einem Nebenraum; aber man brauchte den Rechner ja nicht zu sehen. Ich war im siebenten Himmel. Feierabend wollte ich nie machen; und dass es neben den Praxiswochen Berufsschul-Unterricht gab, war mir gar nicht recht.

Ich lernte das wundervolle Betriebssystem VAX/VMS kennen und lieben, nutzte den Editor LSE, um Pascal und Fortran zu lernen, und schrieb Programme, die wirklich einen praktischen Nutzen hatten. Die VT240-Terminals konnten 4 Farben darstellen und mit wilden Escape-Sequenzen Vektor-Grafiken mit ReGIS- und Bitmap-Grafiken mit Sixel darstellen.

Ein Freund entwickelte eine wahre Meisterschaft darin, ganze Bilder der Abtei aus dem Film »Der Name der Rose« nach Sixel-Grafiken zu übersetzen, die er in seinem hier entwickelten Text-Adventure als Zwischensequenzen anzeigen konnte. Ich war mehr der Fan von textlastigen Formularen, die man mit DECforms bequem entwickeln konnte.

Auf der Leipziger Frühjahrsmesse 1988 sah ich bei Robotron sechs Schränke, die mir bekannt vorkamen. Der K 1840 – der Robotron-Nachbau der VAX! Auf den angeschlossenen Terminals fand man Software, die aussah wie VMS, sich aber SVP nannte. Wenn man genauer hinsah, erkannte man, dass es ein gepatchtes VMS war, denn alle Copyright-Hinweise auf »DIGITAL« waren umgeschrieben auf »robotr.« – mehr Zeichen gaben die Bytes halt nicht her. Leider wollte das Standpersonal nicht, dass ich mich eingehender damit beschäftigte …

1989 begann ich mein Informatik-Studium in Dresden. Nach dem üblichen Ernteeinsatz und der obligatorischen »roten Woche« mit politischem Unterricht ging es los. Unser Seminarleiter kam in den Raum mit mehreren Packungen 5,25"-Disketten und überreichte jedem Studenten eine (!) Diskette mit den Worten: »Dies ist Ihre persönliche Diskette für Ihr Studium. Jede Diskette ist mit einer Seriennummer versehen und registriert. Am Ende ihres Studiums werden Sie diese wieder abgeben.« Wie bitte? Das kann doch nur ein Scherz sein. Was soll ich mit *einer* 360-Kilobye-Diskette? Damit soll ich mein ganzes Studium auskommen? Im Intershop hab ich für 5 DM zwei weitere Disketten gekauft – sicher ist sicher.

Das Informatikzentrum der Technischen Universität lag abseits des eigentlichen Campus im Norden der Stadt. Dort gab es einen Computerraum mit rund zwanzig PC 1715. Ich begann, meine drei Disketten zu nutzen, und unter SCP, dem CP/M-Klon von Robotron, zu programmieren. Die Räume waren jederzeit zugänglich; man musste sich nur durch eine telefonzellenartige Schleuse quetschen, und mit Hilfe eines Zugangscodes kam man hinein.

Nach und nach fand ich heraus, dass hier nicht nur PC 1715 benutzt worden. Es lief auch eine IBM 370 in einem großen Saal. Was mich aber viel mehr begeisterte: Es gab einen VAX-Verbund aus einer VAX11/785, einer VAX11/750 und einem Robotron K 1840. Spitznamen: URANOS, ZEUS und MERKUR. Die TU Dresden hatte also bereits zu DDR-Zeiten eine ziemlich beeindruckende Ausstattung mit westlicher Rechentechnik. Ich verlagerte recht schnell meinen Schwerpunkt weg von den PC 1715 auf das VAX-Cluster.

Nach dem Mauerfall wurde das Informatik-Zentrum recht schnell von DEC mit unzähligen MicroVAX 2000 und MicroVAX 3500 ausgestattet – wir hatten wohl eines der größten VAX-Cluster zur damaligen Zeit. Hier lernte ich das Entwickeln von grafischen Oberflächen unter X11 und OSF/Motif auf DECwindows.

Es waren spannende Zeiten. Wenn man heute auf die technischen Möglichkeiten von damals zurückblickt, liegen Welten dazwischen. Aber den Enthusiasmus, mit dem wir damals damit arbeiteten, den hab ich leider nie wieder so verspürt. Heute ist das alles selbstverständlich; und selbst das tollste iPhone oder das schnellste MacBook kann einem dieses unbeschreibliche Gefühl von damals nicht wiederbringen. Eigentlich schade.

COMPUTERKUNST

Auf den Geräten von Commodore und Atari entwickelt sich eine neue Kunstform: Selbstablaufende Animationen, sogenannte Demos, erzielen mit möglichst wenig Speicherplatz spektakuläre Ergebnisse. Sie werden bewundert, getauscht und auf großen Veranstaltungen präsentiert. Das schwappt in den Osten; durch Demo-Gruppen wie Code Killers G.D.R. (deren Arbeiten heute auf YouTube zu finden sind).

Aber auch an DDR-Rechentechnik versuchen sich Hobby-Programmierer und professionelle Künstler mit bildender Kunst. Teilweise werden Bilder digitalisiert, teilweise am Computer gezeichnet; besonders beliebt ist jedoch das Generieren von Bildern auf der Basis von Algorithmen. Bereits mit wenigen BASIC-Zeilen erzielt man auf dem KC 85 mit einer Folge von Sinus-Kurven ansprechende Ergebnisse. Schleifen und Zufallszahlen liefern verblüffende Effekte.

Einer der bekanntesten Vertreter ostdeutscher Digitalkunst ist Horst Bartnig, der 1985 seine erste Ausstellung mit Computergrafiken gestaltet. Gegenüber *Jugend+Technik* erläutert er dabei sein Vorgehen:

»Meine Vorstellungen vom Endprodukt, also der Grafik, ist meist sehr konkret. Da die Arbeitsmittel aus der bildenden Kunst nicht ausreichen, bedarf es einer aktiven Zusammenarbeit. Ich habe eine Idee und liefere eine Skizze mit dem darzustellenden mathematischen Bildungsgesetz. Die Programmierer versuchen dann, das Problem für die EDV-Anlage aufzubereiten. Wir arbeiten mit dem sowjetischen Großrechner BESM6. Nach der Berechnung erfolgt die zeichnerische Darstellung auf dem Plotter, dem elektronisch gesteuerten Zeichengerät Digigraf 1612. Der Digigraf wird von einer EC 1020 gesteuert. Natürlich bin ich dabei, wenn ein solches Bild entsteht. Das vom Plotter gelieferte Bild ist dann die Vorlage für die Umsetzung zur Druckgrafik. Mit diesem Gerät können allerdings nur Arbeiten aus Strichen bestehen. Flächen lassen sich nicht ausmalen, es sei denn, manuell. Strichverdichtungen sind möglich. Die Vorlagen kann man natürlich auch farbig drucken.«

Auch bei Computern, bei denen man nur Buchstaben und Ziffern, aber nicht einzelne Pixel ausgeben kann, lassen sich Grafiken erstellen – die sogenannte ASCII-Art. Ausgiebig Gebrauch davon macht das Ehepaar Ruth

Roma-Völz und Horst Völz. Sie als Künstlerin erschafft die Bilder mit einem Digitalisierungstablett; er entwickelt eine Software, um sie mit einer Breitwagen-Typenrad-Schreibmaschine mit Carbonband in einer Größe von bis zu A2 auszugeben. Zu sehen sind sie in bald fünfzig Ausstellungen in Kulturhäusern der DDR.

Für den Hacker-Krimi »Das todsicherere Ding« von Gert Prokop liefert Helmut Schwigon von der Burg Giebichenstein Halle Computergrafiken; der Umschlag mit dem berühmten Apfelmännchen stammt von der Akademie der Wissenschaften. Das gleiche Motiv, eine sogenannte Mandelbrot-Menge, die grafisch als faszinierendes Fraktal dargestellt wird, schmückt das Titelbild des Buches »Computer und Kunst« von Horst Völz. Für das 400x400 Punkte große Bild benötigt der PC 1715 satte 24 Stunden; und das auch nur, weil nicht mit BASIC, sondern mit Assembler gearbeitet wird. Auch auf dem KC ist das Apfelmännchen beliebt; allerdings in der Regel bei weniger Zyklen und damit kürzerer Rechenzeit.

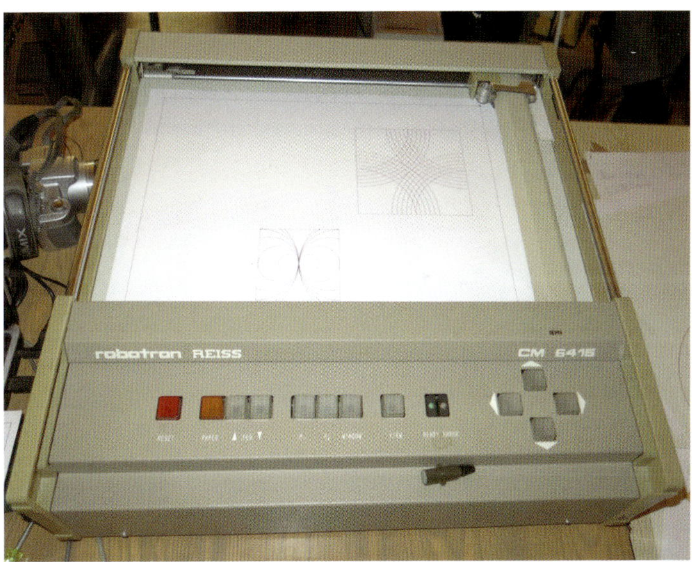

A4-Plotter von Robotron Bad Liebenwerda

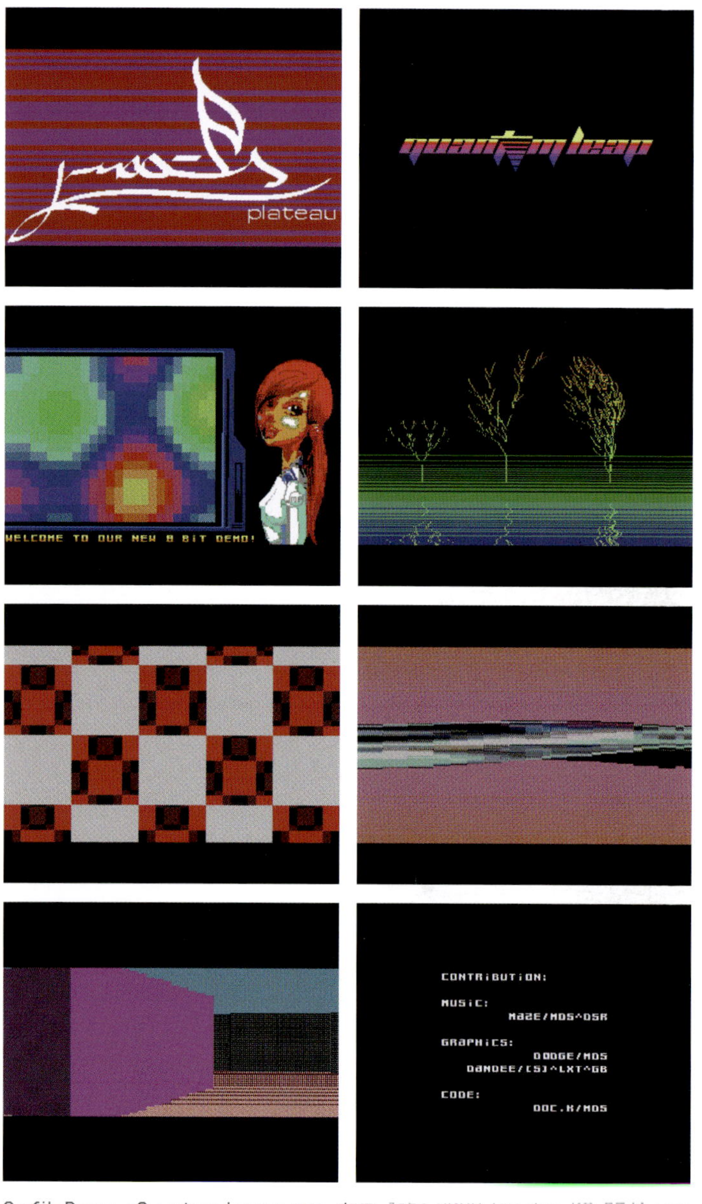

Grafik-Demo »Quantum Leap« aus dem Jahr 2022 für den KC 85/4 von Moods Plateau

DIA-SHOW IM LEIPZIGER INTERHOTEL

Stefan Paubel, Leiter des Computerklubs im Haus der jungen Talente in Berlin, erstellt eine Bilder-Galerie für Hotelfernseher – mit einem Amiga-Computer.

Anfang 1989 betrat ein junger Mann den Computerklub und wollte mich sprechen. Der Inhaber der kleinen Firma VPS aus Westberlin suchte einen Operateur für das Erstellen einer Dia-Show mit Hilfe eines Computers. Das Ziel war eine sich wiederholende Bilder-Galerie für die Fernseher der Gästezimmer im Interhotel Merkur in Leipzig (dem heutigen Westin). Die Hotelkette hatte wohl einen westdeutschen Dienstleiter für dieses Vorhaben gesucht. Meines Wissens gab es keine ähnliche Technik in der DDR.

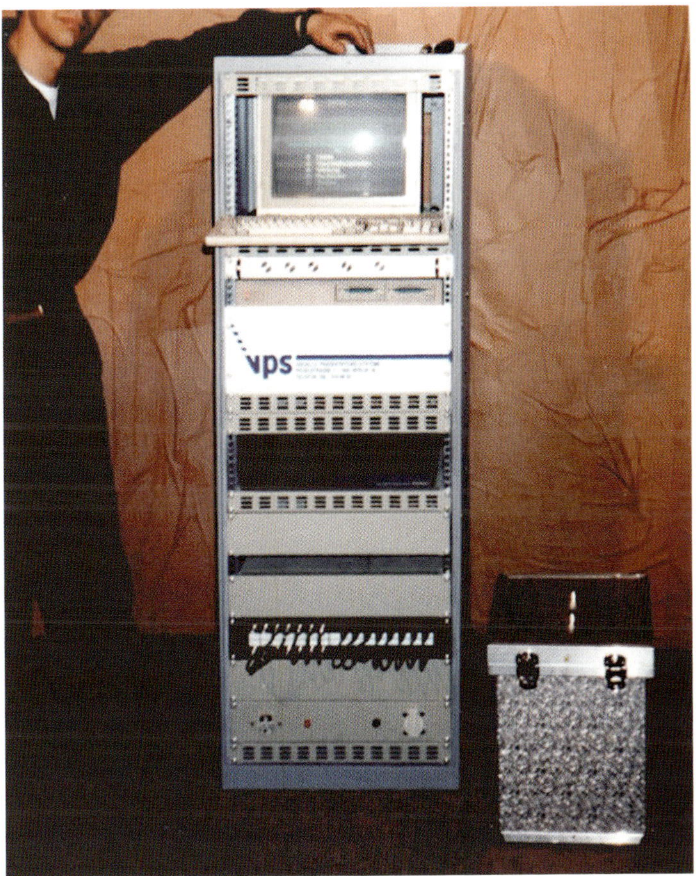

Der Technikschrank mit einem Amiga 2000 zum Ansteuern der Hotel-Fernseher

Von einem Geräteschrank aus sollten die Bilder in die Fernseher übertragen werden. Die Technik zur Übertragung stellte die Firma. Ich bekam einen Amiga 2000 mit Festplatte (30 MB) und zwei Disketten-Laufwerke. Der Computer war zu der Zeit das einzige bezahlbare System, das mit einem Videosignal synchronisiert werden konnte, mit einer Technik namens Genlock. Nach der Synchronisation wurde die Farbe Null im Computer transparent und konnte mit Grafik überlagert werden. Deshalb kamen Amigas (auch der billigere A 500) bis in die neunziger Jahre als Titelgenerator in den meisten Videostudios zum Einsatz. Ich selber habe bis 1993 Studios (mit meiner Firma »Vector 4«) damit ausgestattet. Der Amiga 2000 war für den Geräteschrank mit den Schnittstellen und dem Gehäuse und der Gerätekühlung für diese Videoeinbindung ideal geeignet.

Den Rechner schmuggelte der junge Mann im Kofferraum seines Autos zu mir nach Ostberlin. Die Vorlagen kamen vom Hotel. Das waren Karten und Bilder der Restaurants, vom Intershop, den Läden im Haus usw. auf Papier. Mein Problem war nun, diese in den Rechner zu bekommen. Ich hatte zu der Zeit noch keinen Scanner. Also malte ich mit einem Filzstift Logos wie vom »Spezialitäten Restaurant« auf Butterbrotpapier ab, hängte das Blatt vor den Amiga-Monitor und malte es mit der Maus mit dem Grafik-Programm Deluxe Paint III nach. Auf diese Weise erzeugte ich die 36 Seiten und brachte sie mit dem Diashow-Programm Scala zum Laufen.

Das fertige Werk fuhren wir mit dem Geräteschrank zusammen nach Leipzig. Dort installierten wir mit den Technikern des Hauses das System. Es funktionierte einwandfrei. Der Schrank spielte das Computersignal in das Fernsehnetz des Hauses. In jedem Zimmer lief dann auf Kanal 1 mein Programm. Der Amiga startete nach dem Einschalten automatisch das Dia-Programm. Zum Abschalten genügte es, das System vom Strom zu trennen.

Anschließend feierten wir unseren Erfolg der Bar des Hotels und zählten die Interhotels der DDR zusammen. Überall könnten wir dieses System installieren. Hofften wir. Der Untergang des Landes stoppte diesen Plan. Als Honorar durfte ich den Amiga 2000 behalten. Und der war richtig was wert!

DAS COMPUTER-MAGAZIN BIT POWER

1990 entsteht »die erste und einzige private überregionale Computer-Zeitschrift der DDR«: Bit Power. Die Idee erwächst bereits 1989 in der Dresdner Atari-Szene; doch es dauert bis zur wilden Wendezeit, bis die bis dato zwingend erforderliche Genehmigung erteilt wird.

Im April 90 erscheint die erste Ausgabe. Sie wird auf einem Atari XE mit dem Programm StarTexter gestaltet und über eine selbstgebaute Schnittstelle auf einer Erika 3004 zu Papier gebracht. Diese ist zwar bedingt grafikfähig, benötigt aber für ein Schwarz-Weiß-Bild in Format A6 mindestens 40 Minuten. Der Bezugspreis von 7,50 Mark deckt weder Kosten noch Aufwand.

Zunächst trifft man sich in der Wohnung des Herausgebers Maik Heinzig; später wird im gleichen Haus eine komplette Etage angemietet. Die offizielle Anschrift des »Verlags«.

Im Heft gibt es eine bunte Mischung aus Themen rund um Atari, Commodore, Schneider und PC. Artikel über Textverarbeitungen, Laserdrucker, Betriebssysteme, Datenfernübertragung sowie Tests und Tipps zu Spielen. Ein guter Teil ist gefüllt mit Programmen zum Abtippen, zugeschickt von Lesern. Die Bindung ist wichtig: Es gibt nicht nur eine Leserbriefe-Ecke; man honoriert auch Einsendungen von Programmen. Die DDR-KCs sind eine Nische: Wenige Leser haben einen, und die Redaktion bekommt wenige Einsendungen dazu. Weit größer ist das Interesse an allem, was über »westliche« Computer berichtet wird.

Vertrieben wird Bit Power regulär an Kiosken, über den Postzeitungsvertrieb (PZV) der DDR. Die ersten drei Ausgaben erscheinen nur im Großraum Dresden.

Mit Heft 4 wird das Magazin deutlich ausgebaut. Man steigt auf Calamus für Atari ST als Layout-Programm um, trennt sich vom Buchdruckverfahren, sondern verwendet Offset-Druck, und beauftragt eine andere Druckerei. Die Seitenzahl wird von 40 auf 100 Seiten erhöht, und das Heft erscheint in der gesamten DDR. Man kann es auch im Abo beziehen. Auch ein bundesweiter Vertrieb ist geplant.

Alles sieht gut aus; doch setzt man mit dem PZV auf das falsche Pferd. Der Vertrieb versäumt es, die Zeitschrift vertragsgemäß zu verteilen.

Geschäfte und Abos werden nicht beliefert. Erst in einem anschließenden, langjährigen Prozess wird festgestellt, dass Teile ganzer Auflagen die Auslieferungslager des PZV nie verlassen. Durch den entstandenen Schaden ist es wie bei vielen Projekten der Wendezeit nach einem Jahr vorbei – das Team zerstreut sich.

ZEITSCHRIFTEN MIT COMPUTER-THEMEN

- Urania (1924 bis 1933, ab 1947)
- rfe – radio fernsehen elektronik (ab 1952)
- Funkamateur (ab 1952)
- Jugend+Technik (ab 1953)
- NTB – Neue Technik im Büro (ab 1957)
- rd – rechentechnik datenverarbeitung (ab 1964)
- practic (ab 1967)
- edv aspekte (ab 1982)
- Kleinstrechner TIPS (ab 1984)
- MP – Mikroprozessortechnik (ab 1987)
- Bit POWER (ab 1990)

DAS LETZTE COMPUTERBUCH DER DDR

»Hardware-Erweiterung für ZX Spectrum« von Jörg Reinmuth ist nicht nur das einzige DDR-Buch über Westcomputer. Es ist vielleicht das letzte Computerbuch überhaupt.

Dank Westverwandtschaft gelangte ich zu DDR-Zeiten an einen ZX Spectrum. Neben der Computerei an sich begeisterten mich die Möglichkeiten, mit Hilfe von Elektronik das Gerät hardwareseitig zu erweitern.

Mitte der achtziger Jahre machte mich ein in der Elektronikszene sehr aktiver Kollege mit dem Lektor des Militärverlages der DDR, Steffen Würtenberger, bekannt. Jener war auf der Suche nach neuen Autoren und interessanten Themen. Beliebt war vor allem die mehrere hundert Broschüren umfassende Reihe *Electronica*. Meine Vorarbeiten hätten ein Heftchen gut gefüllt. Aber der Verlag war zum damaligen Zeitpunkt mehr an einer Veröffentlichung der größeren Bücher aus seiner Amateurbibliothek interessiert. Dennoch sagte ich euphorisch zu, den Ingenieurschulabschluss gerade in der Tasche und das erste größere Projekt vor Augen. Ideen für weitere Projekte waren ausreichend vorhanden und bis etwa 1987 in Hardware umgesetzt.

Weitere zwei Jahre vergingen, in denen man sich im Verlag darüber einigen wollte, ob man in der DDR überhaupt ein Buch über einen Westcomputer veröffentlichen darf, der im Handel nie verkauft wurde. Während dieser Zeit habe ich große Teile des Manuskripts geschrieben. Standesgemäß auf dem

ZX Spectrum, an den eine harte Tastatur, ein Beta-Disk-Interface und eine »elektronische Kleinschreibmaschine« Erika 3004 als Drucker angeschlossen waren. Alle Zeichnungen entstanden auf Transparentpapier mit Tusche, die Platinen-Layouts auf einem Schneider PC 1512 unter Smartwork. Der Verlag konnte natürlich die Beta-Disketten des ZX Spectrum nicht lesen. Deshalb habe ich die Textfiles auf Kassette ausgegeben, in einen Robotron-Bürocomputer PC 1715 über die serielle Schnittstelle eingelesen und dort in ein CP/M-kompatibles Textformat konvertiert.

Im Januar 1989 wurde mir ein Autorenvertrag zugeschickt. Erscheinen sollte das Buch erst 1991: Wegen der chronischen Knappheit mussten in der DDR Papiermengen beantragt werden, worauf von »oben« Kontingente zugeteilt wurden. Mit der politischen Wende 1989/90 kam das Papier; das Buch konnte eher erscheinen. Zugleich schwand das Interesse an den kleinen Computern. Die geplante Auflage wurde zusammengestrichen. Von den immerhin noch 20.000 gedruckten Büchern wurden nur knapp über 1.000 verkauft. Als Autor konnte ich gegen Übernahme der Versandkosten beliebig viele Restexemplare übernehmen. Die übrigen wurden eingestampft.

MIT LEGALER SOFTWARE IN DEN WESTEN

In der DDR macht man sich um das Urheberrecht von Software wenig Gedanken. Selbst kommerzielle Programme wie MS-DOS und Anwendungsprogramme wie WordPerfect werden ohne Gewissensbisse kopiert. Ganz anders in der Bundesrepublik: Dort wird Software teuer verkauft; und im Gegensatz zu Filmen und Musik sind private Kopien nicht erlaubt. Trotzdem gibt es einen regen Tauschhandel, etwa über Kleinanzeigen von Magazinen und Kopierpartys, bei denen Disketten illegal vervielfältigt werden – meistens freilich Spiele.

Im Wendejahr 1989/90 zwischen dem Fall der Mauer und der Wiedervereinigung macht Borland, Hersteller beliebter Softwarepakete wie Turbo Pascal, allen DDR-Bürgern ein verlockendes Angebot. Sie können alle Programme kostenlos lizenzieren lassen und damit nachträglich legalisieren. Zusätzlich können zwei Jahre lang Nachfolge-Versionen zum günstigen Update-Preis erworben werden.

Die *Mikroprozessortechnik* rechnet die Ersparnis vor: »Beispielsweise kostet Turbo Pascal 5.5 neu 450,30 DM, das Update von Turbo Pascal 4.0 auf die Version 5.5 knapp unter 200 DM.«

»Wir haben uns einen Weg überlegt, wie wir diese Anwender ansprechen können, um sie in Zukunft als zahlende Kunden zu gewinnen«, lässt sich die deutsche Niederlassung in der *Computerwoche* zitieren. Immerhin seien allein von Turbo Pascal schätzungsweise 30.000 Kopien in der DDR im Umlauf.

Tausende von DDR-Bürgern nutzen das Angebot – und teilweise aus, indem sie alle möglichen Borland-Programme lizenzieren lassen. Auf manchen Schreiben stößt Borland auf Namen, von denen sie noch nie gehört haben.

Marktführer Microsoft lässt sich die Gelegenheit entgehen, Kontakte zu zahlreichen potentiellen Kunden in den neuen Bundesländern aufzubauen. Man will ein Vertriebsnetz aufbauen und Anwender davon überzeugen, legale Software aufzubauen. Und der Hersteller der Textverarbeitung WordPerfect gibt zu bedenken, dass sich eine »Amnestie« für Raubkopierer nicht nur auf Ostdeutschland, sondern auf alle Länder beziehen müsste und den Unmut der ehrlichen Käufer auf sich ziehen dürfte: »Wenn sie heute in der

Bundesrepublik eine Programmversion für 1500 Mark kaufen und Sie dann in der Zeitung lesen, dass DDR-Raubkopierer nur 290 zahlen müssen, dann wären sie zu recht verärgert.«

Borland GmbH

Herrn
René Meyer
Zweinaundorfer Str. 15

DDR-7050 Leipzig

Lindwurmstraße 88
Postfach 15 03 40
D-8000 München 2

München, 2. August 1990

Sehr geehrter Herr Meyer,

Telefon 0 89-7 20 1(
Telex 5 212 637 mc
Telefax 0 89-77 93 :

wir freuen uns, daß so viele DDR Bürger an unseren Produkten interessiert sind und nun auch lizensierter Borland Kunde werden wollen. Wir heißen Sie willkommen in der Borland User Gemeinde und hoffen auf eine gute Zusammenarbeit.

In der Anlage erhalten Sie einen Lizenzvertrag für Ihre Unterlagen. Sie brauchen den Vertrag nicht an uns zurückzusenden, da Sie bereits in unserer Datenbank als lizensierter Kunde eingetragen sind.

Ihre Lizenznummer lautet: **BD431987855**

Postgiro München
2819 44-801
BLZ 700 100 80

Mit dieser Nummer sind alle von Ihnen gemeldeten Produkte erfasst und können bei Angabe dieser Nummer upgedatet werden. Wir führen Sie unter der

Kundennummer: **300201**

Bitte geben Sie diese Nummer bei Bestellungen und Anfragen an.

Mit diesem Schreiben erhalten Sie die derzeit gültigen Preislisten.

Bayerische Hypot
und Wechselbank
1 620 184 027
BLZ 700 200 01

Bitte haben Sie Verständnis, daß wir auf individuelle Fragen im Rahmen dieses Schreibens nicht eingehen können. Sollten Sie weitere Information benötigen, wird Ihnen unser Customer Support gerne weiter helfen.

Mit freundlichen Grüßen

Dresdner Bank
München
391 500 100
BLZ 700 800 00

Marion Kappelmeyer

Borland GmbH

Anlagen

Geschäftsführer
Fritz Heimsoeth
HRB 79318
München

DER KC-CLUB

Wenn Mario Leubner auf einen Fehler in seinem Betriebssystem stößt, schaut er in den Quelltext, korrigiert einige Befehle und übersetzt die Software zurück in die Maschinensprache. Er bannt sie mit einem selbstgebauten EPROM-Brenner auf einen Speicherchip, den er in seinen Computer setzt. Und die Arbeit kann weitergehen.

Bastler wie der Elektromonteur Leubner sind eine wichtige Stütze der kleinen Gruppe von Liebhabern, die sich dreißig Jahre nach dem Fall der Mauer noch an ihrer 8-Bit-Technik aus den achtziger Jahren erfreuen. Was sonst der Tod für ein System ist, die mangelhafte Verträglichkeit mit Standards, gerät dem Kleincomputer zur Rettung. Abgesehen vom Prozessor ist der KC zu nichts Bekanntem kompatibel.

Jahrestreffen des KC-Klubs 2023 im Landhotel Garitz bei Dessau

Das Betriebssystem, die Sprache BASIC, technische Spezifikationen und Anschlüsse sind Eigenentwicklungen. Das ist ein Grund für das anhaltende Interesse, die Grenzen des Gerätes immer wieder auszuloten. Der zweite: Der KC ist gut dokumentiert und lässt sich leicht erweitern. Welche Möglichkeiten damit offenstehen, überrascht selbst den harten Kern der KC-Bastler immer wieder, wenn sie sich jedes Frühjahr zu einem Wochenende Tüfteln, Vorführen und Plaudern zusammenfinden. Und Außenstehende sowieso.

Die Zusammenkünfte, wie so oft in einem Gasthof irgendwo auf dem Land, sind so, wie man sich Treffen von mehreren Dutzend Elektronikern vorstellt, die mit einem Lötkolben bewaffnet sind. Ein Saal gefüllt mit Dutzenden von Computern. Überall liegen Leiterplatten und andere Bauteile herum. Es summt und brummt. LEDs blinkten. Und selbst wenn draußen eisige Kälte herrscht – eine Heizung wäre überflüssig.

Im Laufe der Jahre werden Hardware und Software bis zum letzten Bit analysiert, überarbeitet und erweitert. Längst betreiben die Mitglieder des KC-Clubs den Apparat (der eigentlich nur 64 Kilobyte adressieren kann) mit Megabyte-Speicherchips und Festplatten. Schließen Mäuse, Joysticks, Scanner und Drucker an. Wie bei einer Stereoanlage wird das Grundgerät dabei um Erweiterungsaufsätze ergänzt. Mancher Turm, vollgestopft mit Speicher und Anschlüssen, erreicht fünf Etagen. Man hat ausgetüftelt, wie sich eigene Steckmodule entwickeln lassen. Sie werden in kleiner Auflage hergestellt. Kurz vor der Wende gibt Mikroelektronik Mühlhausen seinem KC eine Erweiterung, ohne die das Experimentieren heute wohl weniger Spaß gemacht hätte: einen Diskettenaufsatz mit separatem Prozessor, der unter dem Betriebssystem MicroDOS läuft, das kompatibel zu CP/M und SCP ist. Damit müssen Programme nicht mehr mühsam auf Tonbandkassetten gespeichert werden.

Club-Leiter Frank Dachselt sieht die Arbeit mit dem DDR-Computer nicht als historische Aufarbeitung. Freilich nutzen die KC-Liebhaber PCs als Arbeitsmittel, haben eine Website ins Netz gestellt; und KC-Software lässt sich dank Emulator unter Windows betreiben.

Doch ebenso gilt es, Geräte von damals zu erhalten, die Software, Dokumente, und mit Zeitzeugen zu sprechen. Manche DDR-Computer gelten als verschollen, für andere existiert keine Software.

MUSEEN MIT DDR-COMPUTERN

Das RECHENWERK in Halle, ein Museum für DDR-Computer, ist ein Spezialist im Retten und Restaurieren alter Rechner und im Archivieren von Programmen und Anleitungen. Das Schaudepot Sömmerda, 2024 neu gestaltet, zeigt Geräte aus dem Büromaschinenwerk, wie den PC 1715. Beide Einrichtungen haben keine festen Öffnungszeiten, sondern empfangen Besucher nach Vereinbarung. Auch die Technischen Sammlungen Dresden mit ihrem regen Förderverein, das Elektromuseum Erfurt (das derzeit keine festen Räumlichkeiten hat), das Zuse-Museum Hoyerswerda und das Robotron-Museum in Dresden (das nur zu besonderen Anlässen öffnet) haben einen Schwerpunkt DDR. Das Wandermuseum »Haus der Computerspiele« vom Autor dieses Buches baut regelmäßig Spielkonsolen und Heimcomputer aus Ost und West auf Messen und Festivals auf.

Das 1995 eingeweihte ZCOM – Zuse-Computer-Museum – in Hoyerswerda

UTOPISCHE LITERATUR

1957 beginnt das Zeitalter der Raumfahrt, mit dem sowjetischen Satelliten Sputnik, dem ersten von Menschen geschaffenen Himmelskörper, der auf einer Umlaufbahn unseren Himmelskörper umkreist. 1959 landet die erste Sonde auf dem Mond, Luna 2. 1961 fliegt der erste Mensch in das All, Juri Gagarin.

Die Erfolge beflügeln auch den sozialistischen Teil Deutschlands. Der Höhepunkt der Begeisterung: 1978 darf die DDR den ersten Deutschen in den Himmel schicken, Sigmund Jähn. Damit nimmt sie als fünftes Land überhaupt an der bemannten Raumfahrt teil. Erst fünf Jahre später folgt die Bundesrepublik mit Ulf Merbold (der pikanterweise 1960 aus der DDR ausgereist ist).

Utopische Themen sind in der DDR allgegenwärtig. Auf ziemlich genau 500 beziffert SF-Spezialist Erik Simon die in der DDR erschienenen SF-Buchtitel, davon die knappe Hälfte von einheimischen Autoren. Hinzu kommen Anthologien und Almanache. Schriftsteller wie Stanislaw Lem oder Arkadi und Boris Strugazki werden in der DDR verlegt. Besonders beliebt sind die phantastischen Romane von Jules Verne, wie »Die Reise zum Mond«.

Eine stattliche Anzahl von ostdeutschen Schriftstellern verschreibt sich Science Fiction, etwa das Ehepaar Angela und Karlheinz Steinmüller über ein Generationen-Raumschiff auf dem Weg nach »Andymon«. 1956 gibt das Kinderbuch »Messeabenteuer 1999« einen humorvollen Blick in die Zukunft, bebildert mit Zeichnungen von Erich Schmitt und verfilmt als »Abenteuer mit Blasius«. Ab 1958 zeichnet das DDR-Comic Mosaik mit der Weltraumserie eine farbenprächtige Idee von der Zukunft. 1967 findet ein Forum über »Phantastik und Prognostik« in Leipzig statt. Thomas Braatz vom Freundeskreis Science Fiction Leipzig:

»Zu dieser Zeit gab es Utopia-Gruppen in Leipzig, Magdeburg und Hoyerswerda. Weitere Vereinigungen gründeten sich. Dazu gehörten der Stanislaw-Lem-Klub in Dresden, die AG Wissenschaftliche Phantastik Halle und eine Vereinigung an der TH Ilmenau: Phantopia – Arbeitskreis wissenschaftlich-phantastische Literatur. In den späteren siebziger Jahren trafen sich die SF-Freunde privat, teilweise mit der Unterstützung des Schriftstellers Carlos Rasch. Der Lem-Klub war vorher zwangsaufgelöst worden.

Die Klubs produzierten Fan-Magazine, die Fanzines, in geringer Auflage, trafen sich mit Autoren und diskutierten über die Zukunft. Erst Mitte der achtziger Jahre war es den SF-Fans in der DDR möglich, sich zu organisieren. Im Februar 1985 wurde in Leipzig der Freundeskreis Science Fiction Leipzig gegründet. Ein Novum war dabei die Bezeichnung *Science Fiction*. Im gleichen Monat gründete sich in Berlin der Arbeitskreis wissenschaftlich-phantastische Literatur (aus dem später der Andymon-Klub wird). Beide Organisationen konnten nur unter dem Dach des Kulturbundes der DDR entstehen. Die Lage in der DDR war schon in dieser Zeit angespannt; und der Kulturbund öffnete sich für neue Ideen und wollte die Kräfte kanalisieren und kontrollieren. Ein Höhepunkt war der Eurocon 1988 in Budapest, auf dem sich Ost- und West-Fans der neuen Generation erstmals trafen. Für die Erstellung der Fanzines und Einladungen wurden bereits Computer und Computer-Grafiken genutzt. Man druckte auf Leporello oder A4-formatiges Papier.«

DIE 10 BESTEN UTOPISCHEN ROMANE AUS DER DDR

1. Angela und Karlheinz Steinmüller: *Andymon – eine Weltraum-Utopie* (1982)
2. Gert Prokop: *Wer stiehlt schon Unterschenkel?* (1977)
3. Heiner Rank: *Die Ohnmacht der Allmächtigen* (1973)
4. Arne Sjöberg: *Die stummen Götter* (1978)
5. Gert Prokop: *Der Samenbankraub* (1983)
6. Günter Krupkat: *Als die Götter starben* (1963)
7. Wolf Weitbrecht: *Orakel der Delphine* (1972)
8. Herbert Ziergiebel: *Zeit der Sternschnuppen* (1972)
9. Eberhardt del'Antonio: *Titanus* (1959)
10. Michael Szameit: *Drachenkreuzer Ikaros* (1987)

(nach einer Umfrage des SF-Clubs Andymon 2022)

1. Tauschmarkt

Der „Freundeskreis Science Fiction" beim Kulturbund der DDR, Leipzig, führt am **14.10.89 von 9 bis 14 Uhr** im Haus der Volkskunst, Wilhelm-Liebknecht-Platz 21, den „1. Leipziger Tauschmarkt für Science Fiction-, Abenteuer- und Kriminalliteratur" durch. Etwa 30 Tische können für eine Standgebühr von 5,- Mark vergeben werden (keine Reservierung, Vergabe erfolgt in Reihenfolge am Tag des Marktes). Auch eigene Tische können mitgebracht werden. Keine anderen Sammelgebiete, kein Flohmarkt!

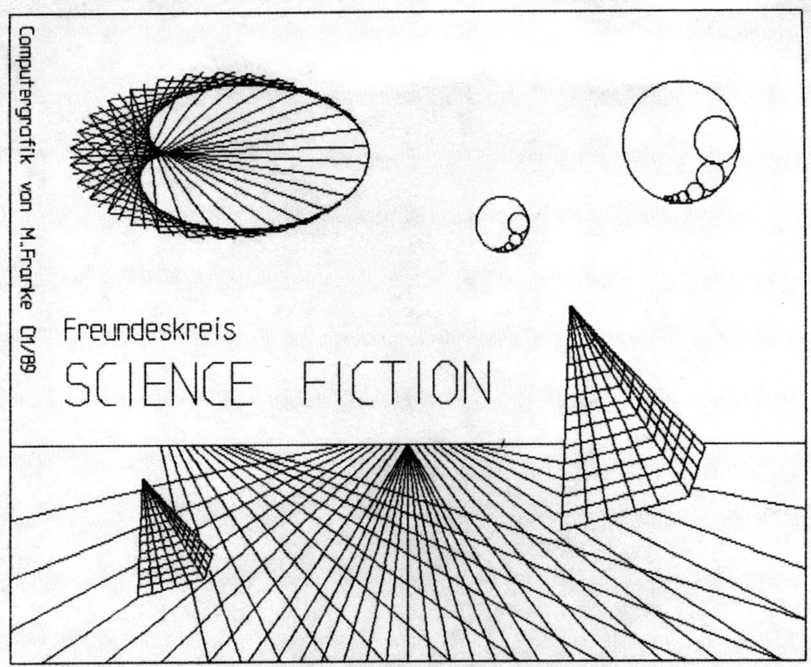

LEIPZIG, DEN 27.04.1989

Liebe SF-Fans,

auf der Flucht vor den Kritikern verlassen immer mehr SF-Autoren in blitzenden, majestaetisch gleitenden Raumschiffen die Wiege der Menschheit, um in der finsteren, sterndurchfunkelten Kaelte der unergruendlichen Weite des ewigen Universums, im Angesicht roter Riesen und weisser Zwerge, meteoritenschwarmgebeutelt und havariegeprueft, doch immer mit einem siegesgewissen Laecheln auf den Lippen ungestoert neue Welten zu schaffen. Am 17.Mai wollen wir versuchen, ihren Spuren in die unendliche Tiefe des Raums zu folgen.
Im Juni packt uns dann ENDLICH das Grauen in Form von Juergen und seinem - durch Gipsbein - im Maerz verhinderten Vortrag.

17. 5. - "Gruene Hoellen, rote Wuesten - Flucht der SF-Autoren aus dem Sonnensystem"
Reiseleiter: Andreas Melzer

21. 6. - "Horror-Elemente in der Science Fiction"
Referent: Juergen Weiss

Die Veranstaltungen beginnen jeweils 19.00 Uhr im "Kleinen Klubraum" im Klub der Intelligenz, 7010 Leipzig, Elsterstr. 35 !

gez. Tiltack
Klubleiter

ELEKTRONISCHE MUSIK

Während Beat und Rock der Staatsführung zunächst ein Gräuel ist – man erinnere sich an Walter Ulbrichts berühmten Spruch von 1965, nicht »jeden Dreck, der vom Westen kommt« kopieren zu müssen –, gilt elektronische Musik in der Art von Jean-Michel Jarre als unproblematisch, da gänzlich unpolitisch.

So überrascht es nicht, dass die erste »Rockband« aus dem Westen, die in der DDR auftreten darf, instrumentale Klänge spielt: Tangerine Dream. Im ersten Haus am Platz, im Palast der Republik, wird 1980 vor 5.800 Zuschauern ein Doppelkonzert mit Laser-Show gegeben. Dass es an der »wertfreien, weil textlosen Musik« läge, vermutet auch Edgar Froese, Kopf der Band, gegenüber dem *SPIEGEL*. Die Aufführung wird im Radio übertragen und erscheint in Auszügen als Langspielplatte mit dem schlichten Titel »Tangerine Dream« beim DDR-Label Amiga – zum wohl ersten und einzigen Mal wird ein Album einer Westband nur in der DDR veröffentlicht. (Erst fünf Jahre später ist die Live-LP unter dem Namen »Pergamon« in der Bundesrepublik erhältlich.)

Tangerine Dream, neben Klaus Schulze die bekanntesten Vertreter der Berliner Schule mit ihren ruhigen atmosphärische Klängen, haben großen Einfluss auf eine kleine Szene elektronischer Musik in der DDR. Gruppen wie Servi, Pond und Key sowie Solisten wie Jürgen Ecke veröffentlichen Alben und geben Konzerte. Auch Popbands wie Kleeblatt setzen Synthesizer ein. Ein Vorreiter elektronischer Klänge ist die Stern-Combo Meißen, die 1976 ihren Durchbruch mit dem Artrock-Stück »Der Kampf um den Südpol« hat. Einen Querschnitt über elektronische Musik aus der DDR gibt der Sampler »Zeitklänge« von 1987, der zudem Wolfgang Paulke, Matthias Jahn und Walter Kubiczeck berücksichtigt.

Auch inhaltlich setzen sich DDR-Bands mit dem digitalen Zeitalter auseinander, etwa die Puhdys 1983 mit dem Album »Computer-Karriere« oder Berluc mit der Single »Computer 3-4-x«. Bei Ralf Schmidt wird der Computer Teil des Künstlernamens: IC Falkenberg lehnt sich an die englische Abkürzung für integrierter Schaltkreis.

Die entspannteren achtziger Jahre ermöglichen gar einer obskuren Kombo aus experimenteller elektronischer Hausmusik mit dadaistischen Texten, in der DDR eine Fangemeinde aufzubauen: der AG Geige aus Karl-Marx-Stadt.

Mit dem Trick, sich wie eine Schach-AG als »Volkskunstkollektiv« anzumelden, erlangen sie die zuvor verwehrte Auftrittserlaubnis.

Hans-Hasso Stamer, einer der bekanntesten Vertreter der elektronischen Musik in der DDR, versteht sich im Gespräch mit *Jugend+Technik* 1985 zugleich als Techniker und Musiker:

»An der Technischen Universität Ilmenau studierte ich Informationstechnik. Danach habe ich lange Zeit im Schulungszentrum des VEB Robotron Berlin Mitarbeiter für den Umgang mit modernen Datenverarbeitungstechnik qualifiziert. Mein Hobby ist aber von Kind an die Musik. Jetzt habe ich gewissermaßen das Standbein gewechselt und bin dabei, die Musik zum Beruf zu machen. Das Rüstzeug habe ich mir teils autodidaktisch, teils durch Klavierunterricht angeeignet. Technische Kenntnisse sind jedoch unerläßlich, wenn man das immer kompliziertere Instrumentarium der zeitgenössischen Pop-, Rock- und auch E-Musik beherrschen will. Je besser man seine Anlage kennt, desto mehr kann man aus ihr herausholen, desto mehr kommen technische Parameter und musikalische Strukturen in Einklang.«

Wie bei Computern ist es nicht so leicht, in der DDR an ein elektronisches Keyboard zu gelangen. Es gibt zunächst nur ein Modell, den Vermona vom gleichnamigen Hersteller von Musikinstrumenten aus Klingenthal. Es erscheint 1983, kostet mit 4.350 Mark ein Vermögen; und von den rund 1.000 produzierten Geräten finden nur 300 in die DDR-Geschäfte. Erst 1987 folgt der Tiracon 6V; der VEB Automatisierungsanlagen Cottbus erfüllt damit einen Teil der Verpflichtung für DDR-Betriebe, 5 % der Waren als Konsumgüter für die Bevölkerung herzustellen. So entwickelt sich ein reger Handel von westlichen Synthesizern über Kleinanzeigen. Angesehene Künstler dürfen die Technik gut ausgestatteter Aufnahmestudios nutzen.

Das Multitalent Reinhard Lakomy kauft 1976 für stolze 23.000 Mark seinem Kollegen Günther Fischer das vermutliche einzige Mellotron in der DDR ab, eine Art analogen Synthesizer, der auf Tonband gespeicherte Töne per Klaviatur abruft. Später freundet er sich mit Edgar Froese an, der ihm zu seinem ersten digitalen Synthesizer verhilft, wie er in seiner Autobiografie schreibt:

»Die Bekanntschaft mit Edgar Froese hat meine Begeisterung für ›electronics‹ in die höchste Potenz gehoben. Mein erster richtiger – und teurer – Synthesizer, der Prophet 5, ist in einer dramatischen Nacht- und Nebelaktion in mein Eigentum übergegangen. Nach dem Konzert von Edgars Band im Palast. Der Zoll schlich um die drei Sattelschlepper von Tangerine Dream herum, streng darauf bedacht, dass ja auch alles wieder aufgeladen wurde. In dieser Situation haben Edgars Sekretär und ich den Prophet, der vorher beiseite geschafft worden war, auf dem Parkplatz vor dem Palast in mein Auto gehoben. Wir kamen uns sehr mutig dabei vor.«

Später bietet ihm Froese einen wandgroßen Modular-Synthesizer von Moog für 11.000 West-Mark an. Lakomy geht einen offiziellen Weg, verbündet sich mit dem Ministerium für Kultur und erhält von der GEMA einen Kredit über den Kaufpreis, den er mit Tantiemen für seine Auftritte in der Bundesrepublik nach und nach abzahlt. Mit seiner Technik und seinem Talent produziert »Lacky« drei außergewöhnliche Elektronik-Alben.

Wie im Westen wird Synthesizer-Musik in der DDR sehr beliebt. Weit mehr Radio- als Fernsehsender aus dem Westen lassen sich mit einem herkömmlichen Empfänger verfolgen. Das Jugendradio D T64 kann sich den Vorlieben seiner Hörer nicht entziehen und spielt vollständige Plattenseiten auch von Gruppen wie Kraftwerk und The Art of Noise ab, damit man sie auf Kassette aufnehmen kann. Ab 1986 gibt es die Sendung *Electronics* mit Olaf Zimmermann und dem *Depeche-Mode-Titel* der Woche. Der Musikfilm »Beat Street« läuft im DDR-Kino und bringt eine Breakdance-Welle ins Rollen. Manches Album, wie etwa von Jean-Michel Jarre, erscheint auf dem AMIGA-Label in der DDR; andere Platten lassen sich aus dem Ungarn-Urlaub mitbringen. Wohl gibt es in Diskotheken die ungeliebte Regel, dass nur 40 % der Musik aus dem Westen kommen darf; praktisch hält sich kaum ein »Schallplattenunterhalter«, wie die DJs in der DDR heißen, daran.

Seit Jahren spielen Super-Stars wie Pink Floyd in Westberlin direkt an der Berliner Mauer – sehr zum Missfallen der DDR-Regierung. Um so bemerkenswerter ist der erste und einzige Auftritt der Synthie-Pop-Gruppe Depeche Mode in der DDR. Die Jugendorganisation FDJ lädt treue Mitglieder am 7. März 1988 zu einem »Geburtstagskonzert« ein. 6.000 Karten zu je 15 Mark. Was dort geboten wird, bleibt im Vorfeld im Ungewissen; doch allein das Gerücht, es könnte die auch im Osten stark verehrte Elektronikband auftreten, sorgt für einen regen Schwarzhandel der Tickets. Bis zu mehrere hundert Ostmark zahlen Fans und fahren auf gut Glück nach Berlin – und werden belohnt.

Protagonist der elektronischen Musik in der DDR: Reinhard Lakomy (mit Monika Erhardt)

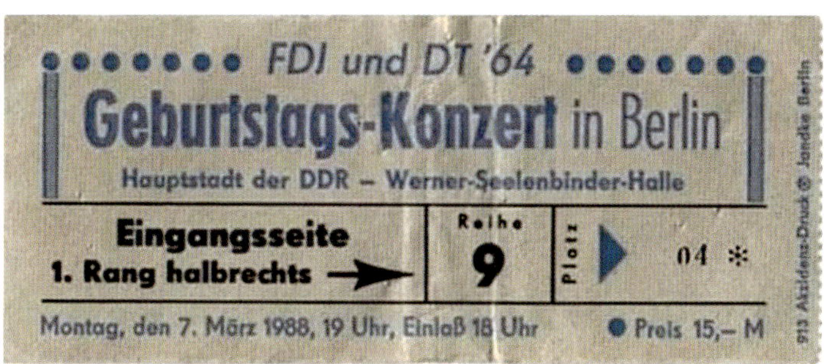

Konzertkarte für Depeche Mode, 1988

ELEKTRONISCHE MUSIK-ALBEN AUS DER DDR

- Reinhard Lakomy: *Das geheime Leben* (1982)
- Reinhard Lakomy: *Der Traum von Asgard* (1983)
- Reinhard Lakomy / Rainer Oleak: *Zeiten* (1985)
- Pond: *Planetenwind* (1984)
- Pond: *Auf der Seidenstraße* (1986)
- Key: *Key* (1984)
- Jürgen Ecke: *Sound-Synthese* (1986)
- Servi: R*ückkehr aus Ithaka* (1986)
- Hans-Hasso Stamer: *Digital Life* (1989)
- *Zeitklänge* (Sampler, 1987)
- *Mandarinenträume* (Sampler, 2010)
- *AMIGA Electronics* (5-CD-Paket, 2017)

Amiga-Plattencover von 1983

UTOPISCHE FILME IN DER DDR

1946 wird die DEFA gegründet, die Deutsche Film AG, das staatliche Filmunternehmen der DDR. Auf dem ehemaligen UFA-Gelände in Potsdam-Babelsberg wächst das größte Studio- und Atelier-Ensemble Europas. Mehr als 700 Spielfilme werden bis zum Ende der DDR hier gedreht, darunter auch einige SF-Filme.

Der schweigende Stern

1960 entsteht der erste utopische Film der DDR; eine Co-Produktion mit Polen: »Der schweigende Stern«, nach einem Roman des populären Schriftstellers Stanislaw Lem und unter dem Einfluss der Atombomben-Abwürfe und der nuklearen Aufrüstung. Es ist der erste deutsche Weltraum-Film seit drei Jahrzehnten, seit »Frau im Mond« von Fritz Lang.

Auf der Erde stürzt ein Raumschiff von der Venus ab, mit einer verschlüsselten Botschaft; und eine internationale Delegation macht sich auf die Reise zum Absender. Dort, auf der Venus, finden sie kein Leben mehr vor. Nach und nach klären sich die Ereignisse: Die Bewohner planten eine nukleare Invasion der Erde; doch irgendwie kamen sie selbst durch ihre eigene Waffe um.

Die Modelle stammen von einem Team um den legendären Spezialeffekte-Experten Ernst Kunstmann, der bereits an »Metropolis« und anderen Klassikern mitwirkt und einer der Väter des sogenannten Schüfftan-Verfahrens ist, das Modell-Sets und Bilder mit echten Kulissen und Darstellern kombiniert.

»Der schweigende Stern«, Co-Produktion von DEFA und Film Polski, 1960

Der bis dato teuerste Film der DDR soll eigentlich zum 10. Geburtstag ihrer Gründung fertig werden, hat aber erst einige Monate später im Februar 1960 Premiere. Der Kultur-Wissenschaftler Stefan Soldovieri weiß: »Es erforderte drei Drehbuchteams und zwölf Drehbuchversionen, um einen akzeptablen Kompromiss zwischen Genreverständnis, Humor und Abenteuer auf der einen Seite und der politischen Botschaft auf der anderen Seite zu erreichen, die von den Kulturbürokraten gefordert wurde.«

Um ein Haar wird das ganze Vorhaben aufgegeben. Die DEFA will den Film gemeinsam mit Frankreich finanzieren und Rollen mit Simone Signoret und Yves Montand besetzen, scheitert aber am Widerstand der Politik. Am Ende wird aus Lems universeller Warnung ein direkter Hinweis auf Hiroshima und den amerikanischen Imperialismus. Und aus der Wüste Sahari wird die Wüste Gobi.

Dennoch. Mit seinen phantasievollen Kulissen und seinen elektronischen Klängen braucht sich der Film nicht vor zeitgenössischen westlichen Streifen zu verstecken; und so wird er auch in der Bundesrepublik gezeigt, als »Raumschiff Venus antwortet nicht«. Schon vor der Fertigstellung erregt der Film Aufmerksamkeit »drüben«: Ein Boulevard-Blatt berichtet in Westberlin von einem »Fehlstart einer Rakete in der Sowjetzone«, die Dreharbeiten missverstehend.

Irgendwie findet er sogar einen Weg nach Großbritannien und in die USA. Als »First Spaceship on Venus« erfährt er wiederum Zensur. Die Verweise auf Hiroshima verschwinden; und die Expedition leitet nun kein Russe, sondern ein Amerikaner. Einige Modelle, wie das Raumschiff »Kosmokrator«, sind noch erhalten und im Filmmuseum Potsdam ausgestellt.

Signale – Ein Weltraumabenteuer

Auch »Signale – Ein Weltraumabenteuer« von 1970 ist eine Gemeinschaftsarbeit mit Polen. Der Film basiert lose auf der Erzählung »Asteroidenjäger« von Carlos Rasch: Ein Forschungsraumschiff wird durch Meteoriten beschädigt; und eine Rettungsexpedition macht sich auf die Suche nach Überlebenden. Visuell orientiert man sich sichtlich an »2001 – Odyssee im Weltraum«, der zwei Jahre zuvor veröffentlicht wird. Auch die Technik schaut man sich von Kubrick ab, etwa das Aufnehmen mit einer stark verlangsamten Kamera. Die liebevollen Kulissen trösten etwas über die dünne Geschichte hinweg.

Eolomea

Unter Liebhabern östlicher Science-Fiction-Filme steht »Eolomea« von 1972 besonders hoch im Kurs. Genau wie »Signale« ist er einer der wenigen DEFA-Filme, die auf 70 Millimeter gedreht werden. Die Filmrollen bieten viel mehr Details als 35 Millimeter. Dafür muss jedoch die entsprechende Technik entwickelt werden. Manches vermag die DEFA zu bauen; aber die Technik zum Entwickeln des belichteten Films steht noch nicht zur Verfügung. Die Aufnahmen müssen dazu in die Sowjetunion transportiert werden, was die Auswertung verzögert. Erst Tage später sieht man, ob die Aufnahmen gelungen sind.

Das ist besonders bei den Raumschiff-Modellen ein Problem. Die hängen an schwarz gefärbten Klaviersaiten. Selbst kleinste Erschütterungen führen zu Schwingungen und die zu unscharfen Bildern. Also dreht man nachts, während Ruhe herrscht. Keine Tür darf geöffnet werden. Kein Fahrzeug darf in der Nähe des Ateliers fahren. Einmal ruiniert ein Feuerwehrmann sechs Stunden Arbeit, nur weil er durch den Raum läuft. Um die Fäden besser zu verstecken, stellt man die Modelle auf den Kopf. Im Film sind die Befestigungen also nicht über dem Modell, sondern darunter, wo sie der suchende Zuschauer nicht erwartet.

Die Darstellung der Raumanzüge soll realistisch sein; doch in den siebziger Jahren kann man noch nicht nach passenden Fotos googeln. So darf die Kostümbildnerin Barbara Braumann nach Moskau fliegen, um sich im Kosmonauten-Museum Anzüge anzuschauen. Fotos sind nicht erlaubt; also macht sie sich Skizzen, ohne zu verstehen, wofür die Apparate und Schläuche gut sind.

Auch das Weltall macht zunächst Probleme: Statt tiefschwarz sieht es bei der Ausstrahlung dunkelbraun aus, bis man auf die Idee kommt, mit Blau stark gegenzusteuern. Der Filmtechniker Jan-Peter Schmarje erinnert sich: »Wir hatten die schwerste Aufgabe, die es gab. Eine sowjetische Kamera, ORWO-Film und 70 Millimeter.«

Neben den Schauwerten gibt es erstmals keine Roman-Umsetzung, sondern ein eigens geschriebenes Drehbuch des bulgarischen Romanciers Angel Wagenstein: Die poetische Geschichte muss sich hinter der Technik nicht verstecken. Das liegt auch am starken Ensemble. Eine Hauptrolle spielt Rolf Hoppe (im Westen am ehesten als König in »Drei Haselnüsse für Aschenbrödel« oder als Göring aus »Mephisto« bekannt); eine andere die

Theater-Ikone Cox Habbema, eine Niederländerin, die lange in der DDR lebt, und eine weitere synchronisiert Manfred Krug (der fünf Jahre später in die Bundesrepublik ausreist).

Im Staub der Sterne

Während »Eolomea« mit Unterstützung von Bulgarien und der Sowjetunion entsteht, produziert die DEFA ihren letzten Weltraumfilm allein: »Im Staub der Sterne« von 1976. Wieder einmal geht es um ein Funksignal, das diesmal auf einen fremden Planeten lockt. Wie gewohnt wird die internationale Mannschaft des Raumschiffs auch durch tschechische, jugoslawische, rumänische und natürlich sowjetische Schauspieler gebildet; und ein guter Teil der Dreharbeiten entsteht in Rumänien. Dort findet man eine karge Landschaft mit Schlammvulkanen als Kulisse. Zwar soll gerade der feuchte Schlamm nicht zu sehen sein, weil der Film ja »Im Staub der Sterne« heißt; aber dank der Vulkane gibt es eine passende, fremdartig wirkende Oberfläche. Für den Stollen mit seinen riesigen Hallen findet man ein passendes Salzbergwerk in Rumänien.

Man überlegt, die Bewohner des Planeten nicht wie normale Menschen aussehen zu lassen, doch Experimente, etwa das Grünfärben der Haut, überzeugen nicht.

Schwierigkeiten gibt es zunächst beim Entwickeln des Films, weil Bukarest bessere Technik verwendet, als man es bei der DEFA gewohnt ist. Nach einigen Anpassungen kommt ein so überzeugendes Ergebnis heraus, dass man auch die in Berlin gedrehten Teile in Rumänien entwickeln lässt. Wie bei »Eolomea« wartet man teilweise eine Woche auf die Aufnahmen; und in der Zeit lässt man die Bauten und Kulissen stehen, falls die Dreharbeiten wiederholt werden müssen.

Weitere Filme

Zur Umsetzung utopischer Filme bildet sich 1971 die Arbeitsgruppe defa futurum innerhalb des DEFA-Studios für Dokumentarfilme. Es bleibt jedoch bei nur vier »großen« Weltraum-Filmen der DDR. Die Ideologie kommt mit utopischen Filmen nicht zurecht, vermutet der Trick-Kameramann Kurt Marks: Wie will man einen Spannungsbogen aufbauen, wenn es in der Zukunft keine Gegensätze, keine Klassen mehr gibt?

Daneben entstehen weitere Filme, die Science Fiction zum Thema haben, aber mit kleinerem Budget umgesetzt sind. Wie der dreiteilige Krimi »Stunde des Skorpions« von 1968 oder der Zeitreise-Streifen »Besuch bei van Gogh« von 1985. Ein schräger Vertreter ist die Mockumentary »Liebe 2002« von 1972.

Realistische Filme rund um den Computer sind rar. 1969 thematisieren zwei Spielfilme die Einführung des Computers in Betriebe, »Im Spannungsfeld« und »Zeit zu leben« (der in Sömmerda handelt). Auch der Zweiteiler »Kippenberg« nach dem Roman von Dieter Noll von 1980 hat ein Computer-Projekt zum Thema, das aber dramaturgisch nur eine Nebenrolle spielt.

Die Science-Fiction-Filme der östlichen Nachbarländer werden in der DDR geschätzt, allen voran das etwas sperrige, fast dreistündige Drama »Solaris«, das der sowjetische Regisseur Andrei Tarakowski 1972 nach dem Roman von Stanislaw Lem dreht. Dem gegenüber steht die Satire »Sexmission« aus Polen, in der zwei Wissenschaftler im Jahr 2044 landen, wo Männer ausgestorben sind. Beliebt ist auch die ungarische Trickserie »Heißer Draht ins Jenseits« mit ihrem Nachfolger »Adolars phantastische Abenteuer« (der im Westen mit eigener Synchronisation als »Archibald der Weltraumtrotter« ausgestrahlt wird).

Futuristisches wird auch im Radio angeboten. Regelmäßig strahlt der Rundfunk der DDR einschlägige Hörspiele aus; 1982 etwa »Rochade mit dem Computer«, das Debüt des ehemaligen jugoslawischen Programmierers Pál Böndör.

UTOPISCHE FILME AUS DER DDR

- Chemie und Liebe (1948)
- Der schweigende Stern (1960)
- Der Mann mit dem Objektiv (1961)
- Stunde des Skorpions (1968)
- Signale – ein Weltraumabenteuer (1970)
- Eolomea (1972)
- Abenteuer mit Blasius (1975)
- Blumen für den Mann im Mond (1975)
- Im Staub der Sterne (1976)
- Der getreue Roboter (1977)
- Der Nachlass (1978)
- Das Ding im Schloss (1979)
- Professor Tarantoga und sein seltsamer Gast (1979)
- Besuch bei van Gogh (1985)

HOLLYWOOD IM DDR-KINO

Einige große Science-Fiction-Filme aus Hollywood laufen auch im DDR-Kino, etwa »Unheimliche Begegnung der dritten Art«, »E.T. – Der Außerirdische«, »Star Trek – Der Film« und »Blue Thunder – Das fliegende Auge«. »Star Wars« hingegen bleibt ein Tabu, ist es doch zugleich der Spitzname für die amerikanischen Weltraum-Kriegspläne. Auch die französischen Komödien »Brust oder Keule« und »Louis' unheimliche Begegnung mit den Außerirdischen« mit ihren futuristischen Elementen und dem in der DDR sehr beliebten Louis de Funès werden gezeigt.

Fantasy wird ebenfalls akzeptiert, sofern sie sich an klassischen Mythen orientiert. Zumal der mit Abstand erfolgreichste DEFA-Film ein Märchen mit phantastischen Elementen ist: »Der kleine Muck« von 1953. Vor allem die »Sindbad«-Filme mit der aufwendigen Tricktechnik von Ray Harryhausen laufen im DDR-Kino rauf und runter; das Fünfklingenschwert aus dem Abenteuerfilm »Krull« findet sich gar als Waffe im Spiel »Fine Young Animals« für den KC 85 wieder. Zu den beliebtesten Filmen gehört »Die unendliche Geschichte«, der erst fünf Jahre nach dem westdeutschen Kinostart in der DDR zu sehen ist.

Im Westfernsehen schaut man Serien wie »Raumschiff Enterprise », »Captain Future«, »Knight Rider« (mit dem sprechenden Computer-Auto K.I.T.T.) und »Trio mit vier Fäusten« (mit einem Computer-Freak als Dritten im Bunde). Und begeistert sich für Spielfilme wie »Tron«, »Wargames – Kriegsspiele« und »Kampfstern Galactica«. Heute fast vergessen: der Hacker-Dreiteiler »Bastard«, der seit seiner Erstaufführung 1989 kaum wieder gezeigt wird. Und der Hochhaus-Thriller »Zoning« mit Dieter Meier von Yello und der Musik von Tangerine Dream, der auch im Kino der DDR läuft.

In der Regel ist man auf das Kino und die wenigen Fernsehsender angewiesen. Videorekorder gibt es nur als teure Import-Geräte. Vereinzelt erwirbt man Geräte in Intershop-Geschäften oder lässt sie sich mitbringen. Gar nicht so unüblich ist es, nur den Ton von Filmen und Serien mit einem Kassettenrekorder aufzuzeichnen.

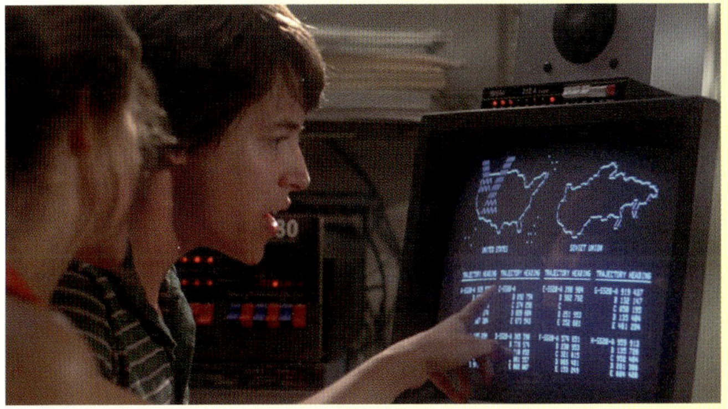

»WarGames« (1983) ist neben »Tron« (1982) der inspirierende Computer-Film der achtziger Jahre

COMPUTER-KOMÖDIE »ZWEI SCHRÄGE VÖGEL«

»Zwei schräge Vögel« von 1989 ist der wohl einzige Spielfilm der DDR, bei dem Computer im Mittelpunkt stehen. Die Satire handelt von zwei Informatik-Studenten an der Uni Leipzig, die als Diplomarbeit eine Software entwickeln: »Das einheitliche System für Fehlersuche und Fehlerkorrektur für Software«. Dessen Funktionsweise bleibt im Dunkeln; wer genau hinschaut, erkennt auf dem Monitor das BASIC-Listing eines Kartenspiels namens »Polterschnack«.

Der erste praktische Einsatz des universellen Debuggers, das Optimieren der Raumverteilung der Hochschule, gerät allerdings zum Chaos. Halb provoziert, halb angeordnet: durch die unrealistische Forderung, zur besseren Ausnutzung der Räume keine Pausen zu lassen, in denen die Studenten zwischen den Seminarräumen und Hörsälen wechseln.

Statt sie durch Anstellungen in renommierten Betrieben in verschiedenen Großstädten zu trennen, schickt sie die Absolventen-Lenkungskommission als Strafe zusammen in die Provinz. Nach Thüringen, zum (fiktiven) VEB Stirnräder im (fiktiven) Finsterberg-Dodeleben.

Computer sind dort für sie tabu; »Anweisung von oben«; und doch könnte der Betrieb Programmierer dringend gebrauchen. Denn er hat eine schrankwandgroße CNC-Maschine entwickelt, die nutzlos ist, weil die Software nicht funktioniert: »Wir scheitern nicht am Devisen-Mangel. Wir scheitern nicht am Computer-Embargo. Wir scheitern, weil wir nicht genügend Gehirnschmalz investieren.«

In der Silvesternacht gelingt es ihnen, die (fiktive) CWX 8000 Universal heimlich zum Laufen zu bringen, mit einem weitgehend IBM-kompatiblen Robotron A 7100. Auch wenn die »kleinen Schallplatten« mit der einzige Kopie der Software zusammen mit Unterwäsche und Cognac-Gläsern als Beweis für eine Orgie zunächst beim Wachschutz landen. Zu sehen am Monitor ist vermutlich das an der Technischen Hochschule Leipzig entwickelte CAD-Programm GEDIT, dessen 3D-Modelle von Zahnrädern Vorlage für die CNC-Maschine sind.

Der Film endet dort, wo er beginnt: in Leipzig. Auf der Messe führen sie die CAD/CAM-Anlage Fachbesuchern und der Presse vor.

Gedreht wird der Film unter dem Arbeitstitel »Cad Cam Comödie«, der einerseits auf die (so bedeutsame) »Schlüsseltechnologie« anspielt und andererseits auf den Chaos Computer Club. Doch letztendlich entscheidet man sich für »Zwei schräge Vögel«; »schräg« stünde »für eine Lebenshaltung, die sich darin äußert, dass man seine individuellen Eigenheiten, Begabungen, Bedürfnisse und Interessen durchsetzen will in der Gesellschaft«.

»Zwei schräge Vögel« (1989) wird teilweise an der Universität Leipzig gedreht

Die Hauptrollen übernehmen Götz Schubert und Matthias Wien, die später häufig in Krimiserien zu sehen sind; die beiden Frauen werden gespielt von Gerit Kling und Simone Thomalla.

Ungewohnt deutlich nimmt der Film Probleme des sozialistischen Alltags aufs Korn, icht nur im Verhalten Einzelner, sondern am ganzen System. Gleich zu Beginn hört man im Studentenclub erstaunliche Zeilen:

Die Kommission, die meine Songs beäugt, hat's auch nicht leicht.
Der eine hätt' gern mehr von dem, was mir der andere streicht.
Dann schaffen die sich selber ab, die kennen kein Tabu.
Wir sind zwar schon viel weiter, doch wir geben's noch nicht zu.
Hinter dem Beton, -ton, -ton tut sich was.

Die Lieder werden extra für den Film geschrieben und vorgetragen von der Gruppe Petty Cats mit der Sängerin Sybille Strauß.

Freche Sprüche ziehen sich durch den ganzen Film: »In der Spitze sind wir halt nur Durchschnitt. Aber im Durchschnitt sind wir absolute Spitze.« Solche Sätze und dass man für ein Trabi-Schiebedach Westgeld benötigen würde, sind im DDR-Kino neu.

Die Liedtexte und Dialogzeilen stammen vom Drehbuch-Autor Diethardt Schneider, der auch für das Satire-Magazin Eulenspiegel schreibt. In einem Interview erklärt er 1989: »Die Satire ... stellt die kritikwürdigen Dinge als überwindbar dar.« Und der Regisseur Erwin Stranka, für den es der letzte Film bleibt: »Ich wünsche mir die Diskussion mit denen, die meinen, so ironisch und sarkastisch könne man mit unseren ›heiligen Kühen‹ nicht umgehen.«

Doch die SED-Regierung hat andere Probleme. Der Film kommt im September 1989 in die Kinos der DDR. Zu einer Zeit, als die Montagsdemonstrationen in Leipzig bereits laufen, nur ein paar Meter entfernt von Drehorten wie der Universität und dem unterirdischen Studentenclub Moritzbastei. Zu einer Zeit, als Genscher in der Prager Botschaft seine berühmte Balkon-Rede hält: »Ich bin zu Ihnen gekommen, um Ihnen mitzuteilen, dass heute Ihre Ausreise ...« – der Rest des Satzes geht im Jubel unter.

Vielleicht ist es der besonderen Stimmung zu verdanken, vielleicht der Aufmachung des Films als leichte Satire: Auch die Funktionäre schmunzeln. Nur wenige Tage später, am 9. Oktober 1989, läuten 70.000 Demonstranten in Leipzig das Ende der DDR ein.

DIE FRAU VOM CHECKPOINT CHARLIE

Für den zweiteiligen Spielfilm »Die Frau vom Checkpoint Charlie« von 2007 lässt die UFA im ehemaligen Robotron-Schulungsgebäude in Leipzig mehrere Büros nachbauen, mit originalgetreuer Technik von 1982. Das Team um das (spätere) Museum RECHENWERK und die Website Robotrontechnik.de stellt dazu eine Reihe von Bürocomputern wie den A 5120 mit allerlei Zubehör. Sie werden zuvor repariert und mit Software versorgt, da sie im Film funktionieren sollen. Am Ende ist viel von der Arbeit umsonst, da ein Großteil der Geräte gar nicht eingeschaltet wird (wegen ihrer Geräusche) und auch das extra entwickelte Programm, das auf dem Bildschirm eine Testsoftware simuliert, im Film nicht zu sehen ist. Ein ausführlicher Bericht mit vielen Fotos zu den Vorbereitungen und dem Dreh ist auf Robotrontechnik.de zu finden.

WEITERFÜHRENDE LITERATUR

Heinz Glade, Klaus Manteuffel: *Am Anfang stand der Abacus. Aus der Kulturgeschichte der Rechengeräte* (1973)

Viktor Pekelis: *Kleine Enzyklopädie von der großen Kybernetik* (1979)

Dagmar Römhild (Hrsg.): *In eigener Sache. Beitrag zur Geschichte des VEB Robotron-Elektronik Zella-Mehlis* (1978)

Hannes Gutzer, Hans-Dieter Pauer: *Computer im Vormarsch? Von Rechnern, Robotern und Programmen* (1982)

Joachim Dubrau, Werner Netzschwitz: *Mikroelektronik. Wie verändert sie unser Leben?* (1983)

Stefan Hesse: *Golems Enkel. Roboter zwischen Phantasie und Wirklichkeit* (1986)

Walter Conrad: *Chips, Sensoren, Computer* (1986)

Uwe Bückner: *Kleincomputer leichtverständlich* (1986)

Computer und Video im fremdsprachlichen Unterricht. Wissenschaftliche Beiträge (1987)

Computernutzung in der außerunterrichtlichen Tätigkeit. Tagungsband (1988)

Gerhard Saeltzer: *Kollege Personalcomputer* (1988)

Eckhard Schiller: *Computerwissen für alle* (1988)

Christa Hülm, Sieghart Pietzsch: *Vom Kerbholz zum Computer. Aus der Geschichte der Rechentechnik* (1988)

Günter Mittag: Um jeden Preis. *Im Spannungsfeld zweier Systeme* (1991)

Carl-Heinz Janson: *Totengräber der DDR. Wie Günter Mittag den SED-Staat ruinierte* (1991)

Kombinate. Was aus ihnen geworden ist. Reportagen aus den neuen Ländern (1993)

Dieter Steinwender, Frederic A. Friedel: *Schach am PC* (1995)

Erich Sobeslavsky, Nikolaus Joachim Lehmann: *Zur Geschichte von Rechentechnik und Datenverarbeitung in der DDR 1946-1968* (1996, frei als PDF)

Reinhard Buthmann: *Kadersicherung im Kombinat VEB Carl Zeiss Jena. Die Staatssicherheit und das Scheitern des Mikroelektronikprogramms* (1997)

Gerhardt Ronneberger: *Deckname »Saale«. High-Tech-Schmuggler unter Schalck-Golodkowski* (1999, sehr schwer erhältlich)

Gerhard Barkleit: *Mikroelektronik in der DDR. SED, Staatsapparat und Staatssicherheit im Wettstreit der Systeme* (2000, frei als PDF)

Alexander Schalck-Golodkowski: *Deutsch-deutsche Erinnerungen* (2000)

Reinhard Buthmann: *Hochtechnologien und Staatssicherheit. Die strukturelle Verankerung des MfS in Wissenschaft und Forschung der DDR* (2000)

Hermann Golle: *Das Know-How, das aus dem Osten kam* (2002)

Marcus Hammerschmitt: *Polyplay. Roman* (2002)

Peter Salomon: *Die Geschichte der Mikroelektronik-Halbleiterindustrie der DDR* (2003, schwer erhältlich)

Informatik in der DDR – eine Bilanz. Tagungsband (2004, frei als PDF)

Jörg Berkner: *Halbleiter aus Frankfurt* (2005, nur noch als PDF vom Autor erhältlich)

Dieter Jacobs / Manfred Tumma: *Von Mercedes zu Robotron. Eine Weltfirma im Wandel der Geschichte* (2006)

Silicon Saxony. *Die Story* (2006)

Dietmar Sobottka: *Speicherprogrammierbare Steuerungstechnik aus Karl-Marx-Stadt und Chemnitz* (2006)

Informatik in der DDR – Grundlagen und Anwendungen. Tagungsband (2008, frei als PDF)

Jens Schröder: *Auferstanden aus Platinen. Die Kulturgeschichte der Computer- und Videospiele unter besonderer Berücksichtigung der ehemaligen DDR* (2010)

Verena Witte: *Wandel mit System? Eine Denkstilanalyse der Kybernetik in der DDR, ca. 1956 bis 1971. Dissertation* (2011, frei als PDF)

Marc Schweska: *Zur letzten Instanz. Roman* (2011)

Computing in Russia: *The History of Computer Devices and Information Technology revealed* (2011, sehr teuer)

Mit Chemnitz ist zu rechnen – Von der Rechenmaschine zum Supercomputer (2012)

Gameskultur in Deutschland – 20 Meilensteine. Ausstellungskatalog Computerspielemuseum Berlin (2017)

Karl Nendel: *General der Mikroelektronik. Autobiographie* (2017)

Walter Isaacson: *The Innovators. Die Vordenker der digitalen Revolution von Ada Lovelace bis Steve Jobs* (2018)

50 Jahre Rechenzentrum der Universität Leipzig. Reihe Leipziger Beiträge zur Informatik (2018, sehr schwer erhältlich)

Dietmar Remy: *Zeiss-Generaldirektor Wolfgang Biermann. Ein sozialistischer Manager im Traditionsunternehmen* (2018)

Matthias Senkel: *Dunkle Zahlen. Roman* (2018)

Helmut Logisch, Sigmar Radestock, Hans-Joachim Roehr: *Zeitzeugen berichten über die Entwicklung der elektronischen Rechentechnik im Büromaschinenwerk Sömmerda* (2019)

Zwei Jahrhunderte Industriegeschichte in Sömmerda (2019, frei als PDF)

Julia Gül Erdogan: *Avantgarde der Computernutzung. Hackerkulturen der Bundesrepublik und der DDR* (2021, frei als PDF)

Martin Schmitt: *Die Digitalisierung der Kreditwirtschaft – Computereinsatz in den Sparkassen der Bundesrepublik und der DDR 1957-1991* (2021)

Jahrbuch für Historische Kommunismusforschung 2021. Spielen im Staatssozialismus. Zwischen Sozialdisziplinierung und Vergnügen (2021)

Halbleiterstadt Frankfurt (Oder), 1959-1990 (Frankfurter Jahrbuch 2022)

Heiko Weckbrodt: *Die Innovationspolitik in der DDR 1971-1989* (2023)

Chris Miller: *Der Chip-Krieg: Wie die USA und China um die technologische Vorherrschaft auf der Welt kämpfen* (2023)

Chaos Computer Club (Hrsg.): *Hackbibel 3* (2024)

Kery Ahmad: *Zwischen Begeisterung und Skepsis – Die Haltung in der DDR gegenüber der Computertechnologie. Masterarbeit* (2024)

WEBSITES

hc-ddr.hucki.net
www.sax.de/~zander/
www.foerderverein-tsd.de
www.eser-ddr.de
www.ddr-rechentechnik.de
www.lanale.de
www.paulin.de
www.robotrontechnik.de
www.fesararob.de
www.oiger.de

Bildnachweis:
Stadtmuseum Zella-Mehlis (12, 45, 46); Horst Siegert (26);
Archiv Jens Knobloch (35); ZEISS Archiv (36, 43); Andreas Richter (47);
ITZ Uni Halle (50 oben links und Mitte);
Stadtarchiv Leipzig, Dagmar Agsten / StadtAL 0563, Nr. 18573 (57 unten);
TU Dresden, UA, IHD-Foto Nr. 1642 / Werbefoto Robotron (62);
TU Dresden, UA, IHD-Foto Nr. 1624 (65); TU Dresden, UA, IHD-Foto Nr. 1620 (66);
National Polytechnic Museum Sofia (74); Hans Wollny (102);
UAL UZ 068-1 (143); Leipziger Messe (189); Silvio Laute (216);
Bundesarchiv, Bild 183-1987-0107-016 (281 oben) und Archiv des Autors

Nicht in allen Fällen konnten wir die Urheber der Fotos ermitteln. Berechtigte Honoraransprüche bleiben gewahrt.

Das Neue Berlin – eine Marke der Eulenspiegel Verlagsgruppe Buchverlage GmbH

ISBN 978-3-360-02761-0

Satz: maydia.art – M. Krasse
Umschlaggestaltung: Verlag, unter Verwendung eines Fotos von der »Leipziger Messe«, abgebildet ist ein Übungsplatz »Elektronische Rechentechnik« mit einem Robotron Z 9001 auf der Leipziger Herbstmesse 1985
Druck und Bindung: buchdruckerei.de, Berlin

www.eulenspiegel.com